「不法」なる空間にいきる

占拠と立ち退きをめぐる戦後都市史

本岡拓哉
Takuya Motooka

大月書店

「不法」なる空間にいきる——占拠と立ち退きをめぐる戦後都市史

［目　次］

序　論　1

第1章　「不法」なる空間のすがた
1　はじめに　10
2　戦後東京における「不法占拠」地区の生成　12
3　一九五〇年代後半の東京における「不法占拠」地区の社会・空間的特性　16
4　一九五〇年代後半以降の東京における「不法占拠」地区の変容　28
5　おわりに　37

第2章　「不法」なる空間の消滅過程
1　はじめに　44
2　「不法占拠」バラック街の生成と戦災復興事業　45
3　「不法占拠」バラック街に対する社会問題化　51
4　「不法占拠」への問題視と撤去の本格化、消滅へ　58
5　おわりに　66

第3章　「バタヤ街」を問いなおす

1　はじめに　74
2　「バタヤ街」の社会空間とその生成過程　77
3　新聞記事から見る「バタヤ街」をめぐる社会的表象　84
4　「バタヤ街」の消滅過程とその要因　89
5　おわりに　96

第4章　河川敷居住への行政対応

1　はじめに　100
2　河川敷居住の生成過程と社会的実態　103
3　河川敷居住の消滅過程とその背景　109
4　おわりに　118

第5章　立ち退きをめぐる空間の政治

1　はじめに　122
2　「大橋の朝鮮人部落」の生成と拡大　125
3　「大橋の朝鮮人部落」の消滅過程　132
4　「大橋の朝鮮人部落」消滅後の居住者の動向　140
5　おわりに　143

第6章　河川敷に住まう人々の連帯

1　はじめに　148
2　太田川放水路事業と河川敷居住地　153
3　太田川放水路事業沿いの在日朝鮮人集住地区の状況　157
4　集団移住へ向けた居住者の連帯と組織化　164
5　おわりに　173

第7章 集団移住へ向けた戦略と戦術

1 はじめに 180
2 交渉の過程と成立要因 181
3 補償内容をめぐって 188
4 補償交渉の背景と交渉決着の要因 201
5 おわりに 213

結　論 219

文献 225
あとがき 233
図表一覧 ix
索引 I

図 4-1　白川における「不法占用」家屋の分布（1971年）（107頁）
表 4-4　主な河川敷居住地における世帯主の職業構成（108頁）
表 4-5　河川敷「不法占用」住戸の撤去数の推移（110頁）
資料 4-1　安倍川居住者に対する戒告書（113頁）
表 4-6　河川敷居住地で実施された住環境整備の内容と整備主体（115頁）
資料 4-2　安倍川対策の基本方針（117頁）

図 5-1　湊川大橋周辺地区の位置図（123頁）
図 5-2　「大橋の朝鮮人部落」の地区変容（1958-1970年）（133頁）
表 5-1　「大橋の朝鮮人部落」の火事被害状況（135頁）
表 5-2　湊川大橋周辺町の人口推移（1955-1980年）（137頁）
表 5-3　K 氏ライフヒストリー（142頁）

図 6-1　旭橋下流地区位置図（150頁）
図 6-2　旭橋下流地区周辺図（151頁）
図 6-3　太田川放水路流域図（154頁）
資料 6-1　太田川改修闘争における部落解放全国委員会広島県連福島支部の要求項目（156頁）
写真 6-1　旭橋下流地区の様子 1（159頁）
写真 6-2　旭橋下流地区の様子 2（159頁）
写真 6-3　旭橋下流地区の様子 3（160頁）
表 6-1　旭橋下流地区の用途別建物構成（161頁）
図 6-4　旭橋下流地区の建物配置図（162頁）
表 6-2　旭橋下流地区における世帯主の職業構成（163頁）

資料 7-1　河川敷内不法建築物の除却について（182頁）
資料 7-2　河川敷地内不法建築物の除却について（183頁）
資料 7-3　陳情書（183頁）
資料 7-4　太田川筋（放水路）の河川区域内における不法工作物の除却について（184頁）
資料 7-5　太田川放水路工事に伴う南観音町地区に居住するわれわれ同胞の家屋等の立退に関する件についての要請書（185頁）
表 7-1　旭橋下流地区除却に関する経過（186頁）
資料 7-6　旭橋下流地区の撤去に関する予算措置計画（189頁）
表 7-2　交渉における立退対策委員会の要求と行政側の提示内容（191頁）
表 7-3　移転補償費積算内訳（192頁）
図 7-1　払い下げ用地の区割（195頁）

図表一覧

表0-1　戦後日本都市の不良住宅地区の型とその改善方法（5頁）

表1-1　戦後東京都の「浮浪者」数の変遷（13頁）
表1-2　仮小屋生活者所在一覧表（1952年5月）（14頁）
表1-3　東京都23区における「不法占拠」地区の概要（17頁）
図1-1　1950年代後半の東京都23区内における「不法占拠」地区の分布（19頁）
表1-4　「不法占拠」地区の立地特性別の状況（21頁）
表1-5　「不法占拠」地区の住宅および土地の状況（22頁）
表1-6　「不法占拠」地区の生活環境の状況（24頁）
表1-7　「不法占拠」地区に暮らす世帯主の職業と収入状況（26頁）
表1-8　「不法占拠」地区の居住状況（27頁）
表1-9　「不法占拠」地区と不良環境地区の変容類型（30頁）
図1-2　墨田区吾嬬町地区（番号：22）の変容（1957-1984年）（31頁）
図1-3　千代田区和泉町地区（番号：1）の変容（1957-1984年）（32頁）
表1-10　1960年以降の「不法占拠」地区の変容過程（34頁）
図1-4　新宿区百人町4丁目地区（番号8）の変容過程（1974-1992年）（35頁）

図2-1　1958年時の神戸市内における「不法占拠」地区とそれ以前に撤去された地区の分布（49頁）
表2-1　神戸市内における「不法占拠」地区の立地状況（1958年）（51頁）
表2-2　1950年代におけるバラック街の社会問題に関する『神戸新聞』記事の見出し（52頁）
表2-3　神戸市におけるバラック街の大規模火災の被害状況（1950-1965年）（55頁）
表2-4　「不動産窃盗」立法化に関する経過概要（60頁）
表2-5　法曹界における「不動産窃盗」をめぐる主な論文（61頁）
表2-6　1960年以降の神戸市の「不法占拠」家屋の撤去実績（63頁）
表2-7　1976年の神戸市脇浜1丁目火事後の被災者の移転先（65頁）

表3-1　東京都区部における「屑拾い」および「拾集人」数の推移（80頁）
表3-2　東京都区部における「バタヤ」地区の概略（83頁）
表3-3　「バタヤ・バタ屋」に関する新聞記事（85頁）
表3-4　「バタヤ街」の撤去事例（90頁）
表3-5　「後楽園バタヤ部落」立退者収容施設一覧（93頁）

表4-1　全国における河川敷「不法占用」工作物の状況（1969年）（103頁）
表4-2　全国における一級河川河川敷「不法占用」工作物の状況（1969年）（104頁）
表4-3　主な河川敷居住の経緯と実態（105頁）

序論

第二次世界大戦後の日本の都市は、空襲被害による住宅焼失や大量の戦地からの引揚者などによって、慢性的な住宅不足に陥っていた。行政による住宅供給も遅れ、戦災被害者をはじめ多くの人々は不安定な状態に置かれることになった。しかし、人々は放置されていたばかりではない。戦災跡や建物疎開跡、都市計画予定地、ガード下や河川敷などを占拠／占有し、自らの手であるいは協力する形でバラック＝仮小屋を建て、住まいや生活の安定を求めた。都市のさまざまな場所でこうしたバラックは集団化し、バラック街となった。そしてかくなる空間は戦後のある期間において、都市に生きる人々の軌跡が交錯する場所となったのであり、「生きられた空間」として特有の景観を構成していたのである。本書は、その後「不法」なる空間と位置づけられながらも、都市に生きる人々の住まう場所でもあった、このバラック街の生成と消滅を辿る戦後史である。

ところで、バラック街はたしかに戦後特有の風景として多くの人々に知られてきた。モノクロームの写真や映像を通じて、その風景を脳裏に刷り込まれている人もいるだろう。あるいは、その後、都市の一角に残されたバラック街を戦後の残滓として認識しつつ目のあたりにしていた人もいるに違いない。しかし、都市空間のなかで孤島のように存在する、錆びたトタン屋根の集塊としてのバラック街の像は浮かぶかもしれないが、そこに住まう者たちがおもんぱかられることはほとんどなかったのではないだろうか。なぜだろうか。

それは人々が息づいたこの空間が、のちに「不法占拠」地区として位置づけられ、消滅したことが関係していると筆者は考える。バラック街の多くはおよそ一九五〇年代の戦災復興の進展、さらには一九六〇年代の高度経済成長期における都市の開発やインフラ整備のなかで撤去され、そこに生きた人々は立ち退きを迫られ、一九七〇年代までには消滅していくことになった。景観の消滅は人々の記憶や想像力を剝ぎ取っていく。

そして、消滅という現実もさることながら、この空間が消えいく過程のなかで、「不法」な土地の占有形態やその内部の状況が社会的に問題視された点も要因としてあろう。とりわけ「不法」というラベリングはバラック街の生活性やそれが置かれた状況を覆い隠すものであり、さらに撤去や立ち退きの「合法」性がさまざまな言説を通じて社会に浸透するなか、消滅は疑われることのない所与の事実となっていったのである。

そして、そもそも記録がほとんど残されていないこともあり、バラック街に誰が住み、どのように彼らが生きていたのか、その空間やそこで生きた人々への関心は霧散していったのである。

しかしながら、終戦から五〇年がたった一九九〇年代後半頃から、日本の都市において残存していた「不法占拠」と位置づけられた地区の問題が顕在化することで、この「不法」というラベルに問いが生じる。

たとえば、外部のNGOの支援を受け、住民の主体性を保障する形で住環境整備が実施された京都市東九条松ノ木地区［宇野　二〇〇七］をはじめ、二〇〇〇年の土地明け渡し裁判の敗訴により強制立ち退きの危機に瀕していた宇治市ウトロ地区［地上げ反対！ウトロを守る会　一九九七］、そして大阪国際空港内の敷地内にあった伊丹市中村地区、多摩川沿いの川崎市戸手地区［金　一九九二、大倉　二〇〇〇］の存在が書物やマスコミの報道を通じて社会に認知されるようになっていく。そこでは、在日朝鮮人社会を攻撃する偏狭な排外主義の標的材料となったことも事実であるが、差別や排除を受けながらも生きてきた人々に光があてられたのである。

なかでも、ウトロ地区での活動は特筆すべきである。国際人権規約に含まれる社会権規約が強制立ち退きを人権侵害とみなしていることを根拠に、居住者と支援者とがさまざまな運動を展開、住環境整備にあわせて、「不法占拠」

地区に対する所与の認識を改める必要性を訴えた。その結果、二〇一一年に韓国政府による支援金と国内外からの募金によって土地の三分の一が買い取られて以降、国と京都府・宇治市が住環境改善事業の実施を進めている［斉藤 二〇一五］。このようなウトロ地区の運動や居住者の声が新聞メディアで報じられたことで、そこに住まう人々の多様な状況性が浮き彫りになるとともに、「正当」な戦後史では描けてこなかった歴史性が社会に提示されることとなったのである。

こうしたなか、改めてバラック街という空間を問いなおす学術的研究も現れた。その代表例が金菱［二〇〇八］と三浦［二〇〇六］によるフィールドワークに基づいた環境社会学研究である。彼らは大阪国際空港に隣接した伊丹市中村地区に住む人々の語りに寄り添いつつ当地の場所の系譜を辿ることで、これまで不問にされてきた構造的差別を明示的に記述している。三浦［二〇〇六：三二］の言葉を借りるならば、ここでの研究は「複合的で成層化された合成物」としての空間像を提示することで、戦後日本の都市史の見直しを迫るものであった。

一方、関連資料の掘り起こしや関係者への聞き取り調査を通じて、かつて存在したバラック街を対象とする研究も行なわれている。たとえば、福岡市を流れる御笠川下流沿いのバラック街を事例とした民俗学者の島村［二〇一〇］は、在日朝鮮人が集住した当該地区がさまざまな社会的抑圧からのアジールであるとともに、独自の「生きる方法」が展開する場になっていたことを明らかにした。また、水内［二〇〇一］は大阪市大正区のバラック街を対象に、その地区の住宅地区改良事業がなされるまでの過程を辿るなかで、居住者である沖縄出身者による住宅要求闘争のあり方を明示している。さらに吉村［二〇一六］は大阪最大のバラック街であった恵美地区を事例に、多様な社会構成と複層的な社会的結合のあり方を提示している。これらの研究は、金菱［二〇〇八］が論じているように、「不法占拠」地区に暮らす人々の「剝き出しの生」［アガンベン　二〇〇七］の様相を浮き彫りにしたものであり、戦後日本の都市における居住や生活に根ざした運動や抵抗といった地域実践の主体性を提示するものと言える。

関連して、フィクションではあるが、戦後バラック街を舞台とする、梁石日による小説『夜を賭けて』［梁　一九九四］やこうの史代原作の漫画『夕凪の街　桜の国』［こうの　二〇〇四］、鄭義信脚本の演劇『焼肉ドラゴン』［鄭二〇一八］といった映画化もされたこれらの作品は、決して「不法」のラベルだけでは捉えきれない、そこに生きた人々のすがたや交流を描くものとなっており、人々の認識を大きく改める一つのきっかけとなったことは間違いない。

ところで、戦後のバラック街をめぐっては、同時代的に大橋［一九六〇］をはじめ、都市社会病理学の観点による実態調査も行なわれてきた。ただし、丹羽［一九九二］が指摘するように、これらの調査研究は概して不良住宅地区としてのスラムを「解体地域」と位置づけ、行政権力を背景とした矯正的な観点からの対応・対策の発想で扱っており、地区へ投げかけられる差別の構造の変革に至ることはなかった。それに対して、上記した近年の研究は、戦後都市における「不法占拠」地区がその土地の占有状態という定義を超えて、さまざまなネガティブなラベリングを含みながら排除される存在として、政治的かつ社会的に構築されたことを提示したと言える。それはまた、人々が居住し、生活し、時に文化を形成する場所を、さまざまなネガティブなイメージを含み込む「不法占拠」という言葉で上塗りされていることに再考を促し、戦後から現代までの歴史性や社会性を改めて問いなおすものでもある。

さて本書では、このような既存研究を踏まえたうえで、戦後のバラック街という空間を今少し広い観点から問うていきたい。たしかに、これまでの研究は戦後都市の歴史像や社会像のオルタナティブを提示しているが、いまだ限られた事例からの論究であると言わざるをえない。実際、戦後都市それぞれにおいてかなりの数のバラック街が存在していたのである。さらなる事例研究に加えて、その全体像の把握をも目指す必要があると筆者は考える。

ここで、バラック街が戦後都市のスラム研究においてどのように位置づけられていたかを確認しておこう。住田［一九六八］は一九六〇年頃の不良住宅地区の類型化をするなかで（表０－１）、その項目にバラック街としての仮小屋集団地区と廃品回収を生業とする人たちが集住した「バタヤ」地区を含めている。そして類型化された各地区の改善方法として、同和地区や非戦災地区などを含めた一般老朽住宅地区をはじめ、ドヤ地区、応急仮設住宅地区、転用

表0−1　戦後日本都市の不良住宅地区の型とその改善方法

不良地区の型	地区の内容	主な改善（消滅）方法
仮小屋集団地区	不法占拠のバラック集団地区	撤去
バタヤ地区	バラック住宅と仕切場の混在地区	撤去
ドヤ地区	単身日雇者の多い仮住い地区	日雇労働者対策／自主改善／撤去
一般老朽住宅地区	非戦災長屋地区の集団的老朽化	自主改善／住宅地区改良事業
応急仮設住宅地区	非戦災地の公営仮設住宅の集団的老朽化	払下げ／公営住宅建て替え
転用住宅地区	兵舎等の転用居住物の老朽化	住宅地区改良事業／転用

出所：住田［1968：60］。

住宅地区それぞれは、行政による住宅地区改良事業ないしは自主改善がなされていることを示す一方、仮小屋集団地区と「バタヤ地区」は行政による撤去や立ち退きが行なわれ、そのほとんどは消滅したと位置づけている。したがって、二〇〇〇年代まで残存するということや、住民の主体性や交渉が実を結び、住宅地区改良事業がなされることはむしろ稀有な事例として認識できよう。

また、三浦［二〇〇六］も述べているように、一口に「不法占拠」バラック街と言っても、自治体の対応の仕方によって、それぞれの地区はかなり異なった歴史的経緯を辿っていた。たとえば、前出の島村［二〇一〇］が明らかにした、御笠川下流の両岸や博多駅一帯の「不法占拠」地区の立ち退きの場合、福岡県と福岡市は、立ち退き後の住居の確保や移転補償費の支給をめぐって住民との間で交渉の場を持ち、両者の合意のもとに集団移転が進められていった。また、前川［二〇〇〇、二〇〇一］によれば、京都東七条に広がっていたバラック街も、疎開地整備事業や新幹線敷設事業に伴い、京都市が立ち退き者に改良住宅を提供した。一方で、飛田［二〇〇一］によれば、兵庫県武庫川河川敷のバラック街は、一九六〇年前後の河川整備によって撤去となったが、そこでは住宅用の代替地の斡旋等の住民からの要求を、兵庫県は強硬姿勢でまったく受けつけることはなかったのである。このように自治体の対応が多様だったことはこれらの研究でも明らかである。

以上のことから、本書の研究課題が浮かび上がってくる。すなわち、戦後日本の都市におけるバラック街、その後「不法占拠」地区と位置づけられたこの空間の状況を総合的網羅的な視点で把握すること、そしてその生成から消滅までの過程における行政を含めたさまざまな主体による営為やそれを構成する諸力に目を向けることである。このような視座は、個別のバラック街への構造的差別や改善された地区における居住者の主体的な実践の意味合いをより広い観点から相対的に捉えることを可能とするだろう。

本書の構成は次のとおりである。まず、研究の視点を都市空間のスケールに設定し、「不法占拠」バラック街の実態の解明、そして生成から消滅までの過程とそれをめぐる諸要因について考察していく。第1章では、一九五〇年代後半の東京都区部における「不法占拠」地区の実態を総体的に分析し、都市における社会的および空間的特性を明らかにするとともに、その変容過程を解明する。

第2章では、戦後神戸市における「不法占拠」バラック街の生成から消滅までのプロセスを、撤去主体である神戸市の動向とそれをめぐる社会状況を把握しながら歴史的に記述する。とりわけ、本章で注目すべきは「不法占拠」を取り締まるための不動産侵奪罪の成立の経緯である。

そして、第3章では、「不法占拠」地区で営まれることが多かった廃品回収業者としての「バタヤ」、および彼らの生活かつ生業の場となった「バタヤ街」を対象に、その空間がいかに生成し消滅したのか、都市空間東京におけるそれらの空間的社会的位置づけに注目しながら迫っていく。

一九五〇年代後半からバラック街は都市の周縁的な場所であった河川敷に多く見られることになる。以下の章ではこの河川敷に存在したバラック街が対象となる。まず第4章では、戦後都市における河川敷居住の実態とその生成から消滅までの変容過程を網羅的に明らかにするために、熊本市白川や広島市旧太田川、静岡市安倍川、横浜市鶴見川の四河川を研究対象に設定し、それらをめぐる社会的状況に加えて、とりわけ行政対応のあり方にアプローチする。

以降は事例研究となる。第5章では、神戸市長田区を流れる新湊川沿いに存在した通称「大橋の朝鮮人部落」の生成から消滅をめぐる「空間の政治」のあり方を検討する。ここでは、なぜ集団移住が行なわれず、居住者が分散して地区が消滅していったのかに注目したい。

一方、第6章と第7章では、近隣地に集団移住を実現した、広島市南区を流れる太田川放水路沿いに存在した旭橋下流地区を対象とする。まず第6章において、その地区の形成過程、そして一九六〇年代前半における地域内の状況を確認し、集団移住を可能とさせた居住者の連帯の状況や背景にアプローチする。第7章では、居住者組織である立退対策委員会と行政当局との交渉過程を整理したうえで、集団移住が成し遂げられた背景を明らかにしていく。交渉のなかで、居住者組織と行政当局がいかなる戦略や戦術を用いたかが、本章の着目点となる。

なお、本書では、地理学者ドリーン・マッシーによる空間論［マッシー 二〇一四］を踏まえて考察を進めている。マッシーは、空間を静的で固定したものとして、かつ領域規定的に捉えることの問題性を指摘したうえで、相互関係性の産物として、多様性の存在可能性の領域として、そして常に構成の過程にあるものとして捉えるよう主張している。この空間論は既存の社会理論における時間／空間理解を批判的に検討し、オルタナティブな論点や見方を提示するとともに、多様な人々の軌跡の相互関係を照らし出すことを企図している。本書ではこうした空間論を踏まえた批判歴史地理学的研究［モリッシーほか 二〇一六］として、「不法」なる空間を関係的にかつ動態的に捉えることで、バラック街に対する見方を変革し、戦後という時間／空間／社会を見なおすことを目指したい。

【付記】 本書では、当時の行政文書や行政資料、さらには新聞記事を分析材料とするが、なかには差別的な表現や用語が含まれている場合がある。しかし、そのような表現そのものが当時の思想や世論を具現する問題の重要な一部であり、歴史的な資料としての価値も考え、資料に基づく差別的な表現は「 」内に表記して引用することにする。また語りや新聞記事内における筆者による補足は［ ］で表記する。

第1章 「不法」なる空間のすがた

ガード下のバラック集団
（出所：東京都民生局『東京都地区環境調査』1959年）

1　はじめに

戦後都市において「不法占拠」地区はどのように生成し、いかなる実態だったのだろうか。既存のスラム研究においても、当該地区は戦後特有の新たなスラムとして位置づけられたものの、この問いに踏み込んだ研究はほとんどない。序論でも紹介した、不良住宅地区の状況と変化のあり方を類型化した住田［一九六八］によれば、同和地区や非戦災地区における老朽住宅地区には行政による住宅地区改良事業ないしは自主改善がなされ、地区の住環境が改善されることが多かった一方で、バラック街である仮小屋集団地区では、「不法占拠」ということから、行政による撤去や立ち退きが頻繁に行なわれ、そのほとんどの地区は消滅したと定義されている。このように、そもそも消滅が当然のものとされることで、必然的に「不法占拠」のバラック街は研究対象から除外されてきたのかもしれない[*1]。

また、研究が不足する背景には資料的問題がある。近代スラムの実態分析としては、たとえば戦前期には内務省や各自治体の社会局による社会調査があり、戦後期においても建設省や各自治体住宅局による不良住宅調査などがある。他方で、戦後の「不法占拠」地区に関する網羅的な調査はほとんど存在していないのが現状である。たとえば、広島の基町相生通り一帯を調査した千葉ほか［一九七三］のように、個別の地区に関する調査はいくつかあるものの、おおむね「不法占拠」地区についての公的な資料は、土地の権利者である自治体の担当部局が「不法占拠」問題の終結を理由にして廃棄するケースも多く、また元居住者のプライバシーの問題や立ち退きの際の権利係争などの民事裁判に関わることもあるため、一般に公開されることはほとんどない。

しかし、管見の限り、戦後都市における「不法占拠」地区の実態を総体的に把握できる調査が唯一存在する。それが、一九五九年に刊行された『東京都地区環境調査――都内不良環境地区の現況』（以下、『東京都地区環境調査』と表記）である。本報告書は、東京都民生局が戦後東京の不良環境地区の輪郭を明らかにすることを目的にした調査結果であり、東京都内で二七三地区、そして東京都二三区内においては二四〇地区が不良環境地区として対象となっている。そして、本報告書には「公共的立場からみた居住地域としての適否」という調査項目があり、「不法または不当な土地使用状況（不適正）にある地区」として二三区外を含め五八地区を抽出することができる。[*2] ここでの「不法または不当な土地使用状況にある地区」とは、公園や社寺境内、道路脇、線路脇、ガード下、河川沿岸、土堤および水上等の公共的性格を持つ場所にある居住地区であり、まさにここまで述べてきた「不法占拠」地区として位置づけられよう。

また、一九五〇年代後半は「不法占拠」地区が最も多かった（あるいは可視化された）時期と想定でき、戦後都市におけるその状況を明らかにするうえで、本報告書を取り上げる意義はあるだろう。さらに、本調査については、報告書内の分析に加えて井上［一九五九］の紹介や高見沢・洪［一九八四］といった先行研究において取り上げられているが、「不法または不当な土地使用状況にある地区」のみを対象とはしておらず、その実態や位置づけはほとんど明らかにはされていない。

そこで、本章は戦後都市における「不法占拠」地区の相貌にアプローチするため、『東京都地区環境調査』に基づいて具体的に以下の二点について検討する。まず一点目は、先行研究ではほとんど扱われなかった、一九五〇年代後半の都市内における「不法占拠」地区の実態を総体的に分析し、都市における社会的および空間的特性を明らかにしていく。

二点目は「不法占拠」地区の変容過程を解明することである。現代において「不法占拠」地区がほとんど存在しないために、時に住民の強制立ち退きを伴った形での消滅という歴史的な結果のみに注目が集まる一方で、そもそも「不法占拠」地区がいかなる変容を遂げたかについては看過されることが多い。また、これまでの研究の多くが現代にまで残存してきた地区を対象にしていることから、生成から消滅までを含めた変容そのものへの注目が欠けていると言える。本章では一九五〇年代後半に都市で存在した「不法占拠」地区がいかに生成し、その後どのように変容したのかを、土地利用の変化を追うことで明らかにしていく。このように、その後の変容を同時に対象にすることで、戦後都市における「不法占拠」地区の社会・空間的特性をより動態的に把握することが期待されよう。

なお、本章では都市というスケールで分析を進めるために東京都二三区内を対象地域に設定し、『東京都地区環境調査』の調査地区のなかで、東京都二三区内の不良環境地区二四〇地区、およびそのうちの「不法または不当な土地使用状況にある地区」五一地区を「不法占拠」地区として分析していく。[*3] また、上記二つの研究課題にとりかかる際、本章では五一の「不法占拠」地区とそれ以外の「公共的立場からみた居住用地」として適正な不良環境地区（以下、一般不良環境地区と表記）とを比較していく。[*4] 両者を比較する目的は、「不法占拠」地区の実態やその位置づけをより相対的な視点から明らかにするためである。

本章の構成は以下のとおりである。第2節で戦後東京における「不法占拠」地区の生成を既存の研究や行政資料を用いて概観したうえで、第3節では『東京都地区環境調査』を分析材料に、一九五〇年代後半の東京都区部における「不法占拠」地区の居住環境と内部の社会状況を他の不良環境地区との比較により明らかにしていく。第4節では一九五〇年代後半以降の「不法占拠」地区の変容過程を辿り、その過程の背景にいかなる要因があったのかを検討していく。

2　戦後東京における「不法占拠」地区の生成

第二次世界大戦期における空襲被害による住宅焼失、大量の戦地からの引揚者などによってもたらされた終戦直後の東京の住宅難は、その後もしばらく解消されることはなかった。むしろ、戦災被害を受けていない住宅が老朽化するケースに加えて、明らかに戦前にはなかったような形態の不良住宅地区が現れていた。それらは引揚者や住宅喪失者に対して提供された応急簡易住宅に加えて、土地所有が曖昧であった戦災跡や建物疎開跡、ガード下、都市計画予定地などに集団的に建てられた仮小屋群などであった。

こうした仮小屋群はその後しばらく残存することになるが、岩田［一九九五］はそうした残存の背景として終戦直後の社会福祉政策が密接に関係していると指摘している。すなわち、戦後の極度の住宅難を被った人々は大きく「浮浪者」と仮小屋生活者の二つの形態に分けられるが、社会福祉行政は主に「浮浪者」への対応を優先的に行なっていった。東京都では、警察の協力のもと、中心部の繁華街やヤミ市等で「浮浪者」の「かりこみ」と呼ばれる街頭保護が頻繁に実施されており、一九四五年一〇月に開設された東本願寺戦災者更生会をはじめとして、戦災者救援会深川寮、忍岡更生寮収容所、愛隣会目黒厚生寮、厚生会館、荒川、淀橋の一時収容所などの施設も開設していた。その一方で、後者の仮小屋生活者はいわゆる「自助努力」の結果として放置されることが多かったのである。

また、一九四九年に都会地転入抑制が廃止されたことで、東京都では戦地からの引揚者に加えて、地方からの流入者が爆発的に増加した。しかし、公的および民間部門それぞれの住宅建設が依然として遅れており、住宅を見つける際に「自助努力」が推奨されていたために、都市内における仮小屋生活者は一九五〇年前後に再び増加することになった。終戦直後の東京都における「浮浪者」数の推移を見ると（表1－1）、一九四九年から一九五一年の間に「浮浪者」数が激減する一方で、仮小屋生活者数が約四倍に増えていることがわかる。このことは、仮小屋集住地区がある種のインフォーマルな住宅市場として機能し始め、都市への流入者にとっての橋頭堡の役割を担っていったことを示している。東京都民生局が一九五二年に作成した資料によれば、千代田区、中央区、港区の都心部のほか、台東区や文京区などに仮小屋集住地区が生成しており（表1－2）、その後、これらのほとんどが「不法占拠」地区として問題視されることとなった。また、ここでの仮小屋集住地区には「バタヤ街」が含まれていたように、住

表1－1　戦後東京都の「浮浪者」数の変遷

	1946年	1947年	1948年	1949年	1950年	1951年	1952年
被収容者	2,531	9,629	7,051	8,874	8,506	8,708	9,145
浮浪者		3,700	4,800	5,500	3,500	1,000	1,000
仮小屋生活者	50	300	600	1,000	2,500	4,100	4,600

出所：日本社会事業大学近代社会事業研究会［1965］より作成。

表1－2　仮小屋生活者所在一覧表（1952年5月）

区	主たる場所	世帯	人員
千代田	新橋ガード下	200	650
	帝国ホテル裏	20	35
	練塀町ガード下（明和会）	24	100
	区内散在	20	100
中央	明石町河岸道路上	35	75
	浜離宮地築地川付近	54	84
	三原橋付近（埋立地）	37	55
	区内散在	25	150
港	芝公園内	30	90
	芝浦（ガスタンク際）	25	70
	区内散在	10	30
新宿	新宿駅（貨物駅）付近	50	150
文京	お茶の水（ガケ下）	80	180
	礫川公園	40	150
台東	上野公園内（葵会等）	180	600
	浅草本願寺付近	60	265
	墨田公園内（蟻の会）	70	200
	隅田公園内（墨田会）	200	300
	区内散在	200	300
その他		400	620
計		1,760	4,204

出所：東京都民生局「仮小屋生活者所在一覧表」（東京都公文書館所蔵）。

民が廃品回収業に従事するケースも多かった。

一九五〇年代に入ると、戦災復興事業による都市の社会基盤整備が進行することで、行政当局による注視の目が公有地の「不法占拠」問題に向けられることになった。復興事業の妨げとなる「不法占拠」型の仮小屋密集地区に対して、行政当局は取り締まりを強化していくことになる。[*5] 一九五二年のお茶の水橋下の仮小屋群[*6]の撤去に始まり、一九五八年までには、「後楽園バタヤ部落[*7]」、新橋駅ガード下、隅田公園内の通称「蟻の街」、上野公園内の通称「葵部落」などの仮小屋群が一斉に撤去対象となった。

実際、そのなかで最も大規模に撤去されたのが、第3章でも扱う「後楽園バタヤ部落[*8]」である。「文京区発足当時、戦災によって荒廃に帰した後楽園地帯十数万坪一帯は、都心地にありながら、その大部分が国有または都有地であって、荒れるにまかせ、塵芥、瓦礫の山をなし、衛生的にも都市美観の見地からもこのまま放置することは区としては到底忍びえない」〔東京都文京区役所　一九五六〕とのことで、東京地下鉄丸ノ内線後楽園駅の建設開始を前に、文京区役所が一九五四年八月に、一七四世帯三七二人に対して撤去通知を行なった。その後、いくつかの支援組織とともに住民による撤去反対運動が展開されたが、一九五四年一一月末に行政当局は住民代表との交渉の末、住民による自主撤去が決定し、多くの住民は立ち退くこととなった。[*9] 立退者の多くはいったん、都内にある二一の保護施設に収容されたが、施設出所後については、公営住宅[*10]への入居を斡旋された者もいるものの、多くは自力で家を見つける必要があったようである〔東京都文京区役所土木課　一九五四〕。

「後楽園バタヤ部落」と同様に、保護施設への収容や公営住宅の斡旋など、立退者に対して何らかの保護はなされたが、大局的に見れば一九五〇年代前半の「不法占拠」地区に対する処置は場当たり的なものでしかなかった。追い立てられた居住者のなかには、また別の場所に「不法占拠」して住みつくといったように、撤去による保護は不完全で、必ずしも都市内において「不法占拠」地区が消滅することはなかったのである。実際、「後楽園バタヤ部落」でもこの段階ですべての住宅が撤去されたわけではなく、一九五〇年代後半以降も残存していたのである。

一方で、一九五一年に「公営住宅法」が公布・施行されたこともあり、東京都による住宅政策はこの時期にようやく開始されることになった。一九五二年に決定された「首都建設緊急五ヶ年計画」では、三万一二〇〇戸の公営住宅建設が目標とされ、五四団地六〇〇〇戸の不良住宅地区改良計画も打ち出されていた。しかし、これらの計画は建築資材の高騰に加えて、国からの財源の裏づけがなかったこともあり、進捗度も五〇％に満たないまま、四年目で打ち切りとなった〔東京都住宅局　一九七一〕。

このように東京都の住宅政策や不良住宅対策が順調には進まず、量的な意味での住宅難が収束に向かわないなか、「不法占拠」地区は依然として立ち退き等による住宅喪失者たちや地方出身者が住まう場所として機能していたと考えられる。また、この時期には自力で土地を占拠して仮小屋を建てる者だけではなく、公有地に日払い小屋やアパートを建設するような業者も現れ、そうした住宅に「不法占拠」だと知らずに入居する者も少なからずいた。それに加えて、公園や道路といった計画予定地内の居住者に支払われる移転補償費や火災時の保険金を見込んで、わざわざ公有地などに仮小屋を建てる事例もあった[*11]。

なお、次章の神戸の事例で示すように、一九五〇年代に入ると「不法占拠」地区をめぐってはさまざまな社会問題[*12]が発生することで、社会的に異質な存在としてみなされることとなる。そして、それに応じて行政は「不法占拠」地区に対する排除の動きをより一層強めていく。『東京都地区環境調査』が実施されたのは、まさにこの時期のことであった。

3　一九五〇年代後半の東京における「不法占拠」地区の社会・空間的特性

『東京都地区環境調査』について

一九五〇年代後半になると、東京都では、社会福祉政策の対象として、「不良住宅（環境）地区＝スラム」の問題が大きく取り上げられるようになっていた。終戦直後の経済的混乱が収束し始め、量的な住宅問題が徐々に解消されることで、質的な意味での住宅問題が浮上し、「不良住宅（環境）地区＝スラム」が社会問題化し始めたのだった。

こうした問題に対応して、東京都民生局総務部は「東京都における戦後の不良環境地区の輪郭を明らかにし、その分布状況、住居および居住者の生活の実態をつかみ、不良環境地区の環境改善および居住者の生活改善の施策に必要な基礎資料を得ること」という調査目的を設定し、各福祉事務所の協力のもとで概況二〇項目、住居一五項目、居住水準一〇項目、合計四五項目の実態調査を行なった［井上　一九五九］。そして、その結果が報告書『東京都地区環境調査』（B５判四〇〇頁、地区写真、地図添付）としてまとめられたのである[*13]。本報告書では項目ごとの分析を通じて、東京都における不良環境地区の総体的な状況が提示されており、各地区における詳細な統計表も添付されている。

表1－3　東京都23区における「不法占拠」地区の概要

番号	区	所在区域	住居数	世帯数	人口	面積(m²)	不良度	地区類型	地区類種	土地特徴	形成時期
1	千代田	神田和泉町	30	28	89	330	C	一般老朽	商店街	公共	戦後
2	港	芝浦	42	44	163	594	B	一般老朽	工場地	線路	戦後
3	港	西芝浦	17	17	71	594	A	仮小屋	倉庫	河川	戦前
4	港	麻布新広尾	76	99	147	528	B	簡易宿泊所	ドヤ街	河川	戦後
5	新宿	南元町	38	44	209	2,640	B	一般老朽	裏地	線路	―
6	新宿	百人町1	57	68	241	825	A	仮小屋	バタヤ街	線路	戦後
7	新宿	西大久保	60	65	288	1,650	A	仮小屋	バタヤ街	線路	戦後
8	新宿	百人町4	89	99	278	2,970	A	仮小屋	バタヤ街	線路	戦後
9	新宿	上落合	56	55	200	2,970	B	都営住宅	工場	公共	戦後
10	新宿	戸山町	52	49	199	1,320	A	仮小屋	商店街	道路	戦後
11	文京	氷川下町	38	38	160	2,112	C	仮小屋	裏町	道路	戦後
12	文京	白山御殿町	65	65	327	4,907	C	仮小屋	学校用地	公共	戦後
13	文京	小石川町	180	352	945	5,445	A	仮小屋	バタヤ街	公共	―
14	台東	今戸	31	31	111	495	A	仮小屋	バタヤ街	公共	戦後
15	台東	花川戸	69	72	212	1,653	A	仮小屋	バタヤ街	公共	戦後
16	台東	花川戸	14	14	36	660	A	仮小屋	バタヤ街	河川	戦後
17	台東	浅草公園	37	35	165	990	B	仮小屋	公園内	公共	戦後
18	台東	下谷陳堀	29	44	486	686	A	仮小屋	バタヤ街	線路	戦後
19	墨田	亀沢町1	12	12	42	3,300	A	仮小屋	バタヤ街	線路	―
20	墨田	亀沢町3	110	110	250	2,287	A	仮小屋	バタヤ街	線路	―
21	墨田	亀沢町4	109	109	309	4,983	A	仮小屋	バタヤ街	線路	戦後
22	墨田	吾嬬町	71	71	296	5,280	B	都営住宅	裏町	公共	戦後
23	墨田	寺島	130	137	587	10,580	B	一般老朽	マーケット	公共	戦後
24	墨田	隅田町	47	46	216	3,564	C	一般老朽	裏町	道路	戦前
25	江東	深川高橋町	33	33	102	396	A	仮小屋	バタヤ街	公共	戦後
26	江東	大島町	61	69	330	12,164	B	一般老朽	住宅地	公共	戦時中
27	江東	深川牡丹町	30	31	143	1,970	B	仮小屋	住宅地	公共	戦後
28	目黒	上目黒	43	43	198	3,960	C	仮小屋	住宅地	線路	―
29	目黒	原町	81	54	212	1,980	A	仮小屋	住宅地	線路	戦後
30	大田	羽田町	37	42	221	1,449	C	一般老朽	住宅地	河川	―
31	渋谷	山下町	26	44	148	914	C	仮小屋	裏町	河川	戦後
32	渋谷	幡ヶ谷原町	50	71	268	2,970	B	仮小屋	バタヤ街	道路	戦後
33	中野	広町	37	37	83	825	A	仮小屋	バタヤ街	河川	―
34	中野	栄町通	10	7	33	66	A	一般老朽	住宅地	道路	―
35	中野	多田町	19	20	72	825	C	一般老朽	住宅地	道路	―
36	杉並	天沼	138	108	371	3,168	A	仮小屋	裏町	線路	―
37	豊島	池袋	23	22	82	1,271	A	仮小屋	裏町	線路	1950年
38	北	王子町	54	56	206	1,650	A	仮小屋	バタヤ街	河川	戦後
39	練馬	北町	24	27	91	2,970	C	仮小屋	裏町	線路	―
40	葛飾	上千葉町	44	46	179	8,963	B	一般老朽	住宅地	公共	1947年
41	葛飾	青戸町	12	12	48	416	B	一般老朽	裏町	公共	―
42	葛飾	本田立石町	32	32	132	1,650	A	その他	河川敷	河川	1923年
43	葛飾	平井中町	37	43	104	1,320	C	引揚者寮	住宅地	河川	―
44	江戸川	小岩京成ガード下	12	12	37	109	B	仮小屋	その他	線路	戦後
45	江戸川	小岩町4	62	61	157	607	A	仮小屋	マーケット	河川	―
B1	千代田	神田練塀町	18	18	42	495	―	仮小屋	バタヤ街	線路	戦後
B2	千代田	飯田町	4	4	18	99	―	仮小屋	道路	線路	戦後
B3	千代田	錦町河岸	4	4	10	59	―	仮小屋	道路	道路	戦後
B4	千代田	大手町	43	37	125	5,940	―	仮小屋	バタヤ街	線路	戦後
B5	台東	浅草松清町	70	88	310	1,155	―	仮小屋	バタヤ街	公共	―
B6	台東	浅草聖天町	28	87	150	1,980	―	仮小屋	バタヤ街	公共	1950年

出所：東京都民生局［1959］より作成。

前述したように、本報告書の対象として、二三区内二四〇の不良環境地区には「不法占拠」状態の五一地区[*14]が含まれている（表1－3）。本章では、本報告書に含まれる各地区の統計表の精読と分析を通じ、「不法占拠」地区を除く一般不良環境地区一八九地区と比較しながら、一九五〇年代後半の東京都二三区における「不法占拠」地区の実態を明らかにしていく。「不法占拠」地区のあらましを提示し、その後、地区の住環境や社会的特性を分析する。

「不法占拠」地区の概要

まず全体の面積で見ると、不良環境地区全体九六・六ヘクタールのうち一一・五％にあたる一二・〇ヘクタールが「不法占拠」された地区であった。次に一地区あたりの面積や人口数、世帯数の平均を見ると、一般不良環境地区の平均面積が四五八六平方メートルに対して、「不法占拠」地区は二三六七平方メートルであり、一般不良環境地区の平均人口が三三五人に対して、「不法占拠」地区は一九四人であった。すなわち、「不法占拠」地区の人口および面積は一般不良環境地区のおよそ半分の規模であったことが示されている。ただし、「不法占拠」地区は一〇〇平方メートルにも満たない地区から、墨田区寺島地区（一万五八〇平方メートル）や江東区大島地区（一万二一六四平方メートル）といった大規模な地区も含まれており、地区ごとに多様性も見られる。続いて、人口密度と戸数密度においては、「不法占拠」地区（八二〇人／ヘクタール、一八五戸／ヘクタール）は、一般不良環境地区（七三〇人／ヘクタール、一六四戸／ヘクタール）よりも高い数値を示している。本報告書内でも不良環境地区の懸案課題として地区の密集度があげられているが［東京都民生局　一九五九：五七］、とりわけ「不法占拠」地区は非常に密集度が高く、一般社会から見れば、不良環境地区のなかでもきわめて特異な場所であったことが想定される。

次に二三区ごとの地区数と人口、そして面積を見てみよう。まず一般不良環境地区の分布を見ると、荒川区が地区数の一五・九％、人口二三・八％、面積二三・〇％とそれぞれ最も高い割合を表している。地区数だけで見た場合、荒川区に次いで足立区、文京区、中央区、中野区、大田区、新宿区、墨田区、葛飾区、江東区の順となっている。一

図１－１　1950年代後半の東京都23区内における「不法占拠」地区の分布

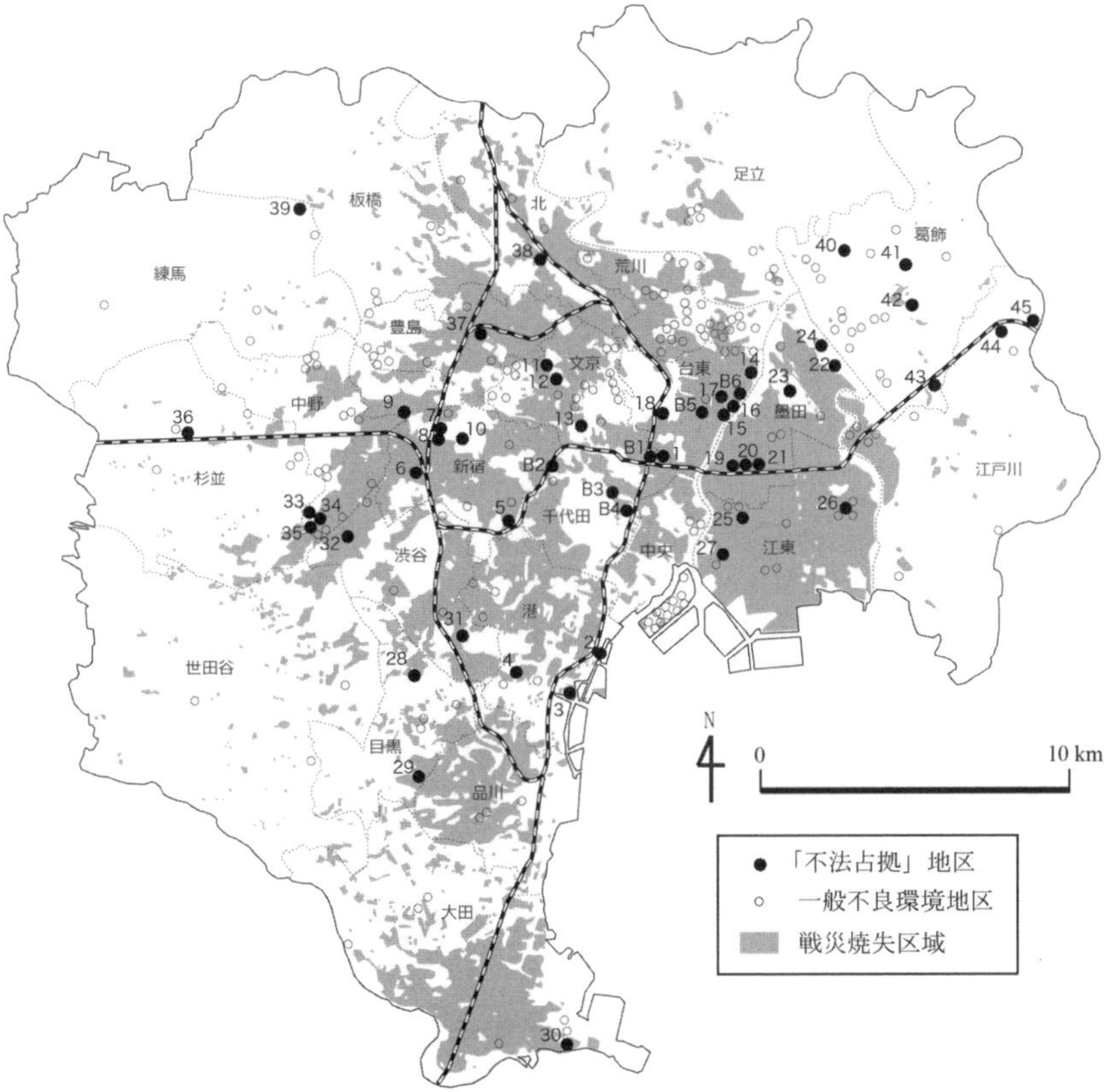

注：戦災焼失区域は東京都［2005］を参照。

方、「不法占拠」地区を見ると、まず地区数では台東区が七地区、新宿区と墨田区が六地区、千代田区が五地区と多く立地している（図1－1）。一般不良環境地区が多く立地している荒川区には「不法占拠」地区はなく、「不法占拠」地区が多く立地している新宿区や台東区、墨田区では一般不良環境地区は少ない結果となっている。また、人口では墨田区（一七・四％）、文京区（一四・六％）、新宿区（一四・五％）、台東区（一三・九％）の順に多くなっており、面積では墨田区（二四・八％）、江東区（一二・〇％）、文京区（一〇・三％）、新宿区（一〇・二％）、葛飾区（一〇・二％）だけで、二三区内全体の「不法占拠」地区の半数を超えている。このように区ごとの状況で見てみると、一般不良環境地区と「不法占拠」地区とではその分布が違っていることが認識できよう。[*15]

「不法占拠」地区と一般不良環境地区との分布に違いが出ることには、第二次世界大戦の戦災被害が関係していると考えられる。すなわち、一般不良環境地区のなかには、戦災の被害を受けていない老朽住宅地区がかなり含まれている一方で、「不法占拠」地区の場合、戦災を受けた土地の所有権が曖昧な地区に生成することが多くなっている。実際、「不法占拠」地区のなかで、生成由来が不明な地区を除いた三六地区のうち、戦後に生成したのは三二地区であった。また、各地区の概要から、その成立経緯を見てみると、「戦後遊民的人々が国鉄団地内に仮小屋を建て始めついに今日のバタヤ部落を形成するに至った」（新宿区百人町一丁目地区）、「戦時地区のバタヤが任意移動して来て現場に居住している不許可の土地である」（江戸川区小岩京成ガード下地区）といったように自然発生的に生成した地区だけではなく、「戦災者収用のため小学校焼跡に応急簡易都営アパートが建造され今日に至っている」（新宿区上落合地区）や、「高田馬場駅工事のため国鉄団地内に建てた飯場から出発して今日に至る」（新宿区百人町四丁目地区）などのように、行政が提供していた土地にそのまま居住し続けたケースや、戦災復興の飯場跡がそのまま居住地区に生成した場合などもある。

それでは、具体的に「不法占拠」地区はどのような条件の場所にあったのだろうか。まず立地状況別に分類すると（表1－4）、高架下を含めた線路周辺が一八地区、公園や寺社境内といった公共用地が一六地区、河川沿岸が一〇地区、道路周辺が七地区となっている。立地状況別に平均人口・世帯数・面積を比較すると、公共用地の地区が他の地区よりも人口・面積の面で比較的規模が大きかった。また、地区内で「バタヤ」が営まれている割合は、線路周辺が五割と高い。さらに、地区の使用状態や近隣地域の社会的環境に基づいた分類[*16]によれば、一般不良環境地区では四〇・七%が住宅地に、二三・八%が裏町[*17]に、一〇・八%が「バタヤ街」に分類されたが、「不法占拠」地区では住宅地と裏町がそれぞれ一七・六%、「バタヤ街」が三七・三%であった。すなわち、「不法占拠」地区の多くは住宅地区に認識されない地区に生成しており、周囲の住宅地区との空間的な隔絶があることが想定されよう。さらに、表にはないが、最寄りの駅からの距離を比較してみると、一般不良環境地区が平均六八五メートルであるのに対して、「不法占拠」地区は平均一〇一七メートルとなっている。また、教育や医療、そして市場など生活上必要な施設との近接性については、一般不良環境地区では「良い」が約五九%であるのに対して、「不法占拠」地区では約三九%と低くなっており、「不法占拠」地区が一般不良環境地区よりも不便な場所にあったことが理解できよう。

表1－4　「不法占拠」地区の立地特性別の状況

立地特性	地区数	平均人口	平均世帯数	平均面積	バタヤ率
公共用地	16	262	76	3,731	38.0%
線路周辺	18	191	51	2,218	50.0%
道路周辺	7	137	34	1,560	14.0%
河川沿岸	10	131	45	1,020	33.0%

出所：東京都民生局［1959］より作成。

　当時の不良環境地区には、その地区の発生経過、また地区の自然的、社会的環境もしくは建物の形態および居住者の職業類型等を反映して、巧妙に通称がつけられていた。とりわけ「不法占拠」地区の場合では、たとえば、「ガード下」や「朝鮮部落」、「崖下部落」、「後楽園バタヤ部落」、「音無し部落」、「ガンジー部落」、「ハーモニカ長屋」、「ベニスマーケット」、「蟻の街」のように、特徴的な通称がつけられることが多かった。また、当時の住宅地図を確認すると、「廃品回収業」や「在日朝鮮人居住地」など、地区全体が通称で示されている場合もあり、これも一般社会から隔絶した地区として社会的にも認識されていたということの証左であろう。

表1－5　「不法占拠」地区の住宅および土地の状況

		「不法占拠」地区	一般不良環境地区	東京都区部
普請程度	本建築	32.1%	67.9%	99.0%
	素人大工	27.1%	18.3%	—
	仮小屋・壕舎	40.6%	13.5%	1.0%
	不詳	0.2%	0.3%	—
建築時期（築年数）	～5年	15.4%	8.2%	—
	6～10年	25.8%	9.4%	—
	11～15年	33.0%	16.3%	—
	16～20年	2.2%	7.1%	—
	21年～	14.6%	51.4%	—
	不詳	13.3%	7.6%	—
破損状況	健全	19.6%	20.1%	63.3%
	小修理必要	25.5%	36.6%	20.5%
	大修理必要	32.2%	28.9%	7.4%
	修理不能・危険	18.8%	12.2%	8.8%
	不詳	4.0%	2.2%	0.0%
建て方	戸建て	42.9%	23.5%	61.2%
	長屋建て	43.1%	48.4%	16.2%
	共同	12.2%	27.9%	21.4%
	その他	1.8%	0.2%	1.4%
住宅所有形態	持ち家	51.1%	27.4%	56.1%
	借家	39.6%	63.1%	36.1%
	給与住宅	3.6%	8.2%	7.7%
	不詳	5.7%	1.3%	—
土地所有形態	自己宅地	3.4%	10.2%	—
	借地	72.3%	68.2%	—
	不詳	24.3%	21.6%	—

出所：東京都民生局［1959］より作成。
「東京都区部」のデータは総理府統計局［1960］を参照。

「不法占拠」地区の住環境

①住宅状況

「不法占拠」地区の住宅はどのような状態だったのだろうか（表1－5）。まず建物の普請の程度から見ると、一般不良環境地区では本建築の住宅が六七・九%、素人大工[*18]が一八・三%、仮小屋住宅が一三・五%であったのに対して、「不法占拠」地区では本建築が三二・一%、素人大工が二七・一%、仮小屋・壕舎が四〇・六%であった。次に、前述した地区の生成時期と重なるが、住宅の建築時期を見ると、一般不良環境地区では五〇%以上の住宅が二一年以上前に建築されている一方で（平均二一・七年）、「不法占拠」地区の住宅の七〇%以上が一五年以内に建築されたものである（平均一〇・九年）。ただし、住宅の破損の程度について見ると、「不法占拠」地区の建築時期の方が相対的に新しいにもかかわらず、「大修理を要する」「修理不能・居住危険」[*19]の建物が五割を超えている。「不法占拠」地区の住宅の多くが戦後の資材不足のなかで、建築技術が乏しい居住者自らの手で建てられていたことも考えられ、「不法占拠」地区の住環境は非常に劣悪であったことが示されている。

住宅の建て方については、一般不良環境地区では戸建てと長屋建てを合わせた割合が七一・九％で、老朽化した引揚者定着寮や応急転用都営アパートを含む共同住宅の比率は二七・九％となっている。これに対して、「不法占拠」地区では戸建てと長屋建てとを合わせた比率が八六・〇％で、共同住宅は一二・二％と違いが生じている。住宅の所有関係について見ると、「不法占拠」地区の持ち家率は五一・一％と、不良環境地区の二七・四％に比べて高い割合を表している。ここでの持ち家とは自力で建てた住宅、あるいは誰かが建てた住宅の権利を買い取ったものを示している。一方、土地の権利関係で見ると、「不法占拠」地区では自己宅地が三・四％、借地が七二・三％となっており、自己宅地の割合が一般不良環境地区に比べても低い。この結果からは、土地や住宅の賃貸や売買関係が成立していたことがうかがわれ、当時の社会的な認識のなかには、「不法占拠」地区の住宅も住宅市場に組み込まれていたことが想定されよう。

②地区環境

本報告書は地区環境の不良度を判定する指標として、敷地条件や台所・便所の有無、一人あたりの居住面積など一〇項目の判定項目を設定している。この判定項目に基づき、それぞれの地区がA（緊急に地区改善の必要ありと思われる地区）、B（Aに次いで早急に地区改善の必要ありと思われる地区）、C（A、B以外の地区）という三段階の地区不良度によって分類されている。

この不良度という総体的な指標から見ると、一般不良環境地区ではAが一九・九％、Bが三〇・一％であるのに対して、Cが最も多く五〇・〇％を示しているが、「不法占拠」地区ではAが四八・九％と圧倒的に多く、Bは二八・九％、Cは二二・二％であった（表1－6）。この結果からもわかるように、「不法占拠」地区が一般不良環境地区に比べ、環境改善が最も早急に必要とされる地区であったことが示される。地区不良度を立地状況別に見れば、不良度が最も高いAに分類されるのは、線路周辺が最も多く、それに河川沿岸、公共用地が続き、道路周辺は相対的に低くなっている。また、地区不良度を地区社会的環境別に見れば、Bに分類されるのは、「バタヤ街」が一四地区と最も多く、地区の不良度と「バタヤ」業との相関性が高いことが考えられる。

不良度を判定する基準のうち目立った生活環境に関する指標を取り上げてみると、まずは台所について、東京都区

表1－6　「不法占拠」地区の生活環境の状況

		「不法占拠」地区	一般不良環境地区	東京都区部
不良度	A	48.9%	19.9%	－
	B	28.9%	30.1%	－
	C	22.2%	50.0%	－
台所の有無	有り	55.7%	76.9%	99.3%
	無し	43.4%	22.4%	0.7%
	不詳	0.4%	0.7%	－
台所使用状況	専用	75.2%	75.3%	88.3%
	共同	23.9%	21.1%	11.7%
	不詳	0.9%	3.6%	－
排水状況	敷地外	49.1%	64.8%	－
	戸外	9.3%	7.8%	－
	設備なし	39.8%	25.6%	－
	不詳	1.8%	1.8%	－
水はけ条件	良い	50.0%	58.9%	－
	悪い	49.1%	39.3%	－
	不詳	0.9%	1.8%	－
便所の状況	戸内専用	27.7%	54.4%	81.2%
	戸外専用	3.2%	0.8%	
	戸内共同	6.6%	17.4%	18.8%
	戸外共同	62.1%	26.5%	
	不詳	0.4%	0.9%	－
給水状況	専用水道	16.4%	38.1%	82.1%
	専用井戸	1.5%	0.7%	
	共同水道	51.9%	50.4%	17.2%
	共同井戸	27.7%	10.2%	
	その他	1.9%	0.4%	－
	不詳	0.6%	0.2%	0.7%

出所：東京都民生局［1959］より作成。
「東京都区部」のデータは総理府統計局［1960］を参照。

部全体で九割以上、一般不良環境地区は八割弱の世帯で設備があるのに対して、「不法占拠」地区では六割弱が設備を有していた状況であった。そのうちの二割以上が共同での利用となっていた。そして、台所や風呂の洗い場から出る汚水の排水設備がない世帯が一般不良環境地区では二五・六％であるのに対して、「不法占拠」地区では三九・八％となっている。河川沿いに立地していれば、居住者が河川に生活排水を流している場合もあり、その結果、地区に悪臭が引き起こされていたことも考えられる。水はけの状況については、「不法占拠」地区の五割近くの住宅が悪いと評価されている。[*20] また、同地区の便所の状況については、戸内外の専用便所が三割ほどで、戸外の共同便所を使用する世帯が六割を超えている。一般不良住宅地区で五割以上、そして東京都区部で八割以上が専用便所を有していることを考えると、「不法占拠」地区の衛生環境の悪さが際立っていることがわかる。それはまた「不法占拠」地区の約八割が共同の水道および井戸を利用している状況からもうかがわれよう。

関連して、地区居住者の健康状態に関しては、世帯主の結核患者率が一般不良環境地区の平均一・二％に対して一・五％とそれほど高い数値を表してはいないが、上述のように「不法占拠」地区が非常に劣悪な住環境・地区環境であったことを考えると、結核を含めた伝染病の感染リスクが高かったことも考えられよう。

「不法占拠」地区の社会的特性

当時の「不法占拠」地区にはいかなる人々がどのように暮らしていたのだろうか（表1－7）。まず、世帯主の職業を見ると、賃金給料生活者が一般不良環境地区では四六・三％であるのに対して、「不法占拠」地区では四一・九％となっている。賃金給料生活者のうち、一般不良環境地区で事務技術系統（二五・四％）が筋肉系統[*21]（二〇・九％）より高い割合を表している一方、筋肉系統が二三・六％で、事務技術系統の一八・三％を上回っている。

職人や商工個人企業などを含む自営業者の割合は、「不法占拠」地区が三五・〇％に対して、一般不良環境地区は二八・〇％となっている。このうち、「不法占拠」地区では、個人的な独立事業主で、個人の特殊技能または知識を

表1－7　「不法占拠」地区に暮らす世帯主の職業と収入状況

			「不法占拠」地区	一般不良環境地区	全国市部
世帯主職業	賃金労働	筋肉	23.6%	20.9%	－
		事務技術	18.3%	25.4%	－
	自営業	職人	9.4%	10.0%	－
		個人経営	12.5%	13.1%	－
		自由業	13.1%	4.9%	－
	無職		5.6%	7.9%	－
	その他		16.6%	15.7%	－
	不詳		0.9%	2.0%	－
現金収入	～　9,999円		17.7%	16.5%	10.5%
	～19,999円		34.7%	33.0%	40.2%
	～29,999円		16.8%	23.7%	28.8%
	30,000円～		6.6%	10.4%	20.1%
	不詳		24.2%	16.4%	0.4%

出所：東京都民生局［1959］により作成。
「全国市部」のデータは総理府統計局［1960］を参照。

内容とする業務である「自由業」に従事する世帯主が一三・一％と一般不良環境地区の三倍近く高い割合である。なお、前述したように、「不法占拠」地区には「バタヤ街」と位置づけられる地区が多く、「不法占拠」地区の世帯主の職業を見たところ、「バタヤ」業が含まれる「その他」は一六・六％と一般不良環境地区よりもやや高い比率を示している。なお、「その他」には家内労働者や臨時的家事手伝いなどを含んでいる。無職者については、「不法占拠」地区は五・六％で、一九六〇年当時の東京都内の平均失業率〇・七％に比べると、かなり高い割合だが、一般不良環境地区の七・九％よりは低い。このことは何らかの形で労働に従事する者が比較的多かったことを示している。

世帯主の実収入を見ると、当時の東京都標準世帯の一世帯あたりの平均三万三九九八円（一九五七年一〇月東京都総務局標準世帯家計調査報告調べ）に対して、平均一万五二八二円となっており、一般不良環境地区の平均一万七四三二円よりも低くなっている。ただし、都心部に近い千代田区神田和泉町地区（二万三四四四円）や文京区白山御殿町地区（二万五六八五円）など平均収入がかなり高い地区もあるものの、当時の生活扶助受給世帯の平均一万一三八六円（一九五七年一一月東京都民生局被保護世帯生活実態調査）よりも低い一万円以下の世帯が一七・七％を占めており、困窮世帯が多かったことがわかる。これは、「不法占拠」地区における生活保護世帯比率が八・九％と、当時の東京都全世帯平均のおよそ三倍であったことにも表れている。

次に「不法占拠」地区の居住状態について見ていこう（表1－8）。「不法占拠」地区における一世帯あたりの平均世帯人員は三・二人である。世帯人員の比率を見ると、「不法占拠」地区においては単身世帯が多く、四人以上の世帯になると、「不法占拠」地区は一般不良環境地区よりも割合が低くなっている。一世帯あたりの占有畳数は六・二畳で、一般不良環境地区の平均八・四畳を下回っている。そして、一人あたりの占有畳数について見ると、一・五畳未満の世帯が、「不法占拠」地区で四九・二％と、一般不良環境地区の二九・八％を大きく上回っている。当時、総理府統計局による『住宅統計調査』において、一人あたり畳数二・五畳未満が狭小過密として捉えられていたことを踏まえると、このデータからは「不法占拠」地区の住居水準の低さが指摘できる。

「不法占拠」地区居住者の居住期間の平均は七・二年であり、七〇％の世帯が一〇年に満たない。ただし、築年数を居住期間で除した数値を地区の建物に対する居住者の変動回数とすると、一般不良環境地区の建物は平均一・九回変動しているのに対して、「不法占拠」地区の建物は平均一・五回となっており、「不法占拠」地区の住宅に対する居住者の定着率が比較的高いことがわかる。

「不法占拠」地区における借家の平均家賃は一七七二円となっている。これは、一般不良環境地区の平均家賃の六三四円に比べ三倍ほど高く、当時の

表1－8 「不法占拠」地区の居住状況

		「不法占拠」地区	一般不良環境地区	東京都区部
世帯人員	1人	15.4%	9.8%	6.9%
	2～3人	35.7%	30.0%	32.9%
	4～5人	31.3%	36.0%	35.2%
	6人～	17.6%	24.2%	25.0%
1人あたり畳使用数	～1.4畳	49.2%	29.8%	6.2%
	1.5～2.4畳	31.3%	37.3%	28.0%
	2.5～3.9畳	11.8%	20.6%	30.1%
	4畳～	4.5%	11.5%	35.7%
	不詳	3.2%	0.8%	―
居住期間	1年未満	5.0%	2.4%	―
	1～5年	30.9%	23.1%	―
	5～10年	35.1%	21.1%	―
	10～15年	23.3%	28.9%	―
	15～20年	1.8%	6.0%	―
	20年以上	3.9%	18.5%	―
家賃	無料	0.9%	3.5%	2.4%
	～299円	36.2%	27.1%	1.5%
	～1,499円	35.2%	41.1%	17.8%
	～2,999円	16.5%	18.4%	23.4%
	3,000円～	11.3%	9.9%	54.7%

出所：東京都民生局［1959］より作成。
「東京都区部」のデータは総理府統計局［1960］を参照。

授産場利用世帯の平均家賃の一五八五円よりも高い数字になっている。[*22] 一般不良環境地区よりも平均収入は低いが、このように平均家賃では「不法占拠」地区の方が高い数字となっている。三〇〇円未満や無料という地区も多かったが、その一方で港区芝浦一丁目地区（五二五〇円）や渋谷区山下町地区（四八七五円）など高家賃地区もあった。通常、家賃は立地条件や地価、住宅の建築年数などを反映するが、立地や住宅の質が劣悪である「不法占拠」地区の家賃設定には独自の要因があったのかもしれない。もう少し踏み込めば、そこでは幾分高い家賃を払ってでも「不法占拠」地区の住宅を選択せざるをえない条件が居住者にあることもうかがえる。すなわち、いわゆる住宅差別など普通の住宅を借りられない事情を持つ人々がこの地区に居住していたことが想定されよう。

また、「不法占拠」地区の居住者には在日朝鮮人が多く含まれていたと言われているが、本調査では日本国籍以外の居住者、とりわけ在日朝鮮人がどの程度「不法占拠」地区に居住していたかを実証することはできない。ただし、東京都文京区役所土木課［一九五四］を参考にすると、「後楽園バタヤ部落」の居住者の一八・四％にあたる四二世帯が外国籍世帯（そのほとんどが韓国・朝鮮籍）で、地区からの立退世帯のなかでは、板橋区の韓国人収容施設に四〇世帯が入所したとのことである。さらに、前述したように、五一地区のなかには「朝鮮部落」と称された地区も存在し、「不法占拠」地区に在日朝鮮人が集住したケースがあったことは確かであった。また、地区内に民族団体の支部などが立地しているケースもあり、在日朝鮮人の拠り所になっていたことも考えられる。

4　一九五〇年代後半以降の東京における「不法占拠」地区の変容

戦後東京に存在していた「不法占拠」地区はその後、どのように変容していったのだろうか。現在ほとんどが消滅したために、あるいは不可視となったことで、戦後の「不法占拠」地区が撤去されたという事実が当然のものとして考えられているが、実際のところそれがいつ、どのような土地利用に変わったか、あるいは変わっていないのか、実証的に明らかにされているわけではない。本節では各時期の住宅地図や空中写真を利用し、戦後東京における「不法占拠」地区のその後の土地利用と変容過程について明らかにする。

一九五〇年代後半以降の土地利用

『東京都地区環境調査』の対象地区のうち一九〇地区[*23]のその後の変容については、高見沢・洪［一九八四］による研究がある。彼らは住環境に関する物的変容、住環境の変容に関わる主体（公共・民間）と建て替え等の内容・程度を勘案し、公共施設型（公園・道路・学校等の公共施設）、公営住宅型（主として地区改良事業による公営住宅化）、全面建替型（地区全体がビル・倉庫等、民間施設に変わったもの）、個別建替型（個別建て替えが多数行なわれたもの）、個別補修型（従前の建物が残るが、個別の補修の程度が良好なもの）、従前存続型（補修程度の悪い従前建物が過半、または地区内の一部に集中的に残るもの）の六つの変容類型を提示している。そして、一九〇地区をこの変容類型に分類し、公共施設型（一九地区）、公営住宅型（二八地区）、全面建替型（八地区）、個別建替型（一〇八地区）、個別補修型（二四地区）、従前存続型（三地区）という結果を導いた（表1−9）。さらに、不良度が高い地区や応急都営住宅や転用引揚者寮など、元来、公営の施設である場合は行政による住宅地区改良事業が実施されているが、ほとんどの不良環境地区は個別建替の進んだ地区あるいは個別補修によって住宅が改善された地区であることが示されている。さらに、地区の不良度が高いAに分類される地区の過半が公営住宅型または公営施設型であるのに対して、BやCの地区では個別建替型と個別補修型が多くなっている。

以下では、高見沢・洪［一九八四］の調査時期に合わせて、一九八四年の『ゼンリン住宅地図』を用いて確認した「不法占拠」五一地区のうち三〇地区を対象にする。すべての地区の土地利用を判別ができなかった理由は、報告書に記載された住所および地図自体が不十分であったことや、高架下などの土地利用や建物の変化を住宅地図や空中写真では判定できなかったためである。また、個別建替型と個別補修型、従前存続型の判別が住宅地図では難しいため、

表1－9　「不法占拠」地区と不良環境地区の変容類型

分類		公共型		建替型		存続型		計
		公共施設型	公営住宅型	全面建替型	個別建替型	個別補修型	従前存続型	
「不法占拠」地区（本研究の分析による）	A	7	0	4		4		15
	B	5	1	2		2		8
	C	1	1	0		0		4
	計	16(3)	2	6		6		30
不良環境地区（高見沢・洪調査）	A	11	10	1	16	0	1	39
	B	5	11	4	35	2	2	59
	C	3	7	3	57	22	0	92
	計	19	28	8	108	24	3	190

注：1.「不法占拠」地区は個別建替型，個別補修型，従前存続型の分類ができないため，その合計を示している。
2. 表中A，B，Cは地区の不良度を示している。
3.「不法占拠」地区の括弧で示される3地区は不良度が不明。

ここでは一括して残存型という分類を設定することを断っておく。

三〇地区のその後を高見沢・洪［一九八四］の類型化にあてはめると（表1－9）、公共施設型一六地区、公営住宅型が二地区、全面建替型が六地区、そして残存型が六地区という結果となった。高見沢・洪［一九八四］が分析した結果とは、土地利用が従前の住宅用地でない公共施設型や全面建替型に変容しているケースが過半を占めているという点で大きく違いがある。また、地区の不良度との関係で見ると、公営住宅型は不良度BとCに分類される二地区となっており、不良環境地区との違いが出ている。

それぞれの変容類型ごとに見ていくと、まず最も多い公共施設型については、大きく二つのケースに分けられる。一つ目は、たとえば浅草寺境内にあった台東区浅草公園地区や隅田公園内にあった台東区花川戸地区のように、当初の土地利用に戻るというケース（七地区）である。そして二つ目は、東京モノレール用地に変わった港区芝浦地区や公園用地になった墨田区吾嬬町地区（図1－2）、さらには用水路が埋め立てられ道路用地に変容した江戸川区小岩町地区[*24]のように、道路用地や公園用地など「不法占拠」地区が消滅して以降に整備計画が実行されたケース（九地区）であった。いずれの場合でも、それまでの住宅とはまったく異なった土地利用になっており、一九八四年当時の土地の権利および管理は東京都にあるものがほとんどである。

図1－2　墨田区吾嬬町地区（番号：22）の変容（1957-1984年）

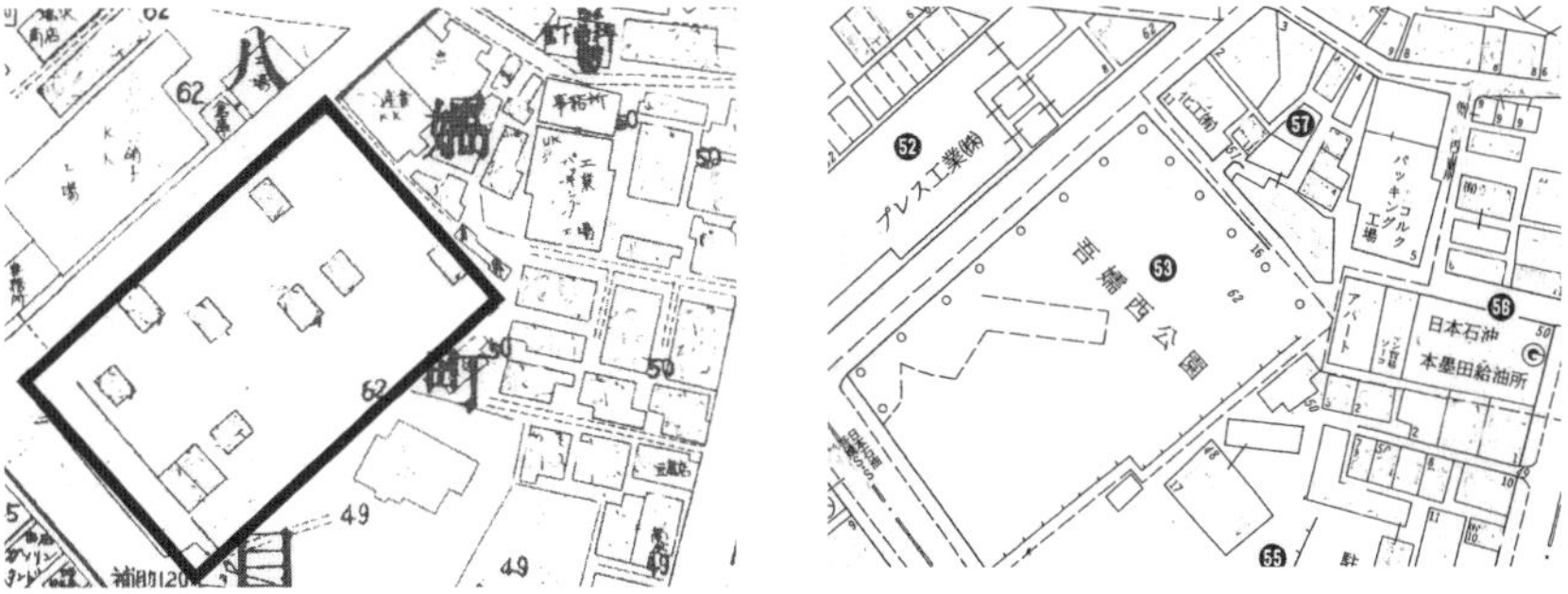

1957年　　　1984年

注：太線に囲まれた箇所が当該地区。なお，個人名や個人商店名は消去加工している。
出所：『東京都全住宅案内図帳　墨田区1957年』，『ゼンリン住宅地図　墨田区1984年』により作成。

次に、公営住宅型については都営アパートとして再建された葛飾区平井中町地区と住宅地区改良事業が実施された江東区大島地区のみである。高見沢・洪［一九八四］では、元来、公営の施設である場合や、従前において不良度が高い地区は行政による改良事業がなされる場合が多いと指摘されているが、平井中町地区は引揚者寮を再建する場合であり、大島地区は周囲の地区を含めて事業指定されている。第3節で示されたように「不法占拠」地区の住環境が非常に劣悪であったが、このように二地区しか公営住宅に変容していない結果は、行政による住環境改善の目がほとんど向かなかったことを示している。

全面建替型は、民間マンションや工場、あるいは商業地に変容したケースである。図1－3に示されるように、千代田区神田和泉町地区の場合、一九五七年時点で共同住宅（図では和泉荘と表記）があったが、一九八四年時点では隣接する日本通運の敷地が拡大することで消滅している。その後の土地利用が民有地であることを考えれば、もともとが民有地の「不法占拠」であったケースに加えて、「不法占拠」が解消されたのちに行政から民間に払い下げられた場合もありうるだろう。なお、その地区の立地は千代田区や新宿区、渋谷区などのおおむね都心に近い区に存在し、駅からも近距離に位置し、土地の商業的価値が高い場所であったと指摘できるかもしれない。

そして、残存型の場合は、その補修程度を問わず住宅が残存している

図1−3　千代田区和泉町地区（番号：1）の変容（1957-1984年）

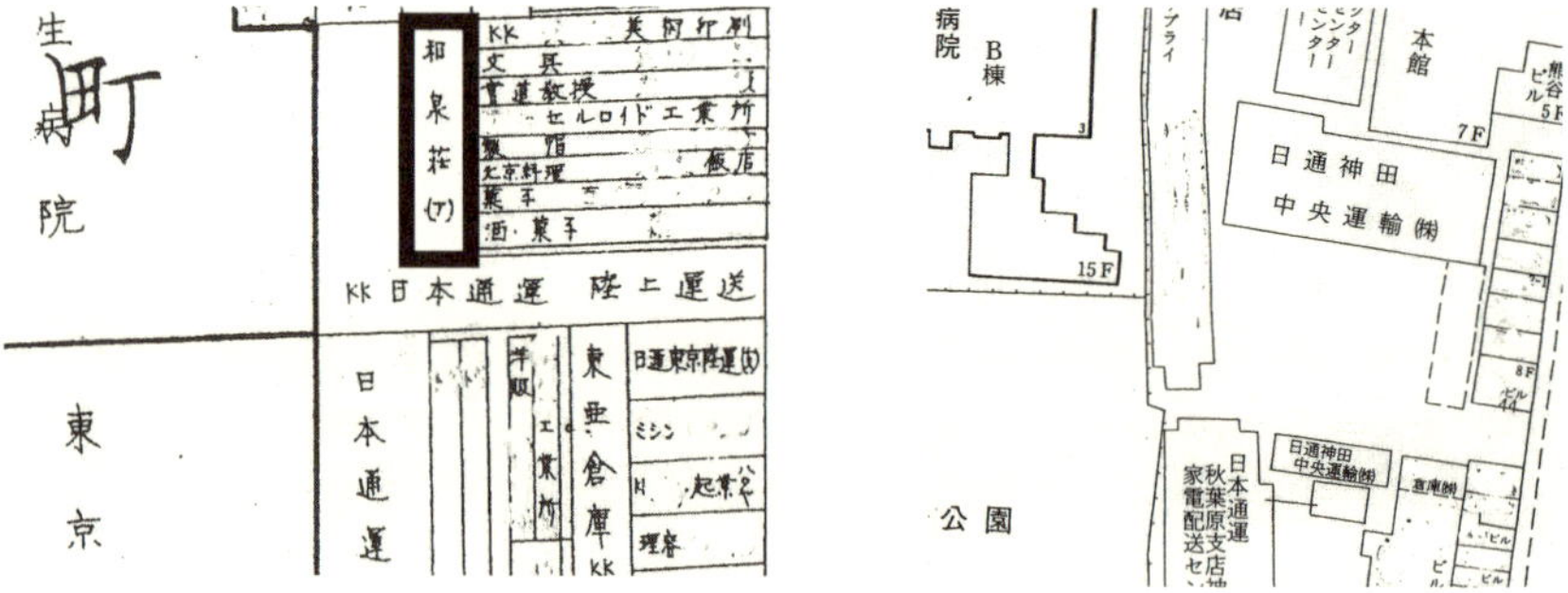

1957年　　　　1984年

注：太線に囲まれた箇所が当該地区。なお，個人名や個人商店名は消去加工している。
出所：『東京都全住宅案内図帳　千代田区1957年』，『ゼンリン住宅地図　千代田区1984年』により作成。

ケースであるが、一九五八年当時の住宅をベースに改築が行なわれたかは判然としない。確認のために当該地区の空中写真から判読したところ、建物の大きさが変化しているなど、すべての地区で一九五八年時点の住宅がそのまま残存しているとは考えづらい。また、一九八四年時点の住宅地図で確認したところ、一九五八年時点から住宅戸数が減少するケースがほとんどである。たとえば、中野区広町地区では、一九五八年時点で四〇戸弱であったものが、一九八四年時点で四戸に減少している。さらに、二〇〇六年時点で地区の踏査を行なったところ、スポーツ施設に転用した新宿区百人町四丁目地区のように、残存していた六地区のうち、住宅とは違う土地利用に変容しているケースが三地区あった。

なお、土地利用の変容が判定できない高架下の場合でも、一九八四年時点の住宅地図を確認したところ、商店や工場に転用されるケースが多く、住宅のケースは少なく、一九五八年時点から土地利用が転用しているケースがほとんどであった。

「不法占拠」地区の変容過程

以上に示すように、「不法占拠」地区の多くが他の土地利用へと変容していたことが明らかになった。それでは、戦後の東京に存在していた「不法占拠」地区はいつ、いかなる過程で住宅地から他の土地利用へと変容したのだろうか。ここでは、『東京都全住宅案内図帳』や『ゼンリン住宅地図』を用いて、一九五七年からおよそ三年おきに各地区の土地利用を確認し、また補足的に国土地理院の地図・空中写真閲覧サービス（http://mapps.gsi.go.jp/maplibSearch.do）によって一九六三年以降の空中写真を確認し、その後の土地利用の変化を辿っていく。ただし、前節と同じように、対象地区の位置を同定できない場合や住宅地図の調査での不備があり、すべての地区の変容過程を明らかにすることはできていない。以下では、残存地区を除いた二四地区のうち二二地区を対象に分析する。

まず、土地利用の変容時期を分類すると（表1－10）、一九六五年までに変容したケースが最も多く一三地区であり、一九七五年までは四地区、一九七六年以降が五地区であった。一九五八年の調査以来すぐに撤去されている地区もあれば、二〇年以上残存している地区もあるように、土地利用の変容時期は一様ではない。たとえば、台東区浅草聖天町地区は一九六〇年に消滅し、公園になっており、新宿区戸山町地区も一九六〇年と非常に早い段階で地区の住宅がなくなり、商業施設に変容している。一方で、戸山町地区の近隣に位置していた新宿区百人町四丁目地区では一九八〇年代後半まで家屋が残存していた（図1－4）。このように、たとえ同じ区に存在していても、それぞれの地区で消滅時期は違っており、さまざまな決定要因があることがうかがえる。

変容時期の決定要因についてまず考えられるのが、「不法占拠」地区の撤去主体である行政による優先度である。すなわち、行政が早急に整備を必要とする地区の撤去は比較的早い時期に行なわれているということである。とりわけ一九六四年の東京オリンピック開催を前に大規模な都市整備が実施されており、そのなかで都市計画予定地に含まれた「不法占拠」状態の解消も重要な政策課題となっていた。[*25] そして、次章で指摘する神戸の事例と同様に、都市周辺部に立地する「不法占拠」地区に比べ、中心部に立地する「不法占拠」地区は相対的に早い時期に撤去されたことが考えられる。最寄りの公共交通の駅までの距離で比較した場合、一九六五年までに消滅した地区（一三地区）の平均六〇四メートルに対して、一九六五年以後も残存した地区（八地区、一地区は不明）の平均は一〇〇〇メートルとなっており、駅からの距離が近いほど撤去が早くなっている。

表1－10　1960年以降の「不法占拠」地区の変容過程

番号	区	所在区域	住居数	変容後土地利用	変容・消滅過程
1	千代田	神田和泉町	30	運送会社敷地	1963-65年に消滅
2	港	芝浦	42	モノレール用地	1960-63年に減少（29軒→16軒），1963-65年に消滅
4	港	麻布新広尾	76	住宅地	1990年まで「第4厚生館」残存，2000年までに消滅
6	新宿	百人町1	57	高架下	1960-63年に消滅
8	新宿	百人町4	89	スポーツプラザ	1975年に20軒，1980年に2軒残存，1990年までに消滅
9	新宿	上落合	56	下水道施設	1960年にアパート化，1963年までに消滅
10	新宿	戸山町	52	商業施設	1960年までに消滅
13	文京	小石川町	180	都営住宅・公園	1965年の公園整備により消滅
15	台東	花川戸	14	公園	1960-63年に消滅
17	台東	浅草公園	37	公園	1963-65年に消滅
22	墨田	亜嬬町	71	公園	1960-63年に減少（36軒→10軒），1967-70年に消滅
31	渋谷	山下町	26	住宅地	1965-67年に消滅
33	中野	広町	37	住宅公社敷地	1965-67年に減少（36軒→15軒），1990年までに消滅
36	杉並	天沼	138	商業店舗	1970-75年に消滅，1980年以降全面建替
37	豊島	池袋	23	道路	1960-63年に消滅
40	葛飾	上千葉町	44	公園	1963-65年に減少（24軒→7軒），1970年までに消滅
42	葛飾	本田立石町	32	河川整備	1990年までに消滅
43	葛飾	平井中町	37	都営住宅	1977年に都営アパートに建て替え
45	江戸川	小岩町4	62	道路	1963-65年に消滅
B4	千代田	大手町	43	道路	1957-60年に減少（30軒→10軒），1965年までに消滅
B5	台東	浅草松清町	70	墓地	1960-63年に消滅
B6	台東	浅草聖天町	28	公園	1957-60年に消滅

出所：各年次住宅地図や空中写真判読により作成。

図1−4　新宿区百人町4丁目地区（番号8）の変容過程（1974-1992年）

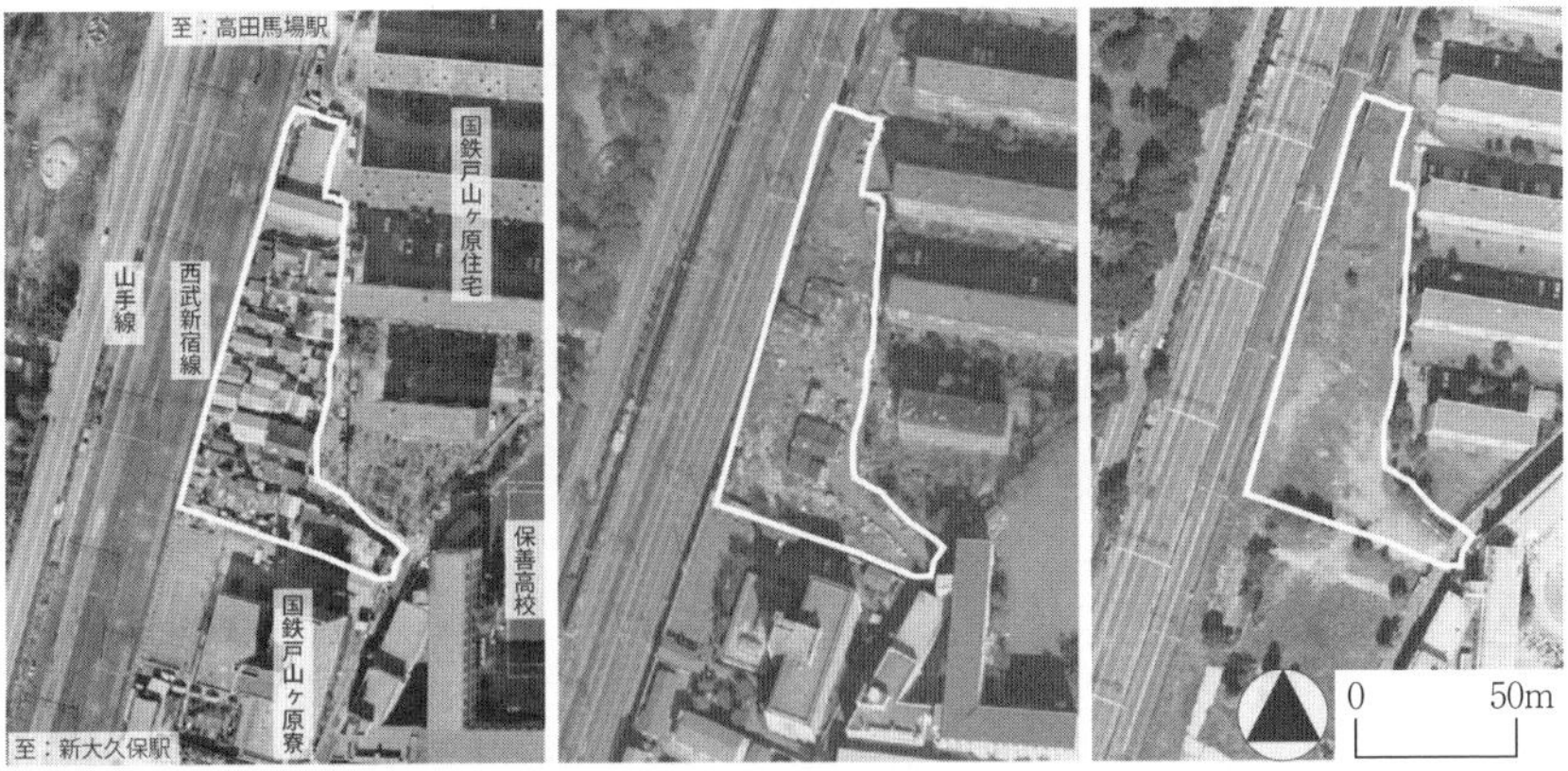

1974年　1979年　1992年

出所：各年次空中写真により作成。

インフラ整備の種類によって地区の変容が左右されることもうかがえる。たとえば、港区芝浦地区は一九六五年までに消滅しているが、この翌年に当地周辺で東京モノレール羽田空港線が建設された。このように、行政による都市整備においてオリンピックおよび都市の経済性が優先されるなかで、線路沿いや首都高速を含む道路の整備、公園整備が比較的早い時期に着手される一方で、河川沿いおよび河川敷の「不法占拠」地区の撤去が遅くなっていることも考えられる。実際、従前の土地利用が公共用地と線路沿い、道路沿いに分類される地区の半数以上が一九六五年までに消滅している一方で、河川沿いに位置する六地区のうち五地区が一九六五年以降も残存している。

　そのほか、撤去される地区の状況に応じて、撤去時期にズレが生じる場合もありうる。その一つが地区の規模（面積、住居数、人口）との関係であろう。とりわけ撤去の時期に応じて平均住居数で見てみると、一九六五年までに消滅した地区の平均が五三・四戸に対して、それ以降のものが六八・八戸となっている。多くの住宅や住民を一斉に立ち退かせることは難しく、ある程度の時間がかかったことは想像に難くない。

　また、地区の住民が必ずしも行政の撤去施策をそのまま受け入れたわけではないことにも注意する必要がある。実際、地区面積および住宅数において大規模であった文京区小石川地区では、一九五四年から行政による撤去が開始されたものの、その事業が完遂したのは、新聞記事によれば一九六三年のことであった。[*26]このように撤去が遅れた背景には、第2節で示したように行政当局と住民組織との交渉があったのだろう。このほか、江戸川区深川八号埋立地への集団移住を成し遂げた「蟻の街」における、住民組織「蟻の会」による行政との交渉［東京都資源回収事業協同組合二十年史編纂委員会編　一九七〇］のほかにも、本章の対象地区で住民の居住権をめぐる運動が展開されていた可能性もあろう。

行政の撤去施策が円滑に進まなかったことは、「不法占拠」地区の消滅過程が一様ではないことからもうかがえる。実際、地区の住宅が消滅するスピードはさまざまで、ある期間内に段階的に消滅する事例もある。たとえば、港区芝浦地区では一九六三年までに半数の建物が消滅し、一九六五年に全滅しているように、比較的早いスピードで地区の住宅が消滅する場合がある一方で、墨田区吾嬬町地区は一九六三年までに既存住宅の過半以上が消滅していたが、すべてがなくなるのは一九七〇年頃のことであった。また、一九八〇年代後半まで家屋が残っていた新宿区百人町地区でも、一九七〇年頃にいったんかなりの家屋が減少するものの、一九八〇年代には倉庫などとしていくつかの家屋が残存している（図1－4）。新宿区百人町四丁目地区では廃品回収業といった機能が残存していたこと、さらに住宅地図を確認したところ、地区内に「在日本朝鮮人総聯合会東京都新宿支部戸山分室」があり、これらの施設の立地が地区の残存の背景になっていることも考えられる。

以上のように、「不法占拠」地区の消滅と言えば、行政代執行などのように、強制的に居住者が立ち退かされ、地区がある特定の時期をもって消滅することを想起しやすいが、実際のところは、むしろ住宅が漸減している場合の方が多かったのである。こうした結果は、「不法占拠」地区を消滅させたい行政当局が必ずしも一斉的に強制撤去を行なったのではなく、個別交渉を基礎とした住民の自主撤去を促したからでもあろう。したがって、地区がまとまって行動するという形だけではなく、世帯や個人レベルにおける抵抗によっても地区の消滅が左右されていたということも想定できるわけである。

5　おわりに

本章では『東京都環境地区調査』を分析材料に、一九五〇年代後半の東京都区部で展開した「不法占拠」地区の実態を他の不良環境地区との比較のなかで明らかにし、さらには「不法占拠」地区の変容とその過程を規定する要因について検討してきた。本章の成果をまとめてみよう。

まず第3節の分析結果から「不法占拠」地区の社会・空間的特性をまとめると、都市の不便な場所にあること、居住環境が劣悪であること、そして経済的に貧困の状況に置かれた人々あるいは社会的に排除された社会集団が暮らしていたことの三点に集約することができる。こうした特性は当時の不良環境地区全般にもあてはまるが、「不法占拠」地区はその程度が非常に深刻であることが明らかになった。

次に、一九五〇年代後半の東京という都市における「不法占拠」地区の位置づけについて考えてみると、まず、通称に見られる地区へのネガティブな表象が社会的にも浸透することで、当時の東京における「不法占拠」地区は、社会的および空間的に排除された場所となる可能性があることを指摘できよう。しかしながら、「不法占拠」地区およびその居住者が一般社会とまったく隔絶し、孤立していたわけでもないことも第3節の結果からは想定できる。たとえば、地区内の住宅が住宅市場に組み込まれていたことや、エスニックマイノリティの拠り所としての側面があったことを本論では指摘した。また、「不法占拠」地区の世帯主は相対的に収入が低いインフォーマルな形態を含めた都市下層労働に従事していたことが示されており、さらには地区内で営まれていた「バタヤ」業も地域における再生資源業に内包されていたからこそ存在していたと言える。[*27] もちろん、犯罪性を帯びた職種も含まれていたかもしれないが、「不法占拠」地区居住者を有効に活用する、あるいは搾取する労働市場が存在していたと考えることもできる。

以上の結果を踏まえると、「不法占拠」地区は東京という都市空間のなかで状況に応じて孤立しつつも、周囲の地域との関係的側面も有しており、地区およびその居住者が有する何らかの社会的役割が存在したことも指摘できよう。敷衍すれば、これまでの研究で明らかにされてきたように、「不法占拠」地区をめぐる排他的な場所の構築のあり方に対して、地区内外においては多様な社会関係や生活世界が存在し、ひいてはそうした外圧に抗う動きがあったことも想像されるのである。

続いて第4節では、「不法占拠」地区のほとんどが一九八〇年代までには、住宅地ではない別の土地利用に変化し、消滅していたことを改めて確認することができた。この結果を上記した社会・空間的特性との関係性から考慮すれば、きわめて劣悪な住環境だったことで、行政による住環境改善の優先度は高かったはずであるが、それがなされなかったことに注目すべきである。次章でも指摘するように、「不法占拠」地区をめぐるネガティブな表象が積み重なることで、戦後東京において「「不法占拠」地区＝消滅すべき」ことが自明となる過程すら想起される。

一方で、数は少ないが、行政による住宅地区改良事業や公営住宅への建て替えが実施された事例や他地区への集団移転を成し遂げた場合もあることを確認した。これは、居住環境が非常に劣悪な実態に対する行政による配慮が反映された結果であろう。また第4節では、地区の変容時期は一様ではなく、多くは漸減的に地区の住宅が消滅していたこと、そして地区の従前の土地利用や規模、そして地区内外における人々の営為によって、行政の撤去活動が円滑に進まなかったことを提示した。すなわち、一九五〇年代後半に存在した「不法占拠」地区のその後の変容のあり方は、地区の実態や都市における位置づけが影響していたのである。

【注】

＊1　だからこそ、近年の「不法占拠」地区に対する見方を学術的に問いなおす動きは、これまでのスラム研究への批判を含みつつ、今後の研究の可能性を提示していると言えよう。また、現在の国際的な状況に目を移してみても、グローバルサウスの大都市にお

けるスクウォッター問題は深刻化している［デイヴィス　二〇一〇］。今後こうした現代的な状況との比較を考えるうえでも、先行的に存在した戦後日本における「不法占拠」地区を改めて問いなおす必要性があると思われる。

＊2　本章では後述するように東京都二三区内を対象とするが、本報告書では二三区以外で、立川市と青梅市に各二地区、八王子市と府中市、西多摩郡に各一地区の「不法または不当な土地使用状況にある地区」が含まれている。また、本報告書の対象には番外地区として九地区があり、そのうち六地区が「不法または不当な土地使用状況にある地区」である。番外地区は調査が一部欠落しているが、本章ではこの番外六地区も対象としている。

＊3　五一地区のうち番外六地区（Ｂ１〜Ｂ６）は調査が不十分なため、以下の分析で含まれていない場合もある。

＊4　「一般不良環境地区」の具体的な事例は、非戦災地域における一般住宅の集団的老朽化、簡易旅館街における集団的環境不良化、旧軍用施設ないし工場、倉庫を応急的に転用した低家賃都営住宅、引揚者定着寮等の簡易住宅群が荒廃し、危険化したケースなどがあたる。

＊5　東京都では、一九四九年から一九五二年にかけて国鉄新宿駅東口駅前広場に「不法占拠」していた通称和田組マーケットの三五六戸がＧＨＱの指令もあり強制執行された［建設省編　一九六二］。

＊6　東京都文京区役所［一九五六］によれば、一九五二年には一三二世帯、一二三三名が暮らしており、「バタヤ」が五三世帯含まれていた。一九五二年に行政代執行令が発せられたが、居住者は自発的に除去退去した。なお、ここは獅子［一九五三］の舞台となった地区である。

＊7　第3章でも述べるように、「バタヤ」の定義はさまざまであるが、星野・野中［一九七三］は「捨てられたものを拾い、それを売却して報酬を得る職業またはそれに従う人々（拾い屋・拾い人）と、拾い屋が集めた屑を買い入れる仕切場と仕切屋の経営者」と定義している。また、彼らは仕切屋の仕切場とそれに続く長屋の建物を一括して「バタヤ」と呼んでいる。さらに、このような「バタヤ」が何軒か集まる場合、「バタヤ部落」、「バタヤ街」とも述べている。

＊8　通称「後楽園バタヤ部落」の土地は、戦前は軍用地だった。終戦直後、後楽園裏には土地所有権が曖昧な形で広大な空き地が放置されていたが、一九四九年、そこに人々が自らの手でバラックを建て始めた。その後、最初の居住者が仕切屋を経営したことで、多くの拾い屋が集まり、「バタヤ」部落が生成したと言われている。東京都文京区役所［一九五六］によれば、一九五四年時点で、二二八世帯五八五人がこの地区に居住しており、「後楽会」や「後楽園生活安定協同組合」といったような住民自治組織も存在していた。八七世帯が「バタヤ」業を営んでいたが、人夫（四八世帯）、工員（二二世帯）、商業（二一世帯）、会社員（一三世帯）、さらには公務員や教師も居住していたようである。

＊9　東京都文京区役所［一九五六］には、この地区はその後、「昭和二九（一九五四）年、訴えを提起して以後二年二か月にわたって、弁護士と区議会方面の尽力で、昭和三一（一九五六）年五月、和解成立、一一月三〇日までには全仮小屋撤去が完了、ここに区有地全部が完全に更地となった」と書かれている。

＊10　「後楽園バタヤ部落」跡周辺には、都営住宅が建てられており、立退者のなかには収容施設を経由し、この住宅に入居したケースもあったようである。

＊11　『読売新聞』一九五七年九月一五日夕刊「ネコババされた都有地　都もビックリ　一〇万坪を上回る　一等地に貸ビルも建つ」。

＊12　『朝日新聞』一九五四年五月一一日夕刊「ヒロポン密売の巣　後楽園裏三二カ所を捜索」に示されるように、密造酒や覚醒剤（ヒロポン）の密売の現場としても「不法占拠」地区は問題視されていた。

＊13　調査作業は各福祉事務所長を班長に三二四名の調査員（知事の任命する民間人）が実地調査・居住者ヒアリングを行なうという大がかりなものであった。調査期間は一九五七年一一月一日から一一月二〇日までで、集計は一九五八年三月に完了し、一九五九年二月に報告書が刊行された［高見沢・洪　一九八四：八六］。

＊14　この調査で選定された「不法占拠」地区は、必ずしも当時の東京都におけるすべての「不法占拠」地区ではない。この調査の対象地区のほとんどは国有地、都有地であり、民有地のものは含まれていない。

＊15　なお、東京商工会議所編［一九五九］によれば、一九五九年において都区内で一七地区、一七八一坪の民有地の「不法占拠」地区が存在し、その分布を確認したところ、新宿区が三地区、港区、江東区、墨田区、台東区が各二地区、中央区、大田区、北区、豊島区、葛飾区、中野区が各一地区となっており、公有地の場合と明確な違いはない。

＊16　この調査では、地区の種類は「住宅地」「裏町」「バタヤ街」のほか、「工場地」「マーケット街」「商店街」「その他（簡易宿泊街、田園農地等）」に分類される。

＊17　磯村［一九五八］は裏町を「にぎやかな表通りの反対側には多くの場合、その華やかさに反比例するように極端に暗い街がある」と説明している。

＊18　報告書では、「素人大工」は「居住者が大工の手伝いをして建てた種類のもので、本建築に準ずる程度のもの」と定義されている。

＊19　報告書では、「修理不能・居住危険」は「腐朽破損が甚だしく、建物は傾斜し、屋根は波打ち、風雨、地震等に危険を感じるもの」と定義されている。

＊20　報告書では、水はけが悪いとは、雨が降った翌日になっても水たまりが残るような場合を示している。

＊21　報告書では、筋肉系統を工場、会社、商店等肉体労働に従事する者および特定の従業所をもたない日雇労働者と定義されている。

＊22　東京都『第一〇回東京都統計年鑑』のデータ参照。

＊23　表1−9に示される「不良住宅地区」は、地区面積五〇〇平方メートル未満の三二地区、「ガード下」等特殊な地理的条件にある七地区、位置の特定ができなかった二地区が対象地域から除外されているが、このなかには「不法占拠」地区も含まれている。

＊24　小岩ベニスマーケットと呼ばれたこの地区の状況については河名木［二〇〇八］に詳しい。

＊25　オリンピック開催を前に、東京都は一九六一年度から従来の建設局道路建設部を道路建設本部に格上げし、用地買収、移転が進捗していった。また、一九六一年に「特定公共事業」として認定されれば一年半以内（従来は四年間）に強制収容できるという「公共用地の取得に関する特別措置法」が制定されたため、土地買収が円滑に進んだ。また、建設省はオリンピック開催一か月前から「道路、公園、河川を美しくする運動」を展開し、首都改造に積極的にあたった［上山　二〇〇九］。

＊26　『朝日新聞』一九六三年一二月二九日朝刊「姿消したバタヤ部落　後楽園競輪わき〝最後の一軒〟立退く　東京都」。

＊27　第3章で詳述するように、一九六四年東京オリンピック開催を前にした都市改造のなかで美観の観点からまちのゴミ箱が撤去されたこと、さらには再生資源業における設備の近代化の影響で、再生資源業者としての「バタヤ」は減少していった［浦野　二〇〇六］。

第2章 「不法」なる空間の消滅過程

市民版

火魔呼ぶバラック街

目かすめ"日曜建築"

自衛組織も少なく 低すぎる防火知識

市内の危険地帯と火事の教えるもの

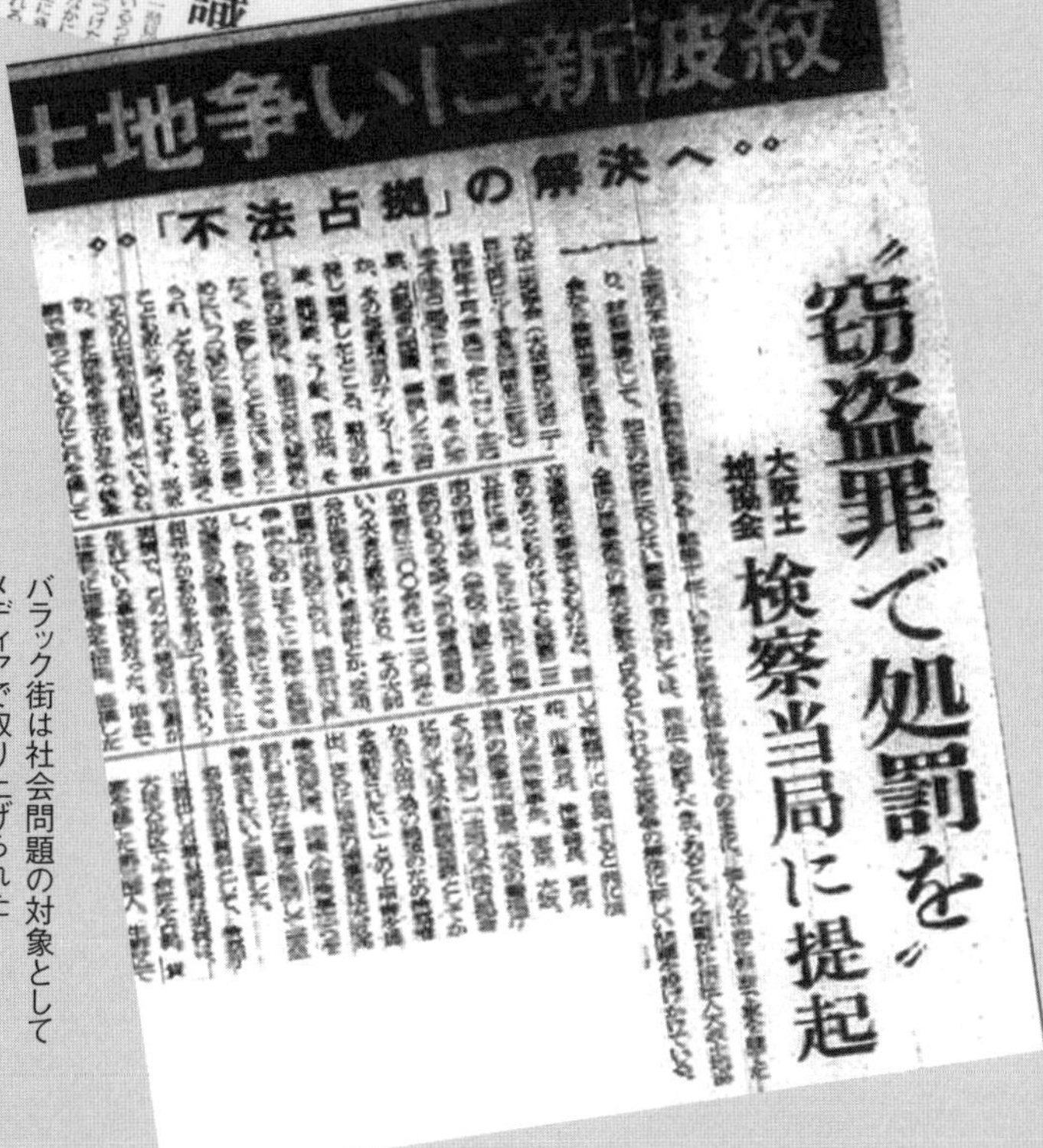

土地争いに新波紋

「不法占拠」の解決へ

"窃盗罪で処罰を"

大阪土地協会 検察当局に提起

バラック街は社会問題の対象としてメディアで取り上げられた
（出所：『神戸新聞』1957年2月14日、『朝日新聞 大阪市内版』1955年1月28日）

1　はじめに

都市の「不法」なる空間としてのバラック街はいかにして消滅したのだろうか。そこにはいかなる社会的背景があったのだろうか。本章はこの課題にアプローチするために、消滅へ向けた行政当局の取り組みとともに、都市（ここでは一つの市域を念頭に置く）における「不法占拠」バラック街の社会的・空間的位置づけについても検討していく。

本章は神戸市を対象とする。その選定理由には以下の二点がある。まず一点目は、一九五九年における全国的な「不法占拠」地区の調査によって明らかになったように、神戸市の「不法占拠」バラック街の数や規模がわが国の都市において最大規模だったことである。[*1] そして二点目は、戦後の神戸市が開発主義国家体制のミニクローンと言われる自治体［広原編著　二〇〇一］であり、「不法占拠の解決と言えば、当時、神戸市は国内ではナンバーワンの誇りを常に持ち、また建設省でも幾多の実績の裏づけから高く評価されて」［『都市経営の軌跡』刊行会編　一九九一］いたように、他都市と比べ、「不法占拠」バラック街に対する政策の動向がより鮮明だと思われるからである。

本論に入る前に、神戸市のバラック街の消滅過程について簡単に確認しておこう。[*2] 神戸市土木局の調査を参考に一九六〇年以降の神戸市における「不法占拠」家屋の消滅過程を概観すると、一九五八年に約二五〇〇戸の「不法占拠」家屋があったが、一九六〇年から一九七五年にかけて、約二二〇〇戸の「不法占拠」家屋が撤去されている。

ただし、本章では終戦直後のバラック街の生成、増加から消滅までの変容過程を対象にするため、上述のような撤去が本格化するまでの過程を追うことが考察の中心となる。ひとまず一九六〇年までにどのような経過があったのかを示しておくと、①生成期（一九四五―五〇年）②増加期（一九五〇―五五年）③減少期（一九五五―六〇年）④消滅期（一九六〇年―）という時期区分を想定することができる。括弧内は正確な時期ではなく、あくまで便宜的に設定したものである。

こうした時期区分を踏まえ、本章では以下のような構成をとっている。まず第2節では、①から②にあたる時期を対象に、戦後にバラック街が生成し、増加した要因を、終戦直後の住宅政策と社会福祉政策との関連から記述し、②から③の期間に見られたバラック街の減少が始まる契機を、戦災復興事業の進展との関係から明らかにする。第3節では、②、③、④の期間に見られたバラック街の社会問題化の過程のあり方を当時の新聞記事から分析する。そして第4節では、③から④にあたるバラック街が消滅していく期間を事例に、神戸市によるバラック街撤去が本格化した背景を明らかにしていく。

本章では、神戸市による対応とその意思決定の背景を、主に神戸市建設局や都市計画局、土木局の事業概要や『神戸市会議事録』、『市会旬報（市会時報）』に加えて、『神戸市史』、『新修神戸市史』、『神戸戦災復興誌』および『神戸新聞』記事などを用いて分析している。また、社会的背景の分析については、当時の神戸市内の事象を最も包括的に捉え、（一部ではあろうが）市民の声が反映されていると思われる『神戸新聞』の記事を主に利用している。[*3]

2 「不法占拠」バラック街の生成と戦災復興事業

終戦直後の住宅政策・社会福祉政策との関係のなかで

終戦直後、戦災による土地所有関係の混乱や、住宅の建設資材の不足による絶対的住宅難において、都市内には住む所がなく浮浪する人々（浮浪者）、あるいは自力で建てた仮小屋や壕舎に住まわざるをえない人々が大量に現れた。こうした状況に対して、当時の政府や自治体は住宅政策や社会福祉政策を実施してきたが、必ずしも問題解消につながらなかった。むしろ、これらの政策自体がバラック街の生成を助長する要因にもなっていたのである。

終戦後の住宅政策でまず実施されたのが、半額国庫補助の応急簡易住宅の供給である。[*4]しかし、資金、資材、土地が十分ではないために、他の都市と同じように、神戸市でも五〇〇〇戸の応急簡易住宅の供給計画があったが、それをほとんど達成できなかった。「住宅緊急措置令」による兵舎や国民学校などの住宅転用や会社寮の借り上げについても、一九四六年までに総計約一二〇〇戸が供給されるが［神戸市編　一九六二］、大量の引揚者が発生するなか、住宅不足の解消にまったく役立つことはなかった。「臨時建築制限令」によって、湊川公園などにバラック住宅が多く建てられるようになったが、それも絶対的住宅難を若干緩和する程度のものであり、公園や駅などで寝泊まりする者や自力で未利用地などにバラックを建てたりする者が大量に現れたのである。

こうしたなか、終戦直後の社会福祉政策の目が、神戸市の中心である省線（国鉄）三ノ宮駅や元町駅、神戸駅周辺の市街地内に多く存在した「浮浪者」に向けられた。神戸市民生局は警察の協力を得て、三ノ宮や元町、神戸駅周辺の繁華街やヤミ市等で浮浪者の街頭保護を頻繁に実施していた。また、民生局は戦前の宿泊所設置の経験を活かし[*5]、個人の病院や工場を買収、改造して収容施設「希望の家」を、一九五〇年までに兵庫県・神戸市・民間合わせて一一設置し、最大でおよそ二〇〇〇人を収容するなど、市内において大がかりな「浮浪者」保護施策を展開したのである［神戸市編　一九六二］。

このように、終戦直後、「「定住」した自立生活を欠いた状況がむしろ一般的であった」［岩田　一九九五：五七］ことにより、神戸市は浮浪者対策を重視した。そのため、バラック生活者は社会福祉政策の網にかかりにくく、かなりの数の「不法占拠」バラックが放置されることになった。終戦直後においては、「不法占拠」であろうとも、バラックを建てるという行為自体はある意味で「自助努力」の結果であり、そのことは問題視されるよりも、むしろ行政に認められた行為だったのある[*6]。この間、バラックが都市内で集団的かつ集中的に建てられ、それが「不法占拠」バラック街として生成していくことになったのである。

一九五〇年以降の「不法占拠」バラック街の増加

一九四九年に都市への転入抑制が廃止され、神戸市では戦地からの引揚者に加えて、周辺地域からの流入者が爆発的に増加した一方で、市内における公的、民間部門それぞれの住宅建設が遅れていたことにより、住む所のない者が都市内で溢れた。そして前節で見たように、依然として不定住貧困者の「自助努力」が推奨され、都市内におけるバラック数は一九五〇年前後に再び大幅に増加することになる。[*7] その際、自らで未利用地を占拠し、バラックを建設する者だけではなく、賃貸目的としてバラックを建てる業者も登場していた。バラック街がある種のインフォーマルな住宅市場として機能し始め、地方からの大量流入者にとって、都市への「窓口」の役割を担うことにもなっていたのである。

また、戦後の混乱が収束することで浮浪者数が減少し、それに対応して浮浪者収容施設は縮小化、あるいは社会更生施設として再設置された。神戸市では、県から移譲された立行荘を更生施設に、葺合寮（元・第五希望の家）、新生寮を宿所提供施設に、そして東雲荘（元・第二希望の家）、兵庫荘（元・第六希望の家）、丸山荘、新生寮の四施設を簡易宿泊所に設置しなおし、五施設を廃止した。それにより、これまで浮浪者施設に保護された者は「浮浪者」と簡単に認められなくなり、民間の簡易宿泊所[*8]へ流れ込むか、あるいは新たに土地を占拠し、バラックを自力で建てて住み始めるケースが増加した。このようにして、バラック街は都市下層に対するある種の「受け皿」となったのである。

「不法占拠」バラック街の撤去開始とその影響

しかし、一九五〇年という時期は「不法占拠」バラック街が増加しただけではなく、減少傾向が始まった時期でもあった。バラック居住者を放置していた住宅・社会福祉行政とは別に、都市計画・土木行政が戦災復興事業を進展させるなかで、バラック街を事業上の「撤去対象＝障害物」として認識するようになったのである。

神戸市では、終戦後間もない一九四五年一一月に復興本部が設けられ、一九四六年には神戸市復興基本計画要綱を定め、事業に着手していた。しかし、その後の急激なインフレの影響で、一九四九年に事業区域、事業費、事業期限を再検討したように、その事業の進行は他都市と同様に遅かった。そして一九五〇年に「神戸国際港都建設法」が公布・施行されたことで、神戸市の都市計画はようやく進展を見せることになる。そして、区画整理に伴う換地計画を本格的に進めていくなかで、初めて大規模な「不法占拠」バラック街の強制撤去が行なわれることになった。それが、神戸市の中心に位置する生田区（現在の中央区）を貫通する鯉川筋線での強制撤去であった（図2－1）[*9]。

鯉川筋には終戦以来、公有地を「不法占拠」して建てられたバラック商店街が存在していた。[*10] そのため、神戸市は事業遂行上、このバラック商店街を撤去する必要があり、一九五〇年四月二一日に住民に撤去通知を行なった。住民側はこれに対して、「鯉川筋商店街振興会」を結成して、立ち退きの延期と換地を神戸市長代理、市議会議長に陳情し[*11]、それが一時的に功を奏した。しかし、原口忠次郎市長が定例市議会で、鯉川筋の問題を取り上げ、「不法占拠しておられるかたに対して換地をお世話するというようなことは到底できないことであります[*12]」と述べ、神戸市としては立ち退き交渉を強硬に進めていくことが再確認された。そして、一九五一年二月には一二〇人の実施隊が編成され、説得に応じない残り四戸の強制撤去を実施することで、この地区の撤去は完了した［神戸市建設局計画部編・建設省計画局区画整理課監修　一九六一：八四］。

この鯉川筋での撤去作業は、バラック街を区画整理などの事業上の「障害物」ならびに「不法占拠」として位置づけるとともに、撤去の様子が新聞報道やラジオ中継されたことで社会の関心を集め、大きなインパクトを与えた［神戸市建設局計画部編・建設省計画局区画整理課監修　一九六一：八四－八五］。すなわち、「事業遂行上の「障害物」となるのであれば、代執行による強制撤去も止むを得ない」という市の姿勢が、社会に提起されることになったのである。

そうした市の姿勢が形になって現れたのが、一九五一年に神戸市建設局が実施した「不法占拠」バラック街の調査である。[*13] 神戸市はこの調査結果をもとに「不法占拠」バラックを徐々に強制撤去させていくことになる。一九五一年には、前述の鯉川筋を除き、生田区、灘区、兵庫区、長田区の計五地区二六四戸が、一九五二年には生田区、兵庫区の計四地区二九八戸が、さらに一九五三年には生田区内の山手幹線予定地八五戸が撤去された。一部で反対運動などがあったものの、これらの撤去活動は順調に進んだと言われている。

そして神戸市は、一九五三年四月から強硬にバラックの撤去を行なうことを目的とし、建設局を中心に警察、消防、

図 2－1　1958年時の神戸市内における「不法占拠」地区とそれ以前に撤去された地区の分布

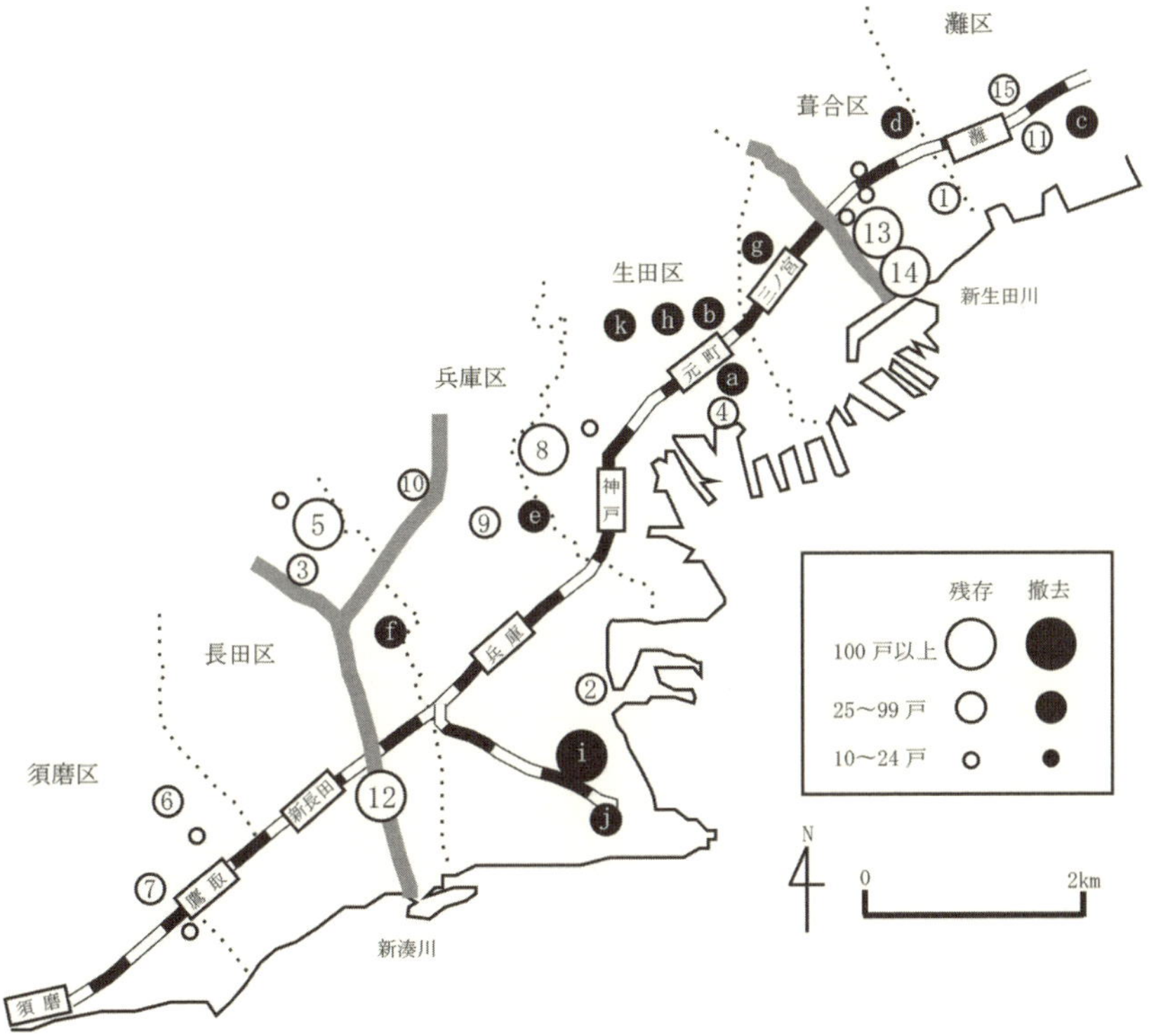

1950年代前半に撤去された「不法占拠」地区

no	区	住所	戸数	撤去年
a	生田	鯉川筋商店街	62	1951
b	生田	下山手通	47	1951
c	灘	船寺通	38	1951
d	生田	大日通，宮本通	78	1951
e	兵庫	西橋通	31	1951
f	長田	二番町	70	1951
g	生田	三宮駅北側広場	45	1952
h	生田	下山手通	25	1952
i	兵庫	御崎本町	143	1952
j	兵庫	御崎公園	85	1952
k	生田	中山手通	85	1953

出所：神戸市都市計画局［1975］より作成。

1958年に市内で残存する主な「不法占拠」地区

no	区	住所	占拠地	坪数	世帯数
1	葺合	脇浜町	疎開跡地	161	26
2	兵庫	出在家町	中央市場	1,051	64
3	長田	長田町	道路	15	30
4	生田	海岸通	予備地	118	25
5	長田	大丸町	区画整理	3,085	170
6	須磨	前池町	事業用地	293	30
7	須磨	下中島町	公園	400	30
8	生田	大倉山公園	公園	375	108
9	兵庫	湊川公園	公園	1,049	80
10	兵庫	湊川町	公園	236	91
11	灘	船寺町	公園	209	33
12	長田	新湊川沿	道路敷地	4,115	776
13	葺合	南本町	改良住宅	4,071	248
14	葺合	真砂通	市住用地	417	142
15	灘	灘北通	住宅用地	134.55	－

出所：神戸市会［1960］より作成。

民生局および兵庫県建設局のほか、市内一般学識経験者などを網羅した不法建築物撤去対策委員会を構成し、「不法占拠」建築物撤去に関する最高権限を与えた。そして、撤去後の公共用地の維持に万全を期するため、委員会には監視隊も併設する。[*14] また、一九五五年には土木局に物件処理係が設けられ、市内を見回る調査員二名が専属となり、不法建築者に対して建築行為等の中止を勧告するような方策が講じられた［神戸市建設局計画部編・建設省計画局区画整理課監修 一九六一：八四］。このように、一九五五年までに神戸市の「不法占拠」バラック街に対する姿勢や施策は確固たるものになっていたのである。

しかしながら、神戸市内におけるバラック問題は決して解消されたわけではなかった。一九五一年に四件、一九五二年に四件、一九五四年には一八件、一九五五年には一六件、一九五七年には四件、一九五八年には一五件と、「不法占拠」件数自体はむしろ増加傾向にあったのである。[*15] こうした「不法占拠」件数の増加の背景には、神戸市に流れ込む者や立ち退きとなった者が大量に現れ、神戸市の住宅政策や社会福祉政策が何ら特別な方策を示せておらず、民間の住宅市場もそうした流入層を受け入れるまでには回復しきれていなかったことがある。そのため、バラック街の撤去が行なわれる一方で、多くの立退者は再び管理の行き届かない事業予定地などの公有地にバラックを建て、バラック街が再び現れたり地区拡大が見られたりする矛盾した状況となっていたのである。

ただし、ここで注目すべきは、復興事業の遂行状況とバラック街の再生成との空間的な位置関係である。復興事業では中心部の事業遂行が優先され、先述した鯉川筋のような中心部に位置するバラック街が撤去されることになる。このように、事業が完遂した地区は行政当局の管理がなされるために、再度その土地を占拠することが困難になる。その一方で、周縁部は復興事業の優先度が低く、そうした地区に位置するバラック街は放置される可能性が高い。一九五八年の神戸市建設局の調査を見ると、河川敷や高架下などの復興事業が遅れた地区、あるいは事業対象に含まれない地区に必然的に増大していることがわかる（表2－1）。実際、第5章で扱う長田区の新湊川の河川敷に存在したバラックは終戦直後においてその数はわずかであったが、一九五一年には一六〇戸、さらに一九六〇年までには約三〇〇戸と増大している。また、復興事業が遅れた脇浜町の公園予定地のバラック街においても、先述した鯉川筋の撤去者が移動してきたと言われているように［葺合区役所　一九七六］、バージェス［二〇一二］の同心円地帯モデルで言うところの、都市の遷移地帯に位置する「不法占拠」バラック街が膨張していたのである。このことはすなわち、一九五〇年以降の「不法占拠」バラック街が、復興事業の進展によって、結果的に神戸市内の中心部よりも周縁部に多く立地していったことを示している（図2－1）。

表2－1　神戸市内における「不法占拠」地区の立地状況（1958年）

	河川沿	高架下	高架沿	商店街その他	溝渠上	計
戸数	1,042	158	194	306	110	1,310
m^2	20,731	1,150	2,545	1,708	1,708	27,842

注：建設局管轄の用地のため，公園などは除く。
出所：神戸市建設局定例事務監査結果報告より作成。

3　「不法占拠」バラック街に対する社会問題化

一九五〇年に撤去が始まる一方で、「不法占拠」バラック街は社会問題の対象としてメディアで取り上げられるようになる。神戸市の代表的地方紙である『神戸新聞』内に含まれる当該問題の記事群を内容ごとに分類すると、「不良住宅―建築（景観／防災）」と「スラム社会（衛生／反社会性）」という大きく二つの軸を見出すことができる（表2－2）。ここでは、第2節で触れた「不法占拠」バラック街の撤去活動の開始、さらにはその地理的布置の周縁化との関係に注目しながら、『神戸新聞』で報じられたバラック街に関する社会問題の具体的な内容を提示していく。

バラック建築をめぐる問題――景観・防災的側面

「もはや戦後ではない」と言われた一九五〇年代中ほどになると、市街地では経済発展を支える建造環境が創出されていった。そうした動きに反比例する形で、低質で老朽化の早いバラック街は景観的に異質な存在となり、バラック街の外に広がる一般社会の注視の

表2－2　1950年代におけるバラック街の社会問題に関する『神戸新聞』記事の見出し

記事番号	年月日	記事見出し	分類
1	1950. 4. 6	邪魔な建物の取払い　都市計画敢行のギセイに	景観
2	1951. 8. 21	東山町一丁目　チリ箱とバラック　悪臭むんむん，ハエうゎんわん	衛生
3	1951. 7. 26	「美観」と「生存」の対立　表玄関神戸駅前のバラック	景観
4	1952. 8. 21	昔の面影いずこ　踏みにじられた湊川遊歩道　今に残る敗戦の落し子	景観
5	1952. 8. 27	バラック街に集団赤痢　衛生局必死の防疫陣布く	衛生
6	1952. 8. 28	非衛生的驚くばかり　赤痢発生のバラック街	衛生
7	1952. 9. 28	不潔で歩けない　国鉄鷹取駅沿線バラック	衛生
8	1952. 10. 26	景勝の地が泣く　バラックのある公園　須磨海岸	景観
9	1952. 11. 27	終戦直後の風景　宇治川筋のバラック店	景観
10	1953. 12. 23	ロマンスの香いまいずこ　「真珠会館」の前にバラック	景観
11	1953. 8. 22	相生部落65世帯ついに立退きへ　国鉄神戸駅南西のバラック街	景観
12	1954. 3. 18	どうする？このバラック　“お見せしろ”“すな”　陛下お迎え前に消毒騒ぎ	景観
13	1954. 10. 20	不法バラックが建並ぶ　児童公園予定地　立退かぬ住民たち	反社会
14	1955. 5. 20	建つわ建つわ不法バラック　悲壮な決意の住人“追われたら一家心中”	反社会
15	1956. 10. 17	希望のない街　麻薬追放捕物帳	反社会
16	1956. 7. 15	明るく住みよい街へ　審議会を設け　住宅地のブタやゴミ取締り	衛生
17	1957. 2. 16	きらわれた都心のブタ君“住みよい街”の邪魔者…と追放運動	衛生
18	1957. 2. 14	火魔呼ぶバラック街　自衛組織も少なく低すぎる防火知識	防災
19	1957. 4. 5	燃えやすいバラック　防火対策に本腰　市消防局が実態調査	防災
20	1957. 4. 24	頭の痛い花隈のバラック街　自治会が立退き運動　都市計画で増えた移住者	景観
21	1957. 4. 27	住みよい街に　不法占拠のバラック　深刻な住宅問題からみ難しい立退き	反社会
22	1957. 9. 19	初期消防が第一　葺合消防署　バラック火事に注意	防災
23	1957. 12. 16	防ぎたい年末の火事　最も危ない葺合，長田区	防災
24	1958. 9. 9	市有地に居座るバラック　市内に五千戸以上も　臭いブタ飼育に非難の声	衛生
25	1958. 9. 18	住宅地で豚の飼育　悪臭と鳴き声で夜も寝られない	衛生
26	1958. 12. 17	暴力の町・東川崎　警察の境界考えず近くの警官を！	反社会
27	1959. 10. 23	密集している不法占拠の家　すでに期限切れ，立ち退きを研究中	反社会
28	1959. 6. 24	新湊川へゴミ捨てる　立札を立ててもすぐ引抜かれます	衛生
29	1959. 9. 3	暴力団の介入も　市内の不法占拠地調査結果	反社会
30	1960. 6. 10	悪臭をまくブタ飼育　生活権がからみ解決はむずかしい	衛生
31	1960. 10. 15	緑に飢える湊川公園　夜は市民も全く敬遠　悪の温床・不法建築	反社会

目が注がれることになったのである。

戦前の神戸は奇麗だったんですけど戦後はバラックが群立して道路は狭く自動車が入らない道路が至るところにあります。それでいて東京あたりでは神戸はエキゾチックな街だと思い神戸をあこがれている人さえあるのに当の神戸は三宮のバラックが象徴するように雑然としたきたない街で恥ずかしいみたい。*16

この発言に見られるように、いまだ戦災復興が途上であった一九五〇年において、「国際港都」や「観光都市」であるべき神戸市にとって、バラック街は「ミナト神戸」としてのイメージとはかけ離れた「無秩序なもの」、さらには「恥＝見られたくないもの」とみなされていた（表2－2、記事3・8）。

日本の表玄関神戸のミナト風景はたくましい講和への躍動を奏でているが、港に比べてさびしいのが神戸の陸の玄関神戸駅前。そこで駅前を何とか美しく広くお化粧をしなければ……。まず駅前広場の体裁を整えるためにいまのごたごたした店舗街を徐々にでも清潔にスマートにすることが先決、ところが神戸駅西側ガード山側に終戦直後バタバタ出来たバラック店の群は美観を損うのみならず非衛生的なという声が付近の人から出ている（記事3）。

神戸市は戦前より美観都市としての側面を有しており、終戦直後の混乱期でさえ、見られることを前提としたイメージを重視する傾向があった。そのため、戦後復興においても、他の都市との差異化が目指される場合に、「神戸＝ミナト・モダン」というイメージに適った景観が維持、あるいは創出されることになっていたのである。その一方で、こうした認識には「神戸」のイメージにそぐわないものを排除する論理も含まれており、バラック街はまさにその対象だったのである。

一九五四年に昭和天皇が神戸を訪れた際にも、訪問先である生田区旧居留地内の日本真珠会館前にあるバラック街が、「両陛下の御来神前お目ざわりだから取り壊せ」と市役所内で議論され[*17]（記事10）、さらには、地域イメージが悪くなるとのことで、戦前に花街を形成していた生田区花隈町の自治会が、花隈公園にあるバラック街の撤去を市へ陳情することもあった[*18]（記事21）。このように、都市の建造環境が整備されるにつれて、バラック街は都市内の「見える、目に入る」場所にあってはならないものとされ、復興事業によって撤去されるバラック街やその立退者とそれを囲む一般社会とが関係を結ぶ機会が消失し、さらには彼らへの想像力が減退していったことが、こうした景観に関する社会問題を報じた記事からうかがえる。

そして、バラック街を社会から排除しようという言説は、バラック街の火災問題においても現れていた。表2－3は一九五〇年以降の『神戸新聞』に掲載されたバラック街の大規模な火事件数を示したものであるが、これ以外にも小規模なものを合わせると、一九五〇年代に約五〇件ものバラック街火災が発生しており、かなりの社会問題になっていたことが想起される。

バラック街の火事が起こる原因は「ベニヤ板一枚の仕切りで雑居、屋根もトタンかトントンぶきといういかにも燃えやすく、いったん出火すると火の回りが早いので消防車が到着するころにはすでに大火になっている」（記事19）とあるように、その建築構造上の問題であった。また、火事の原因のなかで最も多いのが電気関係とされ、終戦直後のズサンな建築と配線が問題視された。さらに、「せっかく設けてある地下貯水ソウのうえに山のように家財を積み上げ、消火活動を妨げるようなこともあった」（記事23）と指摘されるように、地区住民の防火意識の低さも問題となっていた。

このように、続発する火事に対処するため、神戸市消防局はバラック街の防火状況の実態調査を進めた[*19]。この調査の結果として、バラックの分布状態が密であるほど火災発生の危険度が高いことが示され、新聞紙面では「火魔呼ぶバラック街」（記事18、第2章扉）と大きく報道されることもあった。この記事を読んだバラック街の近隣に住んでいる者にとっては、もし火事が発生すれば、類火を被る可能性があるという認識が駆りたてられたのではないだろうか。すなわち、こうした火災への問題視によって、バラック街と「境界を接する」ことの危険性が社会に提示されたのである[*20]。

「不法占拠」バラック街をめぐる社会問題——衛生・反社会的側面

以上のように、「不法占拠」バラック街の建築的側面が問題とされる一方で、バラック街の居住者やその内部社会

表2－3　神戸市におけるバラック街の大規模火災の被害状況（1950-1965年）

年月日	区	戸数	世帯	人数	面積	損害額
1951.10.7	長田	90戸	24	120	—	2,500
1954.3.8	生田	22戸	70	300	300坪	—
1954.3.14	生田	3戸	32	100	200坪	500
1954.9.15	長田	3棟	56	205	610坪	2,000
1956.1.25	葺合	43戸	89	332	350坪	500
1956.2.8	葺合	7棟	25	135	60坪	—
1956.2.17	葺合	11戸	—	109	数百坪	—
1956.2.26	葺合	22戸	27	126	240坪	400
1956.2.8	生田	9棟	25	135	60坪	—
1956.2.17	生田	11戸	—	109	100坪	—
1956.11.1	葺合	—	69	249	250坪	120
1957.4.4	灘	29戸	33	130	100坪	—
1957.10.24	生田	17棟	76	549	547坪	2,000
1958.2.23	生田	9棟	116	322	320坪	1,000
1958.5.19	兵庫	9棟	58	249	265坪	1,500
1958.6.20	須磨	8棟	21	103	156坪	500
1960.8.27	長田	37戸	47	179	500m^2	—
1961.9.11	葺合	8棟	40	100	560m^2	—
1961.12.6	兵庫	5棟	35	130	500m^2	—
1962.9.13	長田	23棟	55	160	810m^2	—
1962.10.30	生田	31戸	30	118	1,400m^2	—
1962.11.28	葺合	16棟	30	127	660m^2	—
1964.8.17	生田	47戸	49	200	1,300m^2	—
1965.1.30	葺合	4棟	—	200	800m^2	—
1965.2.8	生田	40戸	40	210	3,500m^2	—

注：1．大規模火災とは被災者が100人以上のもの。
　　2．延焼面積は1960年以後は「m^2」表記に。
　　3．損害額単位は万円。
出所：『神戸新聞』記事。

も問題の対象となった。こうした問題は、衛生的側面と反社会的側面の二つの側面を有しており、アカデミズム内、いわゆる社会病理学でも取り上げられ、「不法占拠」バラック街の居住者を「迷惑なもの」として社会的に排除する心性をはらんでいた。

衛生的側面で最初に問題となったのが赤痢の発生であった。終戦直後に増加したチフスや痘瘡などの伝染病の発生件数はその後漸減傾向にあったが、一九五〇年に再び赤痢の患者が増加し始め、一九五二年には神戸市内の患者数が二六五一人と戦後最高を記録した。こうしたなか、赤痢の発生源としていくつかの地区が問題視されたが、そこにバラック街が含まれていた。特に、一九五一年にバラック街で三二人の集団赤痢が発生して以降、衛生行政は市内にあるバラック街に集中的に監視の目を向けることになった（記事5）。当時の新聞記事にも、「非衛生的驚くばかり 赤痢発生のバラック街」（記事6）と、バラック街の住環境の問題が叫ばれ始めた。そこでは「便所は屋根もなく、くみ取り口も全く開放された名ばかり」（記事2）というように、バラック街内に衛生上のインフラがほとんど整っていないことが原因とされた。このような不衛生な状況はまた、バラック街が立地する環境に原因があった。すなわちバラック街はインフラ整備がなされていない河川沿いや高架下に立地していることで、より一層こうした衛生問題が起こりやすいものになっていたのである。

赤痢をはじめとする伝染病の問題は衛生行政の整備により、一九五五年頃に落ち着くが、その後もバラック街は衛生的に問題視され続けた。その核となるのがゴミ問題と地区内で飼育されるブタの悪臭であった（記事16・30）。ゴミ問題はバラック街のなかでいわゆる「バタヤ街」を形成している地区が多いことが関係していた。一方、ブタの飼育の問題については、市衛生局の調査によると、一九六〇年時点で養豚業者は市内で約一〇〇〇軒、葺合区が最も多く約四〇〇軒、兵庫区は約一三〇軒あり（神戸市衛生局調べ）、その多くがバラック街に立地していた。そこでは飼育施設の不完全な状態から、ブタのふん尿に群がるハエの大群や悪臭などの衛生状況が近所の人たちの大きな迷惑となり、保健所にはバラック街に対する多くの苦情が寄せられていた。こうした苦情の背景には、都市の周縁部にある養豚業者の近隣にも宅地化が進行していたことがあった（記事25）。

そして、ブタの飼育問題は衛生的な問題だけではなく、反社会的な問題として報じられていたことが以下の記事から了解できよう。

〔養豚について〕ほとんどの飼主が三国人《ママ》で、職場を追われた貧しい人たちの生業の一つともなっている。またブタは酒カスを食べさせると太るということから、県下では養トン《ママ》と密造酒づくりの両またをかけた経営方式をとっているケースが多く、将来、こうした面での犯罪の温床にもなり易いともいわれている（記事17）。

このように、「不法占拠」バラック街は「犯罪の温床」として描かれ、「こわい人」が集まる「こわい場所」としてみなされた。さらに、暴力団の介入によってヒロポンなどの覚醒剤の密売が頻繁に行なわれていたことや、暴力団をめぐる事件が目立って発生したこと、ほかにもバラック街に暮らす児童の教育問題や非行などの報道がその状況を助長していた（記事15）。たとえば、神戸港の港湾労働者、いわゆる沖仲仕たちの住まいを担っていたバラック簡易宿所＝三十円宿はその象徴的な存在であった。

この〝三十円宿〟は東川崎町のみならず弁天浜、湊町、その他市内に相当数あるものと考えられる。利用者はいずれも自由労務者諸君で、国際港都とかなんとかいわれる神戸の華やかなネオンのかげに寝起きし、しかし港湾労務は彼らの手によって行われているいわば港の労働力供給源としての三十円宿地帯は家のない人たちのために大きな役割を果たしてはいるが、この地帯は衛生的にも社会的にも〝危険地帯〟であることを識者は知らぬはずがない（記事26）。

かくしてバラック街をめぐるさまざまな反社会的状況が一般社会に提起されたことは、バラック街が空間的な意味で周縁に排除される動きと相互に関係していた。すなわち、バラック街との接触は避けるべきとの認識が広がることで、バラック街を周縁部へと追いやる動きが助長されたのである。そして実際に周縁部のバラック街が取り残され、市民社会から離れ、直接的な接触がなくなることで、バラック街に付与されるある種の「不気味さ」が増し、その反社会性に対する「恐怖」がより膨張することになったのである。

4 「不法占拠」への問題視と撤去の本格化、消滅へ

ここまで、神戸市の撤去活動による「不法占拠」バラック街の中心部から周辺部への立地展開、そしてメディアによる「社会問題」のあり方を確認してきた。このような行政の撤去活動による空間的周縁化のプロセスとメディアによる社会問題化が連動する形で、「不法占拠」バラック街およびその居住者に対する社会・空間的排除が進み、ひいては行政の撤去活動の正当性をも補強したと考えられる。以上を踏まえて、本節では一九六〇年以降に神戸市内の「不法占拠」バラック街が消滅していく背景や要因について検討していく。

ところで、「不法占拠」バラック街の増加傾向と減少傾向を分けて考えれば、増加傾向が収束、ひいては停止し、減少傾向が進行することで消滅へと至るというように、その消滅過程は理解しやすくなる。まず、増加傾向を見るならば、住宅事情の改善や雇用状況の安定などの影響で、「不法占拠」バラック街に暮らそうとする人々の数が減少したことや、また「不法占拠」バラック街の再形成や拡大のための土地がなくなったことで、「不法占拠」バラック街の増加傾向が収束したと言えよう。他方で、一九六〇年を境に神戸市の「不法占拠」バラック街の撤去が本格化したことで、市内の「不法占拠」バラック街の減少傾向は進行することになった。こうした動きの背景には、「戦災復興」から「都市改造」へといったスローガンの転換に見られる、都市計画事業の進展がある。*21

そして、前節で触れた反社会的問題にも含まれる「不法占拠」問題に対するまなざしが一九五〇年代中頃から厳しくなっていたことも減少傾向を促すことになる。たとえば、火災保険金詐欺[*22]や移転補償費を目当てに「不法占拠」するケースや、賃貸や商売を目的として土地を「不法占拠」してバラックを建てるブローカーを問題視する声が強くなってきたのである。

このような、都市における「不法占拠」問題は、神戸市だけではなく、全国レベルで重要な社会問題になっており、「不法占拠」の取り締まりも全国レベルで展開することになる。そして、その展開の帰結が一九六〇年の「不動産侵奪罪」の立法化だったのである。したがって、ひとまず国家レベルにも目を向けることで、この「不動産侵奪罪」の立法化までにいかなる過程があったかを明らかにし、そのうえで神戸市によるバラック街撤去の本格化、そして消滅へと至る過程を記述していく。

「不動産侵奪罪」の立法化

一九五二年一二月二九日夜、大阪駅の玄関口にあたる梅田において、一夜のうちに建てられた「不法占拠」バラック建造物一四戸を、土地の権利者である貸地業者が人夫四十数名を動員して一時間で破壊した事件が起こった。「梅田村事件」と称されたこの事件がよりインパクトを与えたのは、事件後の裁判過程である。

第一審では、土地権利者ら三名が建造物毀損罪で懲役四か月、執行猶予一年を言い渡され、バラック住民の勝訴となった。しかし、一九五五年一月に『朝日新聞』がこの裁判を大々的に取り上げ[*23]（第2章扉）、この事件の根本的な原因を「不法占拠」としたことが話題となり、「不法占拠」問題に対する合法的措置の強化に対する市民的要請や運動が活発化した。そして、こうした世論の高まりもあり、一九五六年に行なわれた第二審の判決では、一転、被告らは正当防衛が認められ、無罪となった。

この判決を論拠とし、さまざまな団体が、それまで「土地争いは民事事件」と敬遠されていた「不法占拠」を刑法

表2－4　「不動産窃盗」立法化に関する経過概要

年月日	事項	主体
1954.8	陳情書提出	社団法人大阪土地協会
1956.10.29	要望書提出	近畿市長会，全国市長会，全国市議会議長会
1958.6.16	要望書提出	大阪商工会議所
1958.6.20	同上要望書に対する回答	法務省，民事刑事両局長
1958.6.30	不法占拠に関する調査依頼	法務省刑事局長
1958.7.5	要望書提出	近畿商工会議所，連合会
1958.7.16	要望書提出	日本商工会議所常議員会
1958.10.8	同上に対して回答資料提出	大阪市経理局
1958.10.25	要望書提出	大阪商工会議所
1958.10.26	不動産の不法占拠の実情調査	衆議院法務委員会（来阪）
1958.11	要望書提出	近畿市町会，全国市長会
1959.4.24	四会議所懇談会	名古屋，京都，大阪，神戸の商工会議所
1959.5.6	要望書提出	名古屋，京都，大阪，神戸の商工会議所
1959.5.14	要望書提出	近畿商工会議所連合会
1959.5.23	法務省に対して陳情	東京，名古屋，京都，大阪，神戸の商工会議所
1959.5.25	法務省，五都市会議所懇談会	法務省，東京，名古屋，京都，大阪，神戸の商工会議所
1959.6.2	大阪市，大阪商工会議所協議会	大阪市，大阪商工会議所

出所：大阪市経理局［1959］。

的措置、具体的には窃盗罪で取り締まれるよう、ロビー活動を展開し始める（表2－4）。若干時期が前後するが、一九五四年八月に大阪土地協会と大阪市経理局が調査資料を整備して法務省に陳情を重ねることを契機として、多くの都市の土地協会が裁判所や検察庁、弁護士会に働きかけを行ない、「不法占拠」問題の解決に向けて奔走した。また、近畿市長会議、五大市長会議や全国市長会議、および各商工会議所が連携し、たびたびこの問題を政府への重要な上申的課題として取り上げた。

これらの活動を受け、法務省は一九五八年に全国八五の自治体に対して「不動産の不法占拠に関する事例等の調査」の照会を通達した[*24]。他方で、公有地だけではなく民有地の場合も、東京都、横浜市、名古屋市、京都市、大阪市の商工会議所とともに、神戸市商工会議所が会員を対象とした調査を実施した［東京商工会議所調査部編　一九五九、大阪商工会議所　一九五九］。

さらに、各都市の土地協会や商工会議所の要望を受けた弁護士会もまた、賛否両論の議論を踏まえたうえで、最終的に刑法的措置に対して万全を期そうと努め

表2－5　法曹界における「不動産窃盗」をめぐる主な論文

著者	論文タイトル	雑誌名・巻号	掲載年
向江璋悦	不動産窃盗	法律のひろば8-6	1955
藤木英雄	土地の不法占拠と自力救済	法律のひろば10-10	1957
青木清相	土地の不法占拠と窃盗罪	時の法令323	1959
高橋勝好	不動産の不法占拠取締立法とその問題点	法律のひろば12-9	1959
高橋勝好	不動産不法占拠取締立法の背景	警察研究30-7	1959
藤木英雄	不動産の不法占拠について	ジュリスト184	1959
前田信二郎	梅田村事件と不動産窃盗	ジュリスト172	1959
前田信二郎	土地窃盗の刑事法的考察――土地不法占拠罪の構成をめぐって	警察研究30-12	1959
前田信二郎	土地不法占拠と不動産窃盗の課題	都市問題研究11-4	1959
前田信二郎	不動産不法占拠の刑事措置	法律時報31-11	1959
吉川経夫	不動産不法占拠の取締り立法について	自由と正義10-9	1959
宗宮信次	在野人の見た不動産不法占拠取締法案	自由と正義10-9	1959
坂本英雄	盗罪と不動産不法占拠	自由と正義10-9	1959
吉川大二郎	土地占有の不法侵奪と仮処分	自由と正義10-9	1959
高橋勝好	不動産侵奪罪と境界毀損罪――刑法の一部を改正する法律	法曹時報12-6	1960
前田信二郎	不動産窃盗罪について	綜合法学23	1960
前田信二郎	衆議院法務委員会における不動産窃盗立法に関する論説と質疑応答	法学9-1	1960
臼井滋夫	不動産侵奪罪等に関する立法経過と問題点	警察学論集13-6	1960
臼井滋夫	不動産侵奪等の新設について	ジュリスト204	1960

た。

そして、そうした動きに呼応するかのように、前田信二郎をはじめとする法学者や警察関係者らが、「不法占拠」の取り締まりに関する論文を数多く発表した（表2－5）。特に前田は、「大都市の流民・貧民・無職者」に対する福祉行政による最善の措置の必要性を認めつつも、「［土地の「不法占拠」は］決して都市や農村のプロレタリアートだけによって犯されるのではないのである。すなわち、私的所有と階級的利益の侵害としての土地不法占拠は、一面ホワイト・カラー的犯罪の性格を具有していることは見逃せない」［前田　一九六〇］と指摘しているように、「犯罪者」としての「不法占拠」者に対する強制措置の要求を主導したのである。*25

以上のように、産（商工会議所）・官（自治体）・学（法学会）の三つのセクターの取り組みが集約される形で、一九五九年に大阪市長を代表とする六大都市（東京・横浜・名古屋・京都・大阪・神戸）不法占拠対策協議会が構成された。

そこでは立法措置の要望についての意見がまとめられ、政府に以下のような陳情文書が提出された。

戦後発生した不動産の不法占拠は、六大都市の公有地約二十四万六千坪であり、都市計画等各種事業遂行上の最大のガンとなると共に、大きな社会悪の培養素ともなっている。しかもこれら不法占拠に対する手段は行政上の強制執行の認められる場合は極めて一部分で、殆どが長年月を要する民事訴訟によるため、侵略行為を目前に拱手傍観せざるをえない。（略）罪刑法定主義による国民権利の保護の趣旨を考慮し、速やかに法律の明文による不法占拠に対する刑事罰と公有物件に対する強制執行の法制化を要望する［前田　一九六〇：一一〇―一一一］。

当時の岸信介内閣の井野碩哉法務大臣はこれを受け、一九六〇年一月に法制審議会に諮問し、審議会答申に基づき、衆参両院の法務委員会で数回にわたって審議が重ねられた。[*26] その後、一部反論が出ることはあったものの、一九六〇年五月に衆参両院で「不動産侵奪罪」[*27]が全会一致で可決されることになった。この法律が成立して以降、「不法占拠」は窃盗罪として、刑事事件で訴えることが可能となり、直接的ではないが、[*28]「不法占拠」の処理が円滑に進行することになる。

バラック街撤去の本格化、消滅へ

再び神戸市に目を向けよう。すでに述べたように、法務省の照会に応じて敢行した「不動産の不法占拠に関する事例等の調査」の調査結果を踏まえ、神戸市は翌一九五九年から五年計画で本格的な「不法占拠」家屋の撤去を進めていく。この包括的な調査により撤去ターゲットを明確化することが可能となり、神戸市は「不法占拠」の解決に対して高姿勢に出られたのである。原口市長は一九五八年臨時市議会本会議のなかで、「法を無視し、秩序を乱すような市民に対しては厳しい指導が必要であることはよくわかっており、最終的には強硬手段も辞さない覚悟でいる」と述

表2－6　1960年以降の神戸市の「不法占拠」家屋の撤去実績

区分		1960－65年 撤去実績	1966年 不法占拠数	1966－70年 撤去実績	1970年 不法占拠数	1971－75年 撤去実績	1975年 不法占拠数	1985年 不法占拠数	2002年 不法占拠数
道路・溝渠	代執行件数	106	1,398	3	1019		543	265	45
	除去戸数	1,545		379		302			
	除去世帯	939		203		212			
	除去面積（m²）	23,260.80		5,889		5,483			
公園類	代執行件数		732	1	469		251	232	72
	除去戸数			263		32			
	除去世帯			284		19			
	除去面積（m²）			10,774		630			

注：独立家屋のみ，突出家屋類は除外している。ここでの不法占拠数は土木局所管の土地のものだけで，都市計画局など他の管轄や国有の土地は含まれていない。
出所：神戸市土木局庶務課不法占拠係資料。

べ、市民社会の秩序と対置させ、「不法占拠」や不法建築に対する取り締まりの強化を提示した。そして、神戸市は撤去活動に資力と人力を一挙に動員することになり、一九五九年度から五年計画を立て、約三〇〇〇万円の予算を計上した。その計画では、撤去作業に機動力を持たせるためにトレーラー一台、スクーター五台、ジープ一台などの購入も含まれており、建設局三〇人で整備、除去、作業の三班を編成して効果的な活動を実行することが決定された。[*29]

このように、人員と資金の面で積極的な動きを見せたことで、神戸市の「不法占拠」撤去活動はスムーズに進行することになる。神戸市土木局庶務課不法占拠係の調べによれば（表2－6）、その後、神戸市は一九六〇年から一九六五年までの間に一〇六件の代執行を行ない、一九六四年の三五五戸を筆頭に、年間およそ三〇〇戸ずつ総計一五四五戸の撤去を実行した。これは一九五八年度の調査で判明した「不法占拠」独立家屋の約八五％が、たった五年足らずで撤去されたことを意味する。

続く一九六六年調査の段階[*30]では、依然として一六八九戸の「不法占拠」家屋が残存していたことが判明したが、一九六六年から一九七〇年までの間におよそ年間一〇〇戸ずつが撤去されている。[*31] 第5章で扱う、市内最大規模の「不法占拠」バラック街であった通称「大橋の朝鮮人部落」も、新湊川の河川整備と阪神高速の湊川ランプの建設の影響もあり、一九七〇年までにほとんどの世帯が立ち退きとなった。またこの間、戦後荒廃したままであった公園内の「不法占拠」バラックも公園整備の一環として撤去されている。一九六八年には湊川公園内に「不法占拠」していた一四四戸（一二二世帯／八三五三平方メートル）が〔神戸市都市計画局 一九七〇〕、さらに一九六九年には中央公会堂（現、神戸文化ホール）の建設のため、大倉山公園内の「不法占拠」バラック一一九戸（九四世帯／一四二一平方メートル）が公園内の市営住宅一三三戸とともに撤去された。[*32]

このように、一九六〇年代において本格的に進められていった「不法占拠」バラック街の撤去は、一九七〇年以降、そのスピードは緩やかになり、立ち退き交渉が難航する場合もあった。それを受け、一九七六年には神戸市市有地管理適正化委員会が設置され、市有地等に存在する「不法占拠」物件等の処理の指針を明確化し、交渉を円滑にする方策も立てられた。そして、一九七六年に灘区の脇浜町一丁目地区の一一〇棟（一二〇世帯）は大規模な火事が発生したのち、地区はなくなり、新生田川尻[*33]を占拠していた五〇棟（一〇五世帯）も同様に一九八一年に大規模な火事が発生したのち、地区は消滅することになった。そして最後に残された大丸山公園の大規模な「不法占拠」バラック街（一九七七年時点で四一八戸）も、一九九九年の公園整備までに全家屋の撤去が完了することになった。

立退者への行政対応

以上のように、神戸市によるバラック家屋の撤去活動を追うことは可能であるが、一方で、神戸市は立退者にいかに対応したのだろうか。ここでまず考えられる対応としては、戦後日本のスラム地区改善の布石となった「住宅地区改良法」による地区改善、そして、元居住者には改良住宅の提供という手法があろう。その事業設置基準によれば[*34]、いくつかの「不法占拠」バラック街が改良事業の対象地区になりえたはずである。実際、長田区のとあるバラック街の住民が、一九六三、一九六四年の二度にわたって共産党議員を代表とし、公営住宅建設要望の請願を出していた。[*35]また、一九六七年六月の市議会で、のちの神戸市長である宮崎辰雄助役も、「現在、スラムと考えられる地区は、（略）同和地区の区域以外にも拡大いたしまして、その認定を受け、なんとか改造をやっていきたい[*36]」と発言しており、バラック街を住環境整備の対象とする可能性を示していた。しかしながら、バラック街で改良事業地区に指定されたところは一つもなく、神戸市は一貫して「不法占拠」者に対して、まとまった形での住宅補償を行なわない立場をとったのである。また、上記の請願も結局は請願者取り下げという形で却下された[*37]。

このように、バラック街の住環境整備がなされないなかで、「不法占拠」バラック撤去の方法としては、立退者自身による自主撤去のケースがほとんどで、行政代執行によって強制的に撤去したケースはわずかであった。神戸市都市計画局庶務課の調べによれば、一九五五年から六四年までに行なわれた「不法占拠・不法建築物」の撤去二七三八件のうち、二五〇九件は自主撤去であった。なぜ、このように自主撤去が多かったかと言えば、それは移転補償費[*38]が自主的に撤去した時にのみ支払われたからである。また神戸市としても、「〔住民の〕組織化をさけるために個別的な個別交渉の方法による自主撤去を促」しており［神戸市建設局計画部編・建設省計画局区画整理課監修　一九六一：八六］、実際、多くの地区では居住者が個別に市と交渉することで立ち退きを決め、なし崩し的に地区は消滅していったのである。

表2－7　1976年の神戸市脇浜1丁目火事後の被災者の移転先

移転先	世帯数	葺合区内	葺合区外
市営住宅	16	0	16
県住・公団	2	0	2
民間住宅	46	25	21
親戚・知人	21	9	12
会社の寮	8	0	8
福祉施設	2	0	2
その他	10	8	2
計	105	42	63

出所：葺合区役所［1976］より作成。

そして、自主撤去をした者には、移転補償費のほかに個別的な交渉において公営住宅の斡旋[*39]、母子寮や更生施設、宿泊所といった既存の保護施設への入所、さらには兵庫区滝山町にある立退者のための仮設住宅への入居という選択肢も場合によっては与えられていた。しかし、滝山町の仮設住宅の場合、家賃は原則要求されないものの、一年という入居期限があったことや、市街地から離れているために、多くの立退者が入居を拒み、移転補償費を受け取ることを選んだようである[*40]。また、この時期の公営住宅の多くも郊外に建設されており［本岡　二〇〇四］、ほとんどの立退者は公営住宅に入居することを選ばず、移転補償費をもとに自主的に民間の借家などを求めることとなった。表2－7に示した、一九七六年に発生した脇浜町火事後の立退者の移転先はその証左と言えよう［葺合区役所一九七六］。

5　おわりに

本章では、戦後神戸市における「不法占拠」バラック街の生成から消滅までの経緯を、撤去主体である神戸市の動向とそれをめぐる社会状況を把握しながら通時的に記述してきた。その経緯を概括すると以下のようになる。

終戦直後、都市内には住む所がない浮浪者や、焼け跡に自力で建てたバラックに住まわざるをえない人々が大量に現れた。この間、浮浪者が取り締まりの対象となったのに対し、「不法占拠」であろうとも、バラックを建てるという行為自体はある意味自助努力の結果として行政に認められた行為であったことから、都市内に大量の人口が流入するなかでバラック街は生成し、その数は増加していく。

他方、一九五〇年以降に復興事業が進展していき、神戸市による「不法占拠」バラック街撤去が開始される。しかし一九五〇年代は、公・民それぞれの住宅供給が追いつかず、「不法占拠」バラック街の増加傾向が依然として進行する状況が都市内において展開することになる。神戸市による撤去が開始された影響としては、それまで「不法占拠」バラック街が多く存在した中心部から周縁部に「不法占拠」バラック街の立地が徐々に移っていくこととなった。その際、当該地区に関する社会問題がマスメディアで反復して報道されることで、当該地区や居住者に対する社会的な排除が強化され、神戸市による撤去活動の正当性も一般社会に浸透することとなった。このように空間的かつ社会的周縁化が相互に関係しあいながら、「不法占拠」バラック街およびその居住者の一般社会外への放擲が進行したのである。

一九五〇年代後半になると、都市内における住宅供給が増え、「不法占拠」バラック街の増加傾向は緩やかになり、一九六〇年以降、神戸市による本格的なバラック街の撤去が始まる。この背景には、全国レベルで展開した「不法占拠」の取り締まりが強化されたことがある。「不法占拠」の取り締まりは国家レベルで展開することとなり、自治体のみならず商工会議所やアカデミズムからの働きかけもあり、「不法占拠」を不動産「窃盗」とみなす「不動産侵奪罪」が一九六〇年に立法化された。そうして、行政の撤去活動はより正当性を獲得し、一九六〇年代に本格的な撤去作業が行なわれることになった。その後、およそ一九八〇年には「不法占拠」問題は解決されたと言えよう。

以上、本章では主に神戸市による「不法占拠」バラック街の撤去活動とそれをめぐる社会的状況を中心に記述してきたが、必ずしも「不法占拠」地区をめぐる全体の把握ができたとは言えない。たとえば、撤去を実行する都市計画・土木行政と他の部局間の関係の分析が不十分であり、具体的には、雇用や労働行政の動向も含めて分析するべきであろう。なぜなら、「不法占拠」バラック街の居住者の多くが不安定就労層であり、労働状況の変化によって、彼らの住宅状況にも影響があったと思われるからである。特に、都市内で「バタヤ」業や養豚業が減少する時期が、およそ「不法占拠」バラック街の消滅期と符合している。

また本章では、神戸市がバラック街を消滅させるに際して、行政代執行による強制撤去のみならず、住民の自主撤去を個別的に促す方法が功を奏したと述べたが、バラック街から立ち退いた者たちの居住状況が改善されたかという点については触れてはいない。すなわち、自主撤去で立退者たちが新たに「不法占拠」することはない（できない）ために、都市内のバラック街が消滅したとは指摘できるものの、立退者たちの居住貧困状態の変化については考察を行なっていないのである。この問題については第5章でも触れるが、立退者たちが日本での貧困状態に耐え兼ねて、北朝鮮への帰国事業に頼った場合や、たとえばインナーエリアに残存していた戦前長屋やスプロール地域に建てられた木賃アパートといった住宅市場の最底辺に移住したというケースも存在する。特に後者については、平山［二〇〇三］が指摘するように、戦後日本の持ち家推進政策によるフィルタリングプロセスに「不法占拠」バラック街の立退者たちが組み込まれたことを意味している。ただし、こうした住宅の多くは、低家賃の一方で老朽化のスピードが速く、一九七〇年代後半から新たな住宅問題となっていた。そして、ほとんどの者はその後、個別的に住居を転々と変え、そのうちに所在がわからなくなるケースも存在した。このような「不法占拠」バラック街消滅後の元居住者の分散と言える現象は、近代日本の都市下層への排除についての検討のなかで西澤［二〇〇五］が概念化した「貧困の隠蔽」と言えるのかもしれない。

【注】

＊1　法務省が一九六〇年に各都市に照会した「不動産の不法占拠に関する事例等の調査」を参照。

＊2　神戸市土木局の事業概要によれば、二〇〇二年時点においても市内には一一七戸の「不法占拠」家屋が存在しているが、大規模な「不法占拠」地区として生成しているところはわずかであり、また本章の課題対象とはその特徴を異にしているため、あえて触れていない。

＊3　藤巻編［二〇〇一］もクアラルンプルのスクウォッターを対象とした研究において、住民に対する「外部者」のまなざし、また逆に「見られる」対象としての住民の肉声を知ることができるものとして、新聞記事を分析材料にしている。

＊4　主要戦災都市の住宅困窮層のために、越冬住宅として応急簡易住宅三〇万戸を半額国庫補助によって地方自治体に建設させようというものであった。

＊5　神戸市では戦前に四か所の公的宿泊所が設置されていた。しかし、空襲によりこれらの施設はすべて焼失していた。

＊6　一方で、終戦直後の一九四六年、神戸市はＧＨＱの命令により三ノ宮駅から元町駅までの省線高架沿い南側道路に展開していたヤミ市を強制撤去していた。神戸のヤミ市については、加藤［一九九五ａ、一九九五ｂ］や、橋本・初田編著［二〇一六］、村上［二〇一八］に詳しい。

＊7　『神戸新聞』一九五九年九月三日「暴力団の介入も　市内の不法占拠地調査結果　大半が泣寝入り　建ててしまえば勝」。

＊8　神戸市の場合、生田区（現、中央区）弁天浜に三十円宿という大規模な簡易宿泊所街が存在した。一九五六年時点で、七九軒が営業しており、三五二〇人の収容が可能だった［神戸港湾福利厚生協会　一九八八］。

＊9　一九四九年にはすでに、日本貿易産業博覧会（通称、神戸博覧会）の開催のために、湊川公園にあったバラック建ての海外引揚者のバラック商店街三四〇戸（五五〇世帯）が撤去され、市内三か所に移転されていた。

＊10　鯉川筋は一九四二年に水害復興神戸計画街路新設拡築事業用地（幅員二二メートル内務省用地）として兵庫県に買収されていた

が、戦時中は道路工事未了のまま広場に利用されていた。終戦後は、中国人等によってバラックが建てられ、これに促されて地元民が住宅営団より資材を得て二五戸が建築されたのち、急激に家屋が増加して商店街となっていた。

＊11　『神戸新聞』一九五〇年六月一四日「鯉川筋立退き延期で陳情」。

＊12　一九五〇年一一月二五日第五回定例市議会での発言。

＊13　建設局移転補償係が管理している緑地、空地などを無断で使用して住居を構えて営業しているものがすでに七〇〇戸以上に達していた。主なものとしては灘区船寺公園の用地に二十数戸、灘と葺合区の境界線にある脇浜緑地帯（幅員五〇メートル）に約一〇〇戸、生田区中央郵便局西側の山手幹線予定地に百五十余戸、長田区西尻池町一、二丁目付近の新湊川緑地帯に百六十余戸、尻池八丁目道路拡張用地に二十数戸、二番町三丁目付近道路整地工事完了跡地に七十余戸、兵庫区の荒田小公園用地に三十数戸、須磨区妙法寺川下流の海岸付近の緑地帯に八〇戸のバラックが指摘されている（『神戸新聞』一九五一年六月二四日「公園や道路予定地に七百戸　市有地の無断拝借が大はやり」）。

＊14　『神戸新聞』一九五三年二月二四日「不法建築物に強硬処置　こんどこそ断行　強力な撤去対策委を組織」。

＊15　一九六〇年三月一七日に行なわれた衆議院法務委員会での竹内壽平政府委員の答弁から。ただし、ここでの「不法占拠」バラックの立地については明らかではない。

＊16　婦人団体の会長の発言。『神戸新聞』一九五〇年八月三〇日「私ならこうしたい　神戸婦人に聞く国際港都建設の住民投票」。

＊17　結局、この地区の住民は立ち退くことなく、バラック住宅もそのまま残されたままであった。ちなみに、どのように対処されたかと言えば、兵庫県と神戸市の職員がこの地区に入り、早朝から家の内外を清掃したようである。

＊18　地元の有志による町誌にも、バラック街の存在は一切触れられていない［花隈振興会編　一九七一］。

＊19　調査に取り上げられたバラック密集地区は一八六地区で、一地区の規模は一〇〇坪から二〇〇坪までという小さなブロックが一番多く一一〇地区、二〇〇坪から三〇〇坪までが二八地区、六〇〇坪以上の大密集地区が一九地区ということであった。

＊20　居住者からは、土地の権利者（市を含む）が火をつけたという声も上がっていた。実際、多くのバラック街は火災後、バリケードやロープなどによって再建を禁止され、結果的に地区の消滅に結びついた。管見の限り、大規模な火事後に消滅したバラック街には、弁天浜地区（一九五八年）、西尻池一丁目地区（一九六〇・一九六二年）、海岸通一丁目（一九七〇年）、脇浜一丁目（一九七六年）、新生田川尻地区（一九八一年）などがある（『神戸新聞』記事を参照）。

＊21　土地区画整理法（一九五五年施行）や地方自治法に大都市の特例が設けられ、一九五九年以降に都市計画関連事業費の増額が行なわれた［神戸市都市計画局　一九七五］。

＊22　一九六〇年三月一七日に行なわれた衆議院法務委員会での竹内壽平政府委員の答弁を参照。「不法占拠をめぐりまして、（略）悪質な不法占拠者、保険会社の代理人といったような人たちが相通謀いたしまして、保険金詐欺の不法占拠事犯というようなものも現実に検挙されておる状況でございます。（略）それを火をつけて焼いて保険金を詐取する、そうして今度はさらに大きな資本をもって広い部分の不法占拠をして家をよけい建てる。それにまた保険金をつけて、また焼いて、さらに広くするといったような事犯が現実に上がっております」。

＊23　『朝日新聞大阪市内版』一九五五年一月二八日「土地争いに新波紋〝窃盗罪で処罰を〟」。

＊24　大阪商工会議所［一九六〇］に所収される「不動産不法占拠問題に関する東西懇談会議事録」（一九五九年五月二五日、於：東京丸の内銀行倶楽部）によれば、三二都市から回答があり、土地については五四八五件、二七万四一六〇坪（うち解決済み九〇八六坪）、建造物八三件、一万二八四四坪の事例が報告された。

＊25　『神戸新聞』一九五九年九月三日「暴力団の介入も　市内の不法占拠地調査結果　大半が泣寝入り　建ててしまえば勝」。

＊26　国会での審議については、国会会議録検索システム（http://kokkai.ndl.go.jp）を参照した。

＊27　法律第八三号　刑法の一部を改正する法律「不動産侵奪罪」（刑法二三五条の二）「他人の不動産を侵奪したる者は一〇年以下の懲役に処する」。

＊28　不動産侵奪罪は不遡及の原則で、過去に「不法占拠」していた者を訴えることはできず、現行犯のみでしか有効ではなかった。

＊29　『神戸新聞』一九五九年二月五日「まず悪質な五〇戸から　不法占拠地帯　三四年度から一掃計画」。

＊30　一九五八年度の調査においては生田川、新湊川、および高架沿いの主要路線および河川沿道路上を対象としており、一九六六年度調査においては市内全域の道路上の「不法占拠」独立家屋を対象としている。

＊31　一九六六年度においては長田区新湊川地区四五戸、生田区宇治川地区三三戸、長田区大塚町一八戸、一九六七年度においては灘区中原通四二戸、兵庫区三川口町五戸、宮前市場五戸が撤去されている。

＊32　『神戸新聞』一九六七年一一月二五日「大倉山公園いよいよ整備　公営住宅一三三戸を移転　東山町（兵庫区）に「一一階ビル」」。

＊33　『神戸新聞』一九八一年四月二九日「大火の脇浜密集地」。

＊34　設置基準は、不良戸数五〇戸以上、不良住宅戸数比率八〇％以上、住宅戸数密度が八〇戸／ヘクタール［高橋編著　一九六〇］。

＊35　「一般住宅困窮者並びに都市計画立退者に対する公営住宅の建設に関する請願の件」一九六四年七月二五日。

＊36　神戸市議会（一九六七年六月三〇日）での答弁。

＊37　たとえば印象的な事例としては、前述した大倉山公園の「不法占拠」バラック街の立退者への補償である。隣接する市営住宅の立退者に限っては、兵庫区東山町にある改良住宅が提供された一方で、バラック居住者には一部公営住宅への斡旋はあったものの、見舞金程度の移転補償費しか支給されなかった（『神戸新聞』一九六八年一二月二日夕刊「神戸市　大倉山公園を整備へ　不法占拠一一三戸を撤去　一〇年越しの立ちのき命令」）。

＊38　移転補償費の支給額は時期や地区、世帯人数などによってさまざまであるが、第5章で扱う新湊川沿いに存在した通称「大橋の朝鮮人部落」の元居住者の聞き取りによれば、一九六五年に立ち退いた際、一〇万円が市から支給されたそうである。

＊39　当時、単身者や在日外国人には正式な公営住宅入居資格がなかった。

＊40　さらに、滝山仮設住宅のほかには、葺合区生田川沿いの「不法占拠」住宅一八世帯のために提供されたバス住宅というのもあった。バス住宅の様子は「エンジン、車輪、座席をはずしたバスに八畳のタタミが敷かれたもので、一台に二世帯ずつ、四三人が暮らしている。共同炊事場、移動式便所、電灯の設備」で、仮設住宅と同様に入居期限は一年であった（『神戸新聞』一九六二年一月二五日「ことし中に一九三戸撤去　不法占拠の建物一掃に本腰」）。

第3章 「バタヤ街」を問いなおす

「後楽園バタヤ部落」の一角
（出所：東京都文京区役所土木課
『第一次後楽園裏部落除去記録』1954年、
立命館大学図書館所蔵）

1　はじめに

本章では、第2章の都市空間における「不法占拠」バラック街の消滅過程の検討を踏まえて、第1章で対象とした戦後東京の「不法占拠」地区のうち、「バタヤ街」と呼ばれた空間に焦点を絞り、都市空間におけるその社会的実態や位置づけ、そして生成から消滅までのプロセスを明らかにしていきたい。

まず、「バタヤ」とは何か。『広辞苑（第七版）』には「ばた屋」として、「ごみ箱や道路上の紙屑・ぼろ・金物などを拾い集め、それを売却して報酬を得る職業またはそれに従う人々（拾い屋・拾い人）」と、拾い屋が集めた屑を買い入れる仕切場と仕切屋の経営者」〔星野・野中　一九七三〕のことを示す。また東京都衛生局公衆衛生部「屑物取扱業に関する条例」[*1]（一九五三年一〇月二〇日制定東京都条例第一一三号）では、拾い屋は「拾集人」とされ、「廃棄された再生資源を収集することを業とする者」、「バタ建場」とも呼ばれる仕切場、仕切屋は「第二種建場業」とされ、「収集人から再生資源を集荷する業」と定義づけられている。[*2]

「バタヤ」の語源は諸説あるが、松居〔一九五三〕によれば、「隅田川に捨てたゴミの中から紙クズを拾い、再生した紙を浅草紙とか川端紙とか、バタ紙と読んだことから、川端で拾い仕事をする者をバタヤと読んだ」説や「バッタ（ハカリ）で測って処理するからバッタ屋」という説などがある。歴史的な意味合いを含んだその語はある種の職業差別語であったが、日常用語として一般社会でも使用されていたのである。

また、本論でも述べるように、「バタヤ」は戦後都市のなかで衛生および治安上の施策対象として可視化されており、新聞を中心としたメディアに数多く扱われたように、社会的に注目される存在だった。さらに、一九五〇年代には文学、芸能関係においても「バタヤ」は頻繁に登場していた。獅子文六による小説『自由学校』〔獅子　一九五三〕

や一九五四年に『サンデー毎日』で連載された加藤芳郎による漫画「オンボロ人生」〔加藤 一九六六〕をはじめ、『蟻の街のマリア』(五所平之助監督、松竹配給、一九五八年上映)といった映画やドラマ、演劇も数多く作られたように、「バタヤ」は当時の都市東京に生きる人々の状況や思いを代弁するような象徴的存在だったのである。

もちろん、同時代において研究や調査の対象にもなった。たとえば、東京都民生局長として実際に対応にあたった磯村〔一九五六〕による社会学的スラム研究をはじめ、石川〔一九六一〕などの社会病理学的研究、また調査報告として、東京都足立福祉事務所・足立区社会福祉協議会〔一九五八〕や東京都社会福祉会館〔一九六三〕がある。当該地域を社会問題の温床として固定的に位置づけたことへの批判はあるものの、これらの研究が「バタヤ」社会の実態に学術的にアプローチしたことは確かである。そのほか、「バタヤ」における支援やボランティア、さらには住民の連帯や主体性に目を向けた籠山〔一九八一〕もある。

ルポルタージュもいくつか残されている。代表的なものとしては、自身も「バタヤ」として、さまざまな活動を主導した松居〔一九五三〕や梶〔一九五七〕がある。また、彼らを「最下層の人びと」としてアプローチする秋山ほか編著〔一九六〇〕や『日本残酷物語』のなかで当該地区を「東京の奈落」として位置づける下中編〔一九六〇a〕は、当時の「バタヤ」に対する社会的認識を理解するうえでも重要な史資料である。

一方、現代においてこの「バタヤ」を歴史的に捉える研究もある。浦野〔二〇〇六〕は東京城東・城北地域における資源リサイクルに携わる諸集団の活動と集積、その再編過程を辿るなかで、当地に存在した「バタヤ」をめぐる社会的経済的状況を歴史的に明示している。また、岩田〔二〇一七〕は社会福祉史の観点から、戦後貧困の「かたち」として明示的に表れた「バタヤ街」、特に浅草隅田公園内の「蟻の街」や上野寛永寺内の「葵部落」の生成および消滅過程に迫り、いかに社会福祉を中心とした行政が当該地区に対処したかを提示している。また、「屑拾い」という人間の根源的な行為に新たな価値観の可能性を探求するなかで、「バタヤ」の歴史と状況を辿った藤原〔二〇一七a、二〇一七b、二〇一七c、二〇一七d〕もある。このほか、少し時代は遡るが、地理学的研究としての星野・野中〔一九七三〕は[*3]、東京都足立区本木町でのフィールドワークを踏まえて、「バタヤ」社会における資本をめぐる利害関係の重層性を描くとともに、「救済」や「厚生」の対象とみなす視線からは捉えきれない「バタヤ」の生活現実を浮き彫りにしている〔須長 二〇一六〕。これらの研究は、「バタヤ」をネガティブなものとして捉えるのではなく、その存在の多様性や多面性に注目することで、「バタヤ」の生活実態やさまざまな主体的な活動を明示するとともに、当時の社会のあり方や行政による政策の位置づけを見定めようとしている。

本章は、これらの近年の研究成果が明示した多様かつ多面的な存在である「バタヤ」、および彼らの生きられる空間である「バタヤ街」を俯瞰的に把握するために、戦後東京における「バタヤ街」の空間的社会的状況とその変容過程に迫っていく。ここでの目的は、個別の「バタヤ街」の事例を都市空間のなかで相対的に位置づけること、さらには戦後東京という都市空間の社会のあり方や行政政策の変化をより広い観点から明らかにすることでもある。

具体的な研究方法としては、上記した関連書物や諸研究、資料の整理に加えて、当時の新聞記事資料を材料に、主に一九五〇年代から一九六〇年代にかけての「バタヤ街」の状況およびその変容過程にアプローチする。なお、「バタヤ・バタ屋」に関する新聞記事は、当時の実態を示すものであるとともに、表象として「バタヤ」への社会的認識やイメージを探るための貴重な言説資料と考えている。

本章の構成は以下のとおりである。次節では既存研究を整理する形で「バタヤ街」の社会空間のあらましと生成過程および要因を提示する。第3節では、一九五〇年代後半の都市空間における「バタヤ街」の実態と表象にアプローチする。第4節では一九六〇年代以降の「バタヤ街」の消滅過程とその要因を明らかにする。

2 「バタヤ街」の社会空間とその生成過程

一九五〇年代、「バタヤ街」の社会空間

真夜中の霧のなかを、裏町のゴミ箱からゴミ箱へとあさりあるいて、拾いあつめた塵の山を、うず高く積み上げたバタ車が帰ってくる。

「マリアの広場」と呼ばれる街の中庭には、縄の山、屑鉄の山、紙屑の山でうずまる。

込新（紙屑）一貫五百、縄三貫、千地（屑鉄）八百匁……と、持ち帰った品物の山を、仕切場の人の秤にかけてもらうと、すぐ帳場の窓口に行って現金をうけとる。

ちょうど、食堂からは、できたての味噌汁の香がプーンとただよってくる。

アリの街からは、毎日かかさず馬力に山と積んだ縄と藁が、ボール紙工場に送り出される。つづいて、三尺角に梱包した紙屑の山や、屑鉄の山、空罐の山、空ビンの山が、あるいはトラックで、あるいはオートバイやリヤカーで、それぞれの再製工場へ送られる。

これは松居［一九五三］が描いた「蟻の街」の様子である。ここで示されるように、おおむね「バタヤ街」は仕切場としての広場・倉庫、経営者の家族が暮らす家屋、そして「拾い屋」が寝泊まりする長屋、共同の水場、井戸、便所などで構成される。そのほか「蟻の街」には食堂や教会があり、「葵会」には食品店や魚屋、さらには宿泊所が経営されていた。また「後楽園バタヤ部落」には未就学児童のための学校もあった。もちろん、その生成の時期や立地する地域や環境との関係のなかでその構成や配置は変わってくるが、「バタヤ」以外の住民を含めた、さまざまな人々の生活の軌跡が交差する「まち」が生成されていたのである。ここでは、既存の調査研究やルポルタージュを資

料に、戦後一九五〇年代の都市東京における「バタヤ街」の建造環境の配置と社会関係のあり方について整理してみよう。

まず、「バタヤ街」の中心には、「蟻の街」では「マリアの広場」と呼ばれる、拾い屋が拾ってきた屑物を買い上げるために大まかに分類する広場があり、その一隅に屑物を貯めておく倉庫・小屋、そのほか、拾集時に使用される籠や大八車に箱を乗せたバタ車の置き場などもあった。これらの広場と倉庫などの一帯が仕切場と呼ばれ、「バタヤ」経済の中心であったが、地区によってはそれらを取り囲む塀が設置されることもあった［星野・野中 一九七三：八八］。なお、「屑物取扱業に関する条例」では、第二種建場業は「一九・八三平方メートル以上の買取場、六・六一平方メートル以上の要消毒品貯蔵所、消毒除外品貯蔵所、六六・一一平方メートル以上の営業用空地」を設け、「コンクリート、れんが、鉄板等防そに適した材料で築造し、出入口、窓通風口等には、防そおよび防虫の設備をすること」が義務づけられていたが、必ずしもすべての地区で守られていたわけではない。

そして仕切場の構内または隣接して、経営者である仕切屋の自宅、そして拾い屋の宿舎があった。後者は四、五世帯から大きいものは十数世帯を収容できる棟割長屋で、地区によってその内部構造はさまざまであるが、「決して入ってくる人達の条件を考えてはいない」［星野・野中 一九七三：九二］という点では共通していた。なかには部屋内に個別の生活設備があったが、炊事場や井戸、便所等は共同での利用となることが多かった。

ところで、「バタヤ」を構成する仕切屋と拾い屋との関係性は経営者と従業員といった雇用関係ではなく、そこには売買関係が成り立っており、各々が自営業者という立場にあった。[*4] ただし、多くの研究が指摘するように、この関係性は前近代的な親―子関係、支配―従属関係下に置かれていた。拾い屋の住まいだけではなく、生活手段（電気や水道、生活設備など）と生産手段（籠や「バタ車」など）の一切が仕切屋の手中にあったのである。また、こうした前近代的な関係性が買手独占市場を固定化し、仕切屋はたえず仕切価格を押し下げることで、拾い屋が最低生活を間接的に強制されるような搾取状況も横行していた[*5]［東京都足立福祉事務所・足立区社会福祉協議会 一九五八］。「バタヤ街」の建造環境はこうした特殊な関係性を反映した結果であり、それを強化する条件にもなっていたのである。

そして「バタヤ街」は、当時の都市全体における社会的位置づけによっても維持されていたと言える。東京都足立福祉事務所・足立区社会福祉協議会［一九五八］によれば、当時、仕切場は都市の住宅政策および清掃事業の二つの点で「絶対必要な存在」とみなされていた。前者については都市流入層にとっての「商売付きの住宅」を提供するものであり、後者については「東京都全体で仕切場を通じて取引される屑物は年間四〇億円」とも言われるように、廃品回収制度のなかで重要な地位を占めていたのである。したがって、このように政策上「絶対必要な存在」との都市における社会―空間的布置が、「バタヤ街」住民（特に拾い屋）の劣悪な生活・労働環境の固定化にも寄与していたと考えられる。

「バタヤ街」の生成過程

「バタヤ街」はいつどのように生成したのだろうか。まず確認すべきは、必ずしも戦後由来の地区だけではなく、戦前に起源を持つ「バタヤ街」もあったことである。第1章で用いた『東京都不良環境地区調査』によれば、たとえば足立区本木町地区の由来は「関東大震災後旧市内よりバタヤが転入密集す」とあり、三河島地区の場合は「大正一二年の大震災で下谷万年町方面及び日暮里方面から集まった親分六人が応急用に建てたもので居住者は全部配下のバタヤであった」と記載されている。

東京都資源回収事業組合五十年史編集委員会編［一九九九］や浦野［二〇〇六］を参考に、こうした戦前起源の「バタヤ街」の生成過程を辿ってみよう。元来、江戸期から明治期にかけて、屑物業者の多くは浅草周辺で活動していたが、一九〇七年に東京府が浅草周辺の屑物業者に対する郡部移転命令を提示したことで、その後、三河島、日暮里、隅田方面に屑物業者が集積することとなった。一九一四年には、警視庁が「屑物営業取締規則」を発令、屑物業者に対して地域制限、距離制限、設備制限を提示したことで、この立地傾向は進展する。さらに一九二三年の関東大

表3－1　東京都区部における「屑拾い」および「拾集人」数の推移

（単位：人）

地域／年	1932年	1939年	1955年	1957年	1959年	1961年	1963年	1967年	1971年
千代田・港・中央	48	114	83	214	181	199	79	74	39
文京・新宿・渋谷・豊島	256	81	274	682	844	685	571	240	106
台東・墨田・江東	184	591	346	676	672	219	330	396	210
足立・荒川・江戸川・葛飾	2,933	3,443	927	1,053	1,049	784	492	262	116
品川・目黒・大田	21	281	125	255	359	300	227	229	57
世田谷・中野・杉並・練馬	14	218	61	191	273	398	172	60	41
北・板橋	19	47	39	141	190	165	206	103	30
合計	3,475	4,775	1,855	3,212	3,568	2,750	2,077	1,364	599

注：1．1932年のデータは東京市社会局［1935］の「鑑札制度廃止直前警察署管別紙屑拾い数」調査を参照。
2．1939年のデータは東京市社会局［1941］の「許可登録及び鑑札交付のバタヤ調査」を参照。
3．1955年から1970年のデータは「東京都衛生年報」（1954-1971年）を参照。

震災の発生によって、旧市内の仕切屋が荒川放水路を越えて千住地区や本木町地区にも分散することとなった。その後一九二七年の警視庁令によって、日暮里と三河島方面に雑居していた「バタヤ」に対して荒川放水路以北への退去が通達され、翌一九二八年および一九三三年の「屑物営業取締規則」の改定によって旧市内の新規開業が認められなくなり、とりわけ本木町界隈に仕切屋が集積することになったのである。

なお、星野・野中［一九七三］によれば、当時、日暮里方面から荒川放水路北側へ渡るには、荒川にかかる竹橋と放水路の西新井橋が最も近かったこともあり、本木町に業者が集積したとのことである。表3－1にある一九三二年と一九三九年に東京市が調査した「紙屑拾い」数を見ると、この期間において、荒川・足立界隈に集積している様子を確認できよう。その後、戦争の空襲被害や労働者不足により、荒川・足立界隈の再生資源業者は転業や廃業する場合もあったが、一九四六、四七年頃には「バタヤ街」は復活し、戦前からは半減するものの、仕切屋および「バタヤ」の集積も見られたようである。

一方で、戦後起源のものについては、都市内で現れたバラック街（仮小屋集住地区）の一部が、「バタヤ街」として位置づけられるケースが多かった。岩田［二〇一七］が説明するように、一九四九年のドッジラインによるデフレ不況ののち、統制価格の廃止と朝鮮戦争下における好況期において、鉄および古布、古紙の価格が急騰するなか、いわゆる「戦争屑、鉄屑」が多く出る都心のバラック街で「バタヤ」を行なう者が多く現れた。また、戦前の警視庁「屑物営業取締規則」が東京都衛生局への業務移管（一九四八年）と同時に失効し、法律上まったくの「野放し状態」となっていたことで、「モグリ」[*6]と呼ばれる未認可の仕切屋や拾い屋がバラック街を拠点に活動することとなったのである。

一九五一年九月二六日の『読売新聞』の記事「捉えたバタヤ地区の実態」には、蟻の会（浅草隅田公園内）、葵会（上野寛永寺境内）、御徒町厚生会、新生明和会（ともに国鉄御徒町〜秋葉原間ガード下）、無産者合同組合、更生会（ともにお茶の水橋端）の六地区（組織）が紹介されているが、いずれも都心およびその近隣区に立地していた。[*7]そのほか、『東京都不良環境地区調査』の対象となった「バタヤ街」のうち、千代田区神田練塀町地区（「戦後、遊民的人々が国鉄団地内に仮小屋を建て始め、ついに今日のバタヤ部落を形成するに至った」）や千代田区大手町二丁目地区（「戦後、公道脇に建てられたバラック住宅および飯場を中心に漸次バタヤ部落が形成」）などもこうした戦後起源の都心地区としてみなすことができる。そして、一九五〇年代中頃以降は、都心地区だけではなく、「池袋や渋谷といった新興盛り場の周辺地帯」［東京都足立福祉事務所・足立区社会福祉協議会　一九五八：二四］においても「バタヤ街」は生成していくことになる。

一九五〇年代に東京都区内でどの程度の「バタヤ」が存在したのか、一九五五年以降の「東京都衛生年報」に含まれる「屑物」「拾集人」数の推移を確認してみよう[*8]（表3－1）。営業許可である鑑札を受けた者しかデータとして反映されていないため、「モグリ」は含まれておらず、当時の「バタヤ」全数を表したものではないが、一九五五年には一八五五人、一九五九年には三五六八人と増加していることがわかる。

この推移を地区別に見た場合、最も多く存在したのは戦前起源の本木町、三河島地区を含む足立・荒川・江戸川・葛飾区であった。ただ、一九五五年には九二七人と一九三九年の三四四三人に比べて大きく減少しており、一九五九年には一〇四九人とあまり増加していない。また、都心地区（千代田・港・中央区）の数は一九五五年の八三人、一九五九年の一八一人と他地区に比べて少ない。これは上述した「モグリ」が統計に含まれていないことが想定されるものの、第4節にて詳述するように、すでに「バタヤ街」の多くが立ち退きにより消滅していたことも要因かと思われる。

一方、一九五五年から一九五九年にかけて文京・新宿・渋谷・豊島区（二七四人→八四四人）や台東・墨田・江東区（三四六人→六七二人）、品川・目黒・大田（一二五人→三五九人）、世田谷・中野・杉並・練馬（六一人→二七三人）、北・板橋（三九人→一九〇人）はそれぞれ大きく増加しており、周辺地区への分散傾向を認識できる。[*9] この傾向の理由としては、まず一九五〇年代以降、池袋、新宿、渋谷などの盛り場が復興するなか、そこで供出される屑物を求めた仕切屋や拾い屋が現れたことがある。そして、一九五三年の「屑物取扱業に関する条例」によって都心地区への取り締まりが厳しくなったこと、さらに一定程度の仕切場の広さが義務づけられたことで、取り締まりが比較的緩い周辺地区に都心で立ち退きとなった者が移動していったことがあげられる。

『東京都地区環境調査』から見る「バタヤ街」の実態

第1章で使用した東京都民生局による調査報告書『東京都地区環境調査』のデータから、一九五八年当時における東京都二三区内に存在した三一の「バタヤ」地区（表3－2）がいかなる状態であったか、見てみよう。

まず面積で見ると、不良環境地区全体九六・六ヘクタールに対して、「バタヤ」地区は三・九ヘクタールであった。次に一地区あたりの面積や人口数の平均を見ると、一般不良環境地区の平均面積が四五八六平方メートルに対して、「バタヤ」地区は一二八三平方メートルであり、一般不良環境地区の平均人口三三五人に対して、「バタヤ」地区は三五五人あった。すなわち、平均人口はほぼ同程度であったが、「バタヤ」地区の面積は一般不良環境地区の約三分の一となっており、その人口密度が二七六七人／ヘクタールときわめて高くなっている。また、地区内の住戸数の平均においても同様で、「バタヤ」地区は非常に密集度が高い状態であったことがわかる。前節で見たように、「バタヤ」地区内に仕切場の敷地が含まれていることを考慮すれば、居住空間が非常に狭小であったことが考えられる。

表 3－2　東京都区部における「バタヤ」地区の概略

区	所在区域	住居数	世帯数	人口	面積 (m^2)	不良度	地区類型	土地特徴	形成時期
千代田	神田練塀町	18	18	42	150	C	一般老朽	線路	戦後
千代田	大手町	43	40	125	1,800	B	一般老朽	線路	戦後
新宿	富久町	76	76	179	340	A	仮小屋	適正	戦後
新宿	百人町	57	68	241	250	A	仮小屋	線路	戦後
新宿	西大久保	60	65	288	500	A	仮小屋	線路	不明
新宿	百人町	89	99	278	900	A	仮小屋	線路	戦後
文京	小石川町	180	352	945	1,650	A	仮小屋	公共	不明
台東	今戸	31	31	111	150	A	仮小屋	公共	戦後
台東	花川戸	69	72	212	501	A	仮小屋	公共	戦後
台東	花川戸	14	14	36	200	A	仮小屋	線路	1956年
台東	下谷練塀	29	44	486	208	A	仮小屋	線路	戦後
台東	松清町	70	88	310	350	A	仮小屋	公共	不明
台東	浅草聖天町	28	87	150	600	A	仮小屋	適正	1950年
墨田	亀沢町	12	12	42	1,000	A	仮小屋	線路	不明
墨田	亀沢町	110	110	250	693	A	仮小屋	線路	不明
墨田	亀沢町	109	109	309	1,510	A	仮小屋	線路	戦後
江東	高橋	33	33	102	120	A	仮小屋	公共	戦後
江東	枝川町	215	326	1,292	5,000	A	仮小屋	適正	戦前
大田	上池上町	66	56	163	312	B	仮小屋	適正	戦後
渋谷	幡ヶ谷原町	50	71	268	900	B	仮小屋	道路	戦後
中野	広町	37	37	83	250	A	仮小屋	河川	不明
中野	江古田	18	17	41	182	A	一般老朽	適正	不明
豊島	要町	236	217	536	1,400	A	仮小屋	適正	1954年
北	王子町	54	56	206	500	A	仮小屋	公共	戦後
荒川	三河島町	115	106	234	380	C	仮小屋	適正	不明
荒川	三河島町	86	72	265	120	A	仮小屋	適正	1923年
板橋	大谷口町	24	24	106	1,357	C	仮小屋	適正	不明
足立	本木町	287	254	748	2,652	A	仮小屋	適正	1923年
足立	本木町	637	704	2,274	12,900	A	仮小屋	適正	1923年
足立	本木町	658	57	569	1,901	A	仮小屋	適正	1923年
葛飾	小菅町	35	33	114	1,000	A	仮小屋	適正	1923年

出所：東京都民生局［1959］より作成。

次に二三区ごとの地区数と人口、そして面積に注目する。一般不良環境地区では、荒川区が地区数の一五・九%、人口二三・八%、面積二三%とそれぞれ最も高い割合を表しており、地区数だけで見た場合、荒川区に次いで足立区、文京区、中央区、中野区、大田区、新宿区、墨田区、葛飾区、江東区の順となっている。一方、「バタヤ」地区を見ると、まず地区数では台東区が六地区、新宿区が四地区、足立区、墨田区が三地区と立地している。また、人口では足立区(三二・六%)、江東区(一二・七%)、台東区(一一・九%)、新宿区(九・〇%)、文京区(八・六%)の順に多くなっており、面積では足立区(四三・九%)、江東区(一二・九%)、墨田区(八・一%)と、この三区で半数を超えている。

地区の生成時期を見ると、戦後起源が一六地区と多く、戦前起源が六地区、不明が九地区であった。先述したように、古くは荒川区三河島地区や足立区本木町地区の一九二三年で、台東区花川戸地区の一九五六年や豊島区要町地区の一九五四年のように、一九五〇年代以降に生成する地区もあった。土地の特徴について確認すると、適正な地区が一三地区に対して「不法占拠」を含めた不適正な地区が一八地区であった。適正な地区の多くが戦前に、不適正な地区が戦後に生成していることが目立つ。また、不適正な地区の特徴で分類すると、高架下を含めた線路周辺が一〇地区と最も多く、公園や寺社境内といった公共用地が六地区、河川沿岸および道路周辺がそれぞれ一地区であった。さらに表にはないが、教育や医療、そして市場など生活上必要な施設との近接性については、一般不良環境地区では「良い」が約五九%であるのに対して、「バタヤ」地区では約一九%と低く、「甚だしく悪い」が約四五%となっており、「バタヤ」地区が一般不良環境地区よりも不便な場所にあったことが理解できよう。

3 新聞記事から見る「バタヤ街」をめぐる社会的表象

第1節で述べたように、戦後において「バタヤ」は多くの人々に知られた存在であり、新聞記事でも多く取り上げ

表3−3 「バタヤ・バタ屋」に関する新聞記事

項目	年代別								居住地域別				
	32－40	41－45	46－50	51－55	56－60	61－65	66－	合計	千代田 港 中央	台東 墨田 江東	足立 荒川 江戸川 葛飾	文京 新宿 渋谷 その他	合計
事件	23	0	10	117	62	15	4	231	45	38	39	41	163
火災	4	1	1	20	51	5	0	82	23	28	14	11	76
実態報告	11	0	6	32	18	3	7	77	20	16	7	12	55
行政対応	2	0	2	52	30	4	0	90	35	20	4	18	77
善行・人情話	19	0	4	31	20	5	3	82	25	17	16	10	68
更生・支援	3	2	0	8	27	4	4	48	5	21	9	4	39
文化・芸能	0	0	0	6	9	7	0	22	0	8	0	1	9
投書，評論	0	0	0	9	9	1	1	20	3	5	1	1	10
その他	7	0	0	3	7	3	3	23	0	5	2	0	7
合計	69	3	23	278	233	47	22	675	156	158	92	98	504

出所：ヨミダス歴史館，聞蔵Ⅱビジュアル，毎索を用いて作成。

られている。それでは「バタヤ」に関する新聞記事がどれくらい掲載されていたか、まずは量的にアプローチしてみよう。ヨミダス歴史館(『読売新聞』)と聞蔵Ⅱビジュアル(『朝日新聞』)、毎索(『毎日新聞』)を用いて、それぞれ「バタヤ・バタ屋」をキーワードに検索したところ、『読売新聞』は三九二件、『朝日新聞』は一五七件、『毎日新聞』は一二六件の計六七五件の記事が該当した(表3−3)。

まずこれらの記事を時期別に区分したところ、戦前(一九三二年−一九四五年八月)の記事が七二件(読売四四件、朝日二八件)、戦後(一九四五年八月以後)が六〇三件(読売三四八件、朝日一二九件、毎日一二六件)であった。戦前においては、一九三二年二月二一日の『読売新聞』の記事「至誠学舎の記事を見、少年改悟す　屑拾いから温かい生活へ」が最も古く、多くの記事は一九三四年から一九三八年の間のもので、一九四二年から終戦までの記事は存在しない。また、戦後については一九四七年六月一四日の『読売新聞』の記事「殿下とクズ屋　日に五〇〇円拾う　無から有を生む一大生産工場/東京・足立」が初出で、一九五〇年までは計二三件だった。一九五一年以降に記事数は増加し、一九五四年に七四件となり、その後若干減少するが、一九五八年には七九件と最も多くの記事が掲載された。このように一九五一年から一九六〇年までに五一一件の記事が掲載され、一九五〇年代における「バタヤ」への認識が高まったことを示している。一九六〇年代に入るとその数は激減し、一九七〇年代初頭で「バタヤ」と記載された記事はほとんど見られなくなる。なお、新聞社ごとに時期的な偏りはほとんどなかった。

次に、記事内容を確認したところ、「事件」(二三一件)、「火災」(八二件)、「実態報告」(七七件)、「行政対応」(九〇件)、「善行・人情話」(八二件)、「更生・支援」(四八件)、「文化・芸能」(二二件)、「投書・評論」(二〇件)、「その他」(二三件)の九分野を析出することができた。その論調は多様であるとともに、それぞれ記事数に偏りがあった。

まず最も多かった「事件」は、殺人や暴行、覚醒剤(ヒロポン)の使用などの犯罪・反社会的行為に関わるケースであるが、被害者や目撃者として「バタヤ」が報道されることもあった。いずれにせよ、見出しに「バタヤ・バタ屋」が含まれることや記事内容において「バタヤ」が犯罪に関与したことが数多く報道され、当該職種や彼らの拠点となる「バタヤ街」が「犯罪の温床(巣窟)」であるとの認識が社会に浸透していったことが考えられる。関連して、「火災」については、「バタヤ街」で発生した火事被害の報道が中心であるが、とりわけ一九五〇年代後半になると、その原因として放火が目立つようになる。そこでは、火災保険金を詐取するための方策として、「バタヤ街」住民自らが放火したことも報じられている。

続いて多いのが「行政対応」である。「バタヤ街」の立ち退き執行に加えて、覚醒剤の売買や密造酒に対する行政当局や警察による取り締まり(手入れ)を報道する記事群である。「バタヤ街」の多くが土地を「不法占拠」していたこと、かつ反社会的行為や衛生状況が社会問題となるなかで、立ち退きや取り締まりが「正論」として位置づけられる場合もあれば、温情的な目線から彼らの窮迫した状況を捉える記事も含まれていた。

そして「実態報告」に分類される記事群では、「バタヤ」の労働環境や生活環境における不衛生な状況を問題視する論調が目立っている。これらの記事はすでに戦前から見られたが、戦後は地区内の悪臭問題や赤痢などの伝染病に関する報道のほか、一九五五年以降は東京都清掃本部の先導により進められた都民運動「ハエと蚊をなくす生活実践運動」のなかで「バタヤ街」がクローズアップされることが多かった。また、こうした衛生問題の一方で、景気動向を測る指標として「バタヤ」の経営状況を報じる記事もあった。たとえば『読売新聞』の一九五四年六月二三日の記事「スクラップ屋　光らぬヒカリモノ」では、朝鮮特需によって引き起こされた「金へン景気」（特に屑鉄価格の値上がり）における「バタヤ」の増加とその後の顚末が記載されている。そのほか、「バタヤ」の内部の実態が報じられたものとしては、行政による立ち退きや取り締まりに対する「バタヤ街」住民の状況を取材したもの、窃盗団の拠点への潜入取材、さらには貧困状況への注目など、その観点は多様であった。

ここまで示した記事群が比較的ネガティブな印象で書かれていることが目立つ一方で、「善行・人情話」、「更生・支援」、「文化・芸能」の各記事群など、温情的な観点から報じた記事もある。とりわけ「善行・人情話」で目立つのは、紛失物を「バタヤ」が拾い、「正直に」届けるというケースである。「事件」関連の記事に含まれる「窃盗犯」との対比において、こうした行為が報じられることが多かった。また「更生・支援」では、「バタヤ」自身の更生や梶大介が主導した「東都バタヤ労働組合」といった「バタヤ」たちの連帯が扱われたもの[*10]、さらには学生によるセツルメントや未就学児への教育支援[*11]など、貧困にあえぐ「バタヤ街」住民に対するボランティアによる支援についての記事が含まれる。「文化・芸能」については、本章冒頭で述べたような、映画や演劇、ドラマ、漫画などで「バタヤ」を扱った作品を紹介する記事のほか、演劇『蟻の街の奇蹟』（松居桃樓作、阿木翁助演出）に出演する劇団東芸の俳優たちが実際に「蟻の街」で「バタヤ」体験をしたことも報じられている[*12]。

「投書・評論」（二〇件）については、「あるバタヤの話　守る〝ドン底〟のモラル」（『読売新聞』一九五三年一一月二九日）といった温情的な観点からのものもあれば、「ガンは隅田公園　バタヤ部落撤去を　浅草をよくする座談会／東京」（『読売新聞』一九五四年八月二一日）のように、観光や町の振興を図るなかで「バタヤ街」を排除する論調の記事も見られる。「その他」（二三件）のなかには、戦中において戦争協力する「バタヤ」が登場する記事や、戦後の普通選挙に際して、「バタヤ」の選挙権にフォーカスした記事など、当時の社会的状況との関連がうかがえる興味深い内容が含まれていた。

このように「バタヤ」に関する記事は内容において多様であるが、その掲載数に偏りがあることを指摘したい。たしかに、こうした数の違いが実態を反映させているのかもしれないが、その一方で、恣意的に実態の一部が切り取られている可能性もある。

その可能性を証明するのが、記事になる「バタヤ」や「バタヤ街」の立地が実際の分布状況と一致しないということである。記事群を地域別に分類してみると、都心三区（千代田・港・中央）が一五六件、台東・墨田・江東区が一五八件、足立・荒川・江戸川・葛飾区が九二件、文京・新宿・渋谷区などその他が九八件となっている。これは、表3－1で見た「拾集人」数の分布数の配分と対応しているわけではない。もちろん時期的な違いはあるものの、記事に登場する現場は「バタヤ」が最も多く存在した足立区（七五件）よりも台東区（一〇六件）や中央区（八六件）が顕著であるように、実態との「ずれ」が存在したのである。これは都市内における可視性による結果として考えられる。都心の「バタヤ街」は多くの人々に「見えやすい」からこそ記事になりやすかったのではないだろうか。また、各新聞社がそれぞれ都心に立地していることも関係しているだろう。実際、それぞれの本社近くの有楽町や銀座界隈の「バタヤ街」が比較的多く登場する。

したがって、この表象と実態における「ずれ」は地域のみならず、内容面においても存在したことが想起されるのである。すなわち、新聞記事による社会的表象は決して現実すべての反映ではない。それは上記した可視性（見えやすさ）に起因するだけではなく、記事に「する／しない」（あるいは属性や現場を「バタヤ・バタヤ街」と記載する／しない）といった取捨選択が働き、ひいては新聞記事という言説が社会的現実を構成していたと捉えられるだろう。

その意味で、「バタヤ」に関する記事のなかで、「蟻の街」や「葵部落」といった固有名のほか、「バタヤ街」あるいは「バタヤ部落」と、当地を閉曲線で囲まれた領域として表象する言説が多く含まれていることに注目する必要がある。すなわち、原口［二〇〇三］が大阪にある寄せ場「釜ヶ崎」の「場所の構築」過程で明らかにしたのと同様に、「バタヤ」をめぐって排他的な地理的表象が反復して報じられることで、「バタヤ街」住民と一般社会とを区分する社会的な境界が生み出されていったことが考えられる。それは排除性を有する記事だけではなく、たとえ温情的なものであったとしても、その境界を補強、固定化するものとして機能したことにもなる。

さらに、原口［二〇〇三］を踏まえれば、このような特定の地理的表象と関連づけた言説は、当該空間を一つの問題領域として構成するとともに、政策課題の明確化や制度的実践が介入する確固たる基盤の形成にも寄与する。したがって、「バタヤ街」をめぐる治安、衛生上の問題、さらには土地の「不法占拠」状態を政策課題として浮上させるものであり、ひいては「バタヤ」および「バタヤ街」を消滅させる取り締まりや強制立ち退きといった制度的実践の基盤が形成されていったのである。次節では、こうした制度的実践を含めて、「バタヤ街」を消滅、あるいは不可視化させる過程について検討してみたい。

4 「バタヤ街」の消滅過程とその要因

東京都内の「バタヤ街」は一九六〇年代にほぼ消滅していく。しかし、それぞれの地区ごとに消滅時期が違うこと、また地区内においても段階的に消滅するなど、その過程は決して直線的ではなかった。本節では一九五〇年代と一九六〇年代とに分けて、都市の社会・空間的状況および行政対応の違いに注目しながら、「バタヤ街」の消滅過程とその要因を明示していく。

一九五〇年代、強制撤去の進行と「バタヤ街」の不可視化

東京都による「バタヤ街」撤去の契機は、一九五〇年九月の神田河岸の仮小屋への立ち退き命令、さらには一九五一年八月に東京都民生局が建設局や建築局など関連部局とともに仮小屋生活者対策協議会を設置し、警察の協力のもと、都心の仮小屋集住地区（バラック街）の撤去の方針を明確化させたことにある。

表3－4　「バタヤ街」の撤去事例

撤去年月	区	場所（通称名含む）	世帯	人口	撤去主体	収容先
1952年3月	台東	新生会（隅田公園内）	不明	89	都民生局，建設局	目黒厚生寮など6か所
1952年8月	中央	「銀座裏バタヤ部落」	170	400	都衛生局，東鉄	都内5か所の施設
1952年12月	文京	「お茶の水部落」	125	240	都民生局	品川浜川寮ほか
1953年4月	中央	新橋～有楽町間ガード下	不明	67	都民生局	深川新幸ホームほか
1953年7月	中央	「銀座裏バタヤ部落」	不明	29	不明	不明
1953年11月	千代田	国電水道橋ガード下	16	46	都建設局道路部	尾久資源回収組合住宅
1953年12月	中央	西銀座泰明小学校裏	不明	27	都民生局，築地署	深川浜園寮
1953年12月	中央	有楽町数寄屋橋公園内	14	27	都民生局，築地署	深川浜園寮ほか4か所
1954年5月	中央	銀座三十軒掘埋立地	9	18	中央区役所，築地署	不明
1954年7月	台東	浅草東本願寺正門前	4	10	台東福祉事務所ほか	品川区浜川寮ほか
1954年11月	千代田	大手町，ガード下	30	40	都民生局，丸の内署	村山昭和寮
1954年11月	文京	「後楽園バタヤ部落」	174	392	都建設局，民生局	都内20か所の施設
1954年11月	文京	「春日町バタヤ部落」	173	不明	都職員40名，富坂署	板橋区中台町ほか
1955年3月	台東	隅田公園吾妻橋～言問橋	170	307	都民生局，建築局	上野公園内テント村
1955年4月	台東	上野～秋葉原ガード下	不明	300	上野署，台東区役所	不明
1955年9月	中央	蜜蜂部落（明石町）	65	116	都	都厚生施設
1956年3月	台東	北葵部落（寛永寺境内）	175	不明	都	竹の台会館
1956年6月	台東	浅草芝崎町	4	不明	台東区土木課	不明
1956年6月	台東	隅田，浅草両公園	不明	52	浅草署，都民生局	民生局更生相談所
1956年10月	中央	築地魚河岸裏，東銀座	48	250	都建設局道路部	高浜荘，平和寮
1957年7月	足立	日出町，荒川放水路川原	66	236	都河川課，千住署	不明
1957年9月	中央	都立京橋化学高校校庭	37	58	不明	深川塩崎町寮ほか
1957年11月	台東	隅田公園	110	400	都公園緑地部	不明
1958年11月	台東	「秋葉原バタヤ街」	50	120	都建築局，上野署	都内福祉施設
1959年8月	中央	堀留公園，常盤公園一帯	不明	100	日本橋署	不明
1961年9月	文京	「後楽園バタヤ部落」	500	不明	都公園緑地部	都民生住宅
1961年10月	台東	「秋葉原バタヤ街」	13	70	上野署	不明
1965年8月	中央	城辺橋周辺など5か所	不明	30	築地署，都建設局	不明

出所：ヨミダス歴史館，聞蔵Ⅱビジュアル，毎索を用いて作成。

前節で利用した新聞記事リストから「バタヤ街」の撤去事例を確認すると（表3－4）、一九五二年三月に隅田公園内の「新生会」八九名の立ち退きが実施され、同年八月には衛生局と東京鉄道管理局東京工事事務所によって、帝国ホテル裏にあった通称「銀座裏バタヤ部落」（一七〇世帯四〇〇人）での大規模な撤去がなされた。また、通称「お茶の水部落」の撤去（一二五世帯二四〇人）も同年一二月に実施されている。翌一九五三年一月には東京都による移転対策費一億円計上、同年一〇月の「屑物取扱業に関する条例」制定によって「モグリ」営業への取り締まりが厳格化したことを受け、撤去の規模を拡大し、そのスピードも加速していった。新聞記事からは一九五三年から一九五九年の間に二二地区で撤去が実施されたことを確認できる。

なお、それぞれの撤去は東京都民生局や建設局、各地域の警察署が主な実施主体で、立退者は各々、都内各所の保護施設へと収容されている。岩田［二〇一七］が指摘するように、終戦直後のGHQの要請のもとでなされた「浮浪者」の「かりこみ」対策と同じように、建設局や警視庁による撤去と、民生局による保護施設などの収容の組み合わせによって居住者の立ち退きが迫られたのである。

ところで、この一連の東京都による「バタヤ街」対策のなかでピックアップされたのが、先述した御徒町ガード下の「厚生会」と「明和会」、お茶の水の「無産者生産協同組合」、「厚生会」、上野寛永寺境内の「葵部落」および隅田公園の「蟻の街」のいわゆる「六大部落」[*13]であった。この「六大部落」では住民が組織化されていたこともあり、東京都当局は強権的にではなく、代表者との対話・交渉を行なっていた。松居［一九五三］には当時の東京都民生局長であった磯村英一や同建設局長の石川栄耀との交流が描かれている。そして一九五一年八月の代表者懇談会では、東京都から以下の方針が提示されている。[*14]

一、土地の問題は原則として都であっせんする。具体的に場所が決まり次第移ること、このさい不平をいわず協力してほしい。

二、建築は原則として仮小屋居住者は浮浪者でないから自力で実施する、出来れば都で資金および資材をあっせんする。

三、建築能力のない者は都の低家賃住宅、あるいは寮へ入居させる。

この方針に基づき、東京都民生局はこの「六大部落」の撤去に注力する。なかでも「蟻の街」に対しては、一九五五年秋に移転地を斡旋するという条件つきで、正式な立ち退き要請が行なわれた。用意された移転先は江東区枝川町の八号埋立地であり、最終的に「蟻の街」の住民組織である「蟻の会」が土地代一五〇〇万円を五か年の年賦で支払うことで解決し、一九五八年に立ち退くこととなった。また「葵部落」に対しては、一九五五年一二月に火災によって約三分の二が焼失したことを期に、東京都民生局は本格的に撤去を進めることを企図する。一時期、住民組織の分裂騒ぎが起こり、移転交渉は難航するものの、結局は東京都が上野公園内プール跡地を期限つきで提供することで解決する。住民組織「葵会」は土地の使用権を持つ上野寛永寺からの見舞金五〇〇万円と「蟻の会」からの借入金一〇〇〇万円を元手に、竹の台会館と呼ばれる木造二階建て四棟（二四七室、三三五坪）と五〇坪ほどの廃品処理のための仕切場を建設し、一九五六年に集団移住が実現する。

しかしながら、この二地区で見られた集団移住先の提供という行政上の「配慮」が、「六大地区」の残りを含めた他地区で行なわれたかは確認できない。再び表3－4を見れば、一九五〇年代に実施された撤去活動における収容先は、ほぼすべてが各所の保護施設となっている。たとえば、文京区の「後楽園バタヤ部落」のうち道路予定地で一九五四年に実施された撤去では、一七四世帯、三九二人の立退者たちは世帯状況や国籍に合わせて、引揚者寮を含む都内二〇か所の施設に分散収容されている（表3－5）。すなわち、懇談会で出された方針はほとんど実現しておらず、依然として終戦直後以来の「浮浪者」対策を基本的な対応としていたのである。

そして、このような「バタヤ街」での撤去および立退者の保護施設への分散収容という対応が、必ずしも「バタヤ」あるいは「バタヤ街」の消滅に結実することはなかった。先述したように、一九五〇年代には、東京都衛生局の調査上、「拾集人」数はむしろ増加していたのである。この要因としては、東京都内の人口が急増するなか、住宅および雇用の面での供給が不足していたことがあげられる。つまり、「バタヤ街」への（廃品回収および住宅供給における）社会的需要がいまだ存在したことで、新規流入層に加えて、他地区での立退者たちが収容施設から退去あるいは脱出し、再度、仕切屋の世話になり、ほかの「バタヤ街」へと戻るケースも多かったのである。

ただし、行政による撤去活動により、「バタヤ街」は都心から取り除かれており、立退者や収容施設からの退去者

表3−5　「後楽園バタヤ部落」立退者収容施設一覧

施設名	所在地	対象	収容世帯	収容人員	摘要
中台寮	板橋区志村中台町	家族	22	63	
小豆沢寮	板橋区志村小豆沢町	家族	1	8	
富士見寮	板橋区板橋	家族	4	14	
板橋寮	板橋区志村	家族	11	41	韓国人用
梅島荘	足立区千住栄町	家族	2	15	
江北寮	足立区南堀の内	家族	10	32	
第二淀橋寮	新宿区柏木	家族	2	13	
牛込寮	新宿区戸山町	母子	3	7	
新幸ホーム	江東区浜園町	家族	1	3	
渋江寮	葛飾区本田渋江町	家族	5	17	
大泉寮	練馬区東大泉町	母子	2	9	
目黒厚生寮	目黒区上目黒	父子	3	7	
目黒厚生寮	目黒区上目黒	単独男女	40	40	
浜川寮	品川区大井勝島町	単身男子	60	60	
一之江寮	江戸川区一之江	家族	7	33	
小岩荘	江戸川区小岩	家族	1	5	
小松川寮	江戸川区東小松川	家族	1	3	引揚者用
稲城寮	南多摩郡稲城村大丸	家族	1	3	引揚者用
第四立川寮	西多摩郡砂川村江の島街道	家族	2	8	引揚者用
都南寮	南多摩郡町田町	家族	3	12	引揚者用
第二三鷹寮	三鷹市上連雀	家族	1	6	引揚者用

出所：東京都文京区役所土木課［1954］より作成。

および脱出者たちが元と同じあるいは近隣の「バタヤ街」に戻ることはなく、周辺へと移動することとなった。前節でも述べたように、「拾集人」の分布も既存の区域よりも周辺部で増加傾向にあった背景には、このような過程があった。一九五三年三月一四日の『朝日新聞』の記事の見出し「都心追われて墨東へ　橋下や川辺に小屋掛け　政治の貧困になげくバタ屋」にあるように、一九五三年においてすでにそうした状況は存在したようである。

そして、「バタヤ街」が周辺へと移るとともに、「バタヤ」それ自体の存在は社会的に不可視になっていった。復興、開発が進み、都市景観が大きく変容していくなかで、こうした不可視化はより進展し、社会の関心が遠ざかっていくことになったとも考えられる。このように一九五〇年代において「バタヤ街」は消滅に向かう過程で、まずは社会から不可視な存在となったのである。

一九六〇年代、「バタヤ街」の消滅

一九六〇年代に入ると、「バタヤ街」はたしかに消滅に向かっていく。先述したように、「東京都衛生年報」の「拾集人」数も一九六一年以後、大きく減少する。この現象の要因としては「バタヤ」産業それ自体の衰退をあげることができるが、浦野［二〇〇六］を踏まえれば、そこには二つの要素が存在した。

まず一つ目が、一九六四年の東京オリンピックによる都市開発のなか、町の美観整備および環境衛生の向上を目的に、都市内に設置されていたゴミ箱が撤去されていったことである。一九六〇年、東京都清掃局は市内各所にあった備え付け式のゴミ箱を可能な限り早急に撤去し、容器による定時収集方式に切り替えるための取り組みを実施した［東京都清掃局総務部総務課編　二〇〇〇］。次の『朝日新聞』の一九六一年六月二四日の記事「上野の商店街　姿を消したバタヤと浮浪者」は、上野商店街の地元住民が東京都清掃局の協力のもと自主的にゴミ箱を撤去したこと、さらにそれが「バタヤ」や「浮浪者」の減少につながったことを示している。[*15]

> 国電上野駅前から上野広小路にわたる上野の盛り場からこのところバタヤや浮浪者がほとんどいなくなった。それにはこんなわけがある。この商店街に住む人人《ママ》が自発的にゴミ箱を撤去したのはいまから五年前、都清掃局下谷清掃事務所の協力で、都内でこの町だけが夜間のゴミ集めを始めたからだ。店を閉めるころに清掃車が現われ、その日に出たごみを全部持って行ってしまうので、バタヤが寄りつく余地がなくなったのだ。それに都電通りの広小路の商店街では、四月から衛生的な円筒型のポリエチレン製容器を備えつけたが、将来は町内全部に行きわたらせ、東京一の衛生的な盛り場にしようと張り切っている。

二つ目の要素は再生資源業における設備の近代化である。この背景には「バタヤ」が扱う屑、特に古紙をめぐる状況の変化があった。一九五五年頃から木材中心の包装材（木箱）が板紙に転換する「包装革命」が起こるなか、パルプ技術の革新が重なり、ダンボールの普及による古紙需給が拡大した。これに伴い、古紙を扱う建場業者は、大量生産・大量消費に見合った合理化や集荷機構の簡素化が求められ、設備の近代化を図り、収集手段としてトラックも積極的に活用することとなったのである。[*16] したがって、籠やリヤカーによる収集量ではとうてい立ち行かない状況が生まれ、古紙相場の低位安定化のなか、多くの「バタヤ」は苦境に立たされることとなる。元来、古紙相場は景気の変動を受けやすいため、「バタヤ」の多くが不安定な状況には置かれていたが、こうした再生資源業の近代化がそれに追い打ちをかけることとなったのである。

以上の要因から、一九六〇年頃から仕切屋は第一種に転換するほか、アパート経営など他業種へと転業し、拾集人の方も高度経済成長期において産業需要が高まった建設土木業や港湾業の日雇労働者などへの転職により大きく減少していった。また、居住面においても、一九六〇年頃から東京都内の公民ともども住宅供給がなされるなか、量的な意味での住宅難は落ち着き始め、「バタヤ街」を離れ、他地区の住宅へと移住するケースも見られた。

一方で、この間の行政対応はいかなるものであったのだろうか。新聞記事で確認したところ、行政による撤去は、一九六〇年代以降は三件しか確認できない。もちろん、社会的に「見えやすい」場所にある「バタヤ街」がすでに撤去されていたために、そもそも立ち退きが必要ではなかったのかもしれないが、特に撤去に伴う「バタヤ街」立退者への保護において転換も見られた。

ここで「後楽園バタヤ部落」の事例を確認してみよう。前節で見たように、当地では一九五四年に大規模な撤去が行なわれ、多くの居住者は都内各地の施設へと収容されていったが、礫川公園建設予定地の約八〇世帯は残存していた。星野・野中［一九七三］によれば、その後、東京都はこれらの残存者に対して自主移住を進めるべく都内各地の都営住宅への分散入居を斡旋、さらには礫川公園内に二つの五階建て都営住宅を建設し、残された居住者を地元優先で入居させることとなる。そして、一九六三年には地区内の家屋はすべて撤去されたのである。

一九五四年時の立ち退きでは「浮浪者」対策の一環として保護施設への収容が基本的対応であったが、ここでは都営住宅への入居斡旋といった安定的な住まいの提供が実施されたように、この間、行政の対応に変化が見られたことがわかる。岩田〔一九九五：九九―一〇八〕によれば、厚生省による保護施設の改善整備を受けた東京都は一九五九年に「保護施設再建整備要綱」を立案し、保護施設の縮小に伴って自立更生した者への宿泊所、都営住宅等への転出を推進する措置を講じることとなった。一方、都営住宅の建設、供給量が増えるのは一九五〇年中ほど以降のことであり、こうした状況が「バタヤ街」の多くの居住者、特に家族世帯の移住を進める要因となったのである。そのほか、一九六〇年代中頃になると、都内の被保護人口や世帯が相対的に拡大していくなかで〔岩田　一九九五：一一二―一一三〕、「バタヤ街」居住者の生活保護取得、そして移住も促進され、当地の消滅に大きく影響していったと考えられる。

5　おわりに

本章では、戦後東京における「バタヤ」の住まいの場であり、活動の拠点であった「バタヤ街」の空間的社会的状況とその変容過程を明らかにしてきた。第1章や第2章で示した「不法占拠」地区全体の状況とは異なる「バタヤ街」の特性や変容過程があったことが明らかになった。それは以下のとおりである。

まず「バタヤ街」の内部の空間構造は、前近代的で封建的な親―子関係を反映した結果であるとともに、その関係性を強化しており、さらには住宅供給や清掃事業といった都市空間における社会的位置づけがそれらを固定化させていた。また「バタヤ街」の生成過程については、戦前と戦後起源のものがあるように、その生成時期は多様であり、また時期によってその立地状況は変化していた。そして、それは当時の社会状況において自然に成立したのではなく、警察や行政当局による移転指示や立ち退きなど計画的な影響が存在したのである。

第3節では「バタヤ」に関する新聞記事を整理し、当時の社会的表象のあり方およびその影響について検討した。記事の内容や視点、掲載時期は多様ではあるものの、そこには実態との「ずれ」があったこと、そしてそれが「バタヤ」や「バタヤ街」をめぐる社会的認識に影響を与えただけではなく、それによって一般社会との間に隔たりを生み出し、ひいては、行政による当該地区の撤去や消滅の正当性を付与する機能も果たしたのである。

第4節では「バタヤ街」の消滅過程が決して直線的ではなく、段階的であったことを示した。一九五〇年代から行政による撤去が進展するものの、立退者に対しては保護施設への分散収容を基本とする場当たり的対応だったため、「バタヤ」は減少することはなく、むしろ増加していた。ただし、「バタヤ」の総計は増えていたものの、目に見える場所からの撤去が進んだことで、都市空間における不可視化が進展することになった。一九六〇年代に入ると、都市景観の整備や廃品回収設備の近代化によってその存在価値が減退するなか、公営住宅斡旋へと行政対応が変化したことで、「バタヤ街」は消滅していったのである。

【注】

＊1　本条例はその後「再生資源取扱業に関する条例」に名称変更されている。

＊2　「屑物取扱業に関する条例」では、買い子とも呼ばれる買出人は「再生資源を主として有償で収集することを業とする者」として、取扱業者である町建場業者と呼ばれる第一種建場業は「買出人または再生資源を集荷する業」として定義づけられ、拾集人および第二種建場業と区別されている。

＊3　戦後の郷土教育運動が「バタヤ」や「ニコヨン（失業対策に従事する日雇労働者）」など「自由労働者」に着目した経緯を論究した須長［二〇一六］は、「バタヤ」をめぐる星野朗の地理教育活動を明らかにしている。このほか、「バタヤ」に関連する地理学的研究として、荒川区の再生資源業者の動向を対象とした三矢［一九八三］がある。

＊4　拾い屋が拾い集めた屑は仕切屋によって買い取られたのち、細かく分類後、選分業者やブローカーを経て、それぞれ専門の問屋（紙問屋、鉄屑問屋、ボロ問屋など）に運ばれる。そして、仲買人を媒介として専門の工場にて屑の再製が行なわれる。このように、「バタヤ」と再製工場の間には多くの中間機関が存在しており、こうした構造が「バタヤ」の零細性や拾い屋の従属性を生み出していると、星野・野中［一九七三］は指摘している。

＊5　「バタヤ街」住民にとっては、仕切屋が生活のさまざまな面で頼れる存在であったため、こうした前近代的支配を当然のことと

して受け入れてしまっていたと考えられる。

＊6　『読売新聞』一九五二年一月六日「〝立場〟を指定　バタ屋対策　都条例立案へ」。

＊7　一九五一年当時の各地区の住戸・人口は以下のとおり〔松居　一九五三：一五二―一五三〕。蟻の会六九戸一六四人、葵会一一四戸三四六人、御徒町厚生会一八二戸三〇〇人、新生明和会四六戸九九人、無産者合同組合六八戸一五一人、お茶の水厚生会一一戸二六人（東京都民生局一九五一年八月一〇日調べ）。

＊8　本調査は各保健所への届け出に基づいているが、本表は区および地域別に再構成している。

＊9　特に一九五五年から一九五九年の期間で増加数が目立つ保健所管内は、新宿区淀橋（三六人→二〇七人）や豊島区豊島長崎（〇人→二〇七人）、墨田区本所（四〇人→二二五人）である。

＊10　『朝日新聞』一九五六年一一月一一日「バタヤさん労組結成　健康保険獲得へ働き」。

＊11　『読売新聞』一九五二年七月一六日「〝蜜蜂〟集落のナイチンゲール」。

＊12　『読売新聞』一九五三年五月二〇日「「蟻の街の奇蹟」を劇化　言問橋下の裏道人生　劇団「東芸」、阿木翁助の演出で」。

＊13　『朝日新聞』一九五三年一月一二日「バタヤ部落一掃　移転費一億」内の表記。

＊14　『読売新聞』一九五一年八月七日「都内の仮小屋年内取払い　あす対策協議」。

＊15　東京都清掃本部は一九五五年以降、本所と浅草の二地区をモデルに「ごみ減量、利用運動」をスタートさせ、各地域の町会、自治会、婦人会を中心に、地域ぐるみで各家庭から出る紙、ボロ、金属、瓶等の資源を集め、回収業者に売り渡す集団回収方式を推進していた。一九五九年には全清掃事務所管内四八地区に拡大し〔東京都清掃局総務部総務課編　二〇〇〇〕、「バタヤ」の活動領域の縮小にも大きな影響を与えていた。

＊16　後者のトラックの活用に関連して、「バタヤ」の消滅とモータリゼーションとの関係もいくつかの研究で指摘されている。特に足立区本木町地区の事例として、一九七一年に地区内を横断する補助一〇〇号線の建設によって都内各所への物流条件が円滑化したこと、住宅地としての価値が上がったことなど、一九五〇年代後半以降の都市計画や道路計画の進展が「バタヤ街」消滅の一因にもなったことが提示されている。

第4章 河川敷居住への行政対応

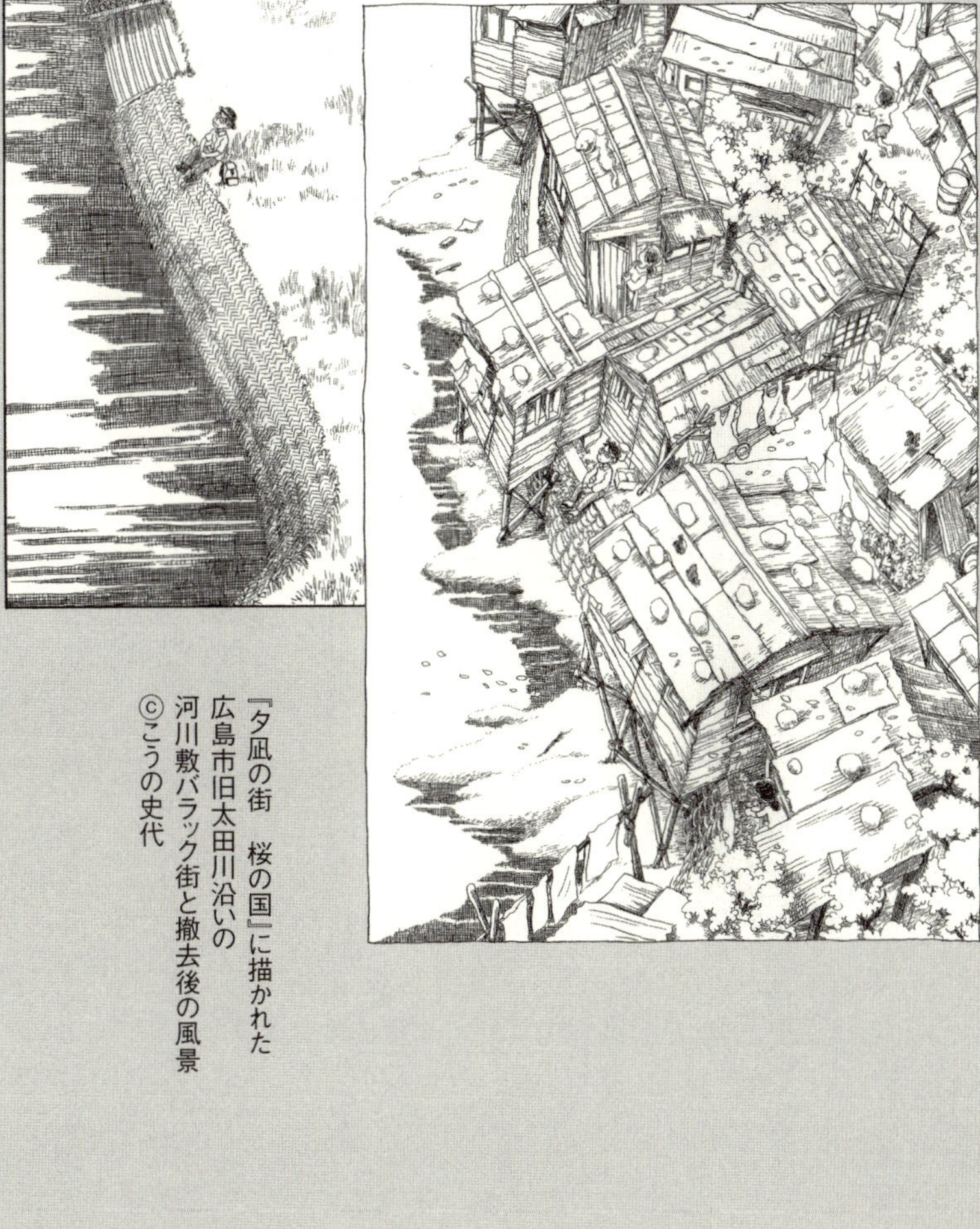

『夕凪の街　桜の国』に描かれた
広島市旧太田川沿いの
河川敷バラック街と撤去後の風景

1　はじめに

古来、日本の河川敷は社会的経済的結節機能を有しており、都市の重要な場であった。中世には、障碍者や被差別民、芸能者など社会的に外部・周縁に位置づけられた人々の居場所・活動場所にもなったと言われている［森栗　二〇〇三、網野　一九七八］。また近世には、新田開発や集落地形成など高度な土地利用もなされ、活動領域の多様化が見られた。このように近代以前の河川敷では、さまざまな背景を有する人々の営為が混交し、その土地利用のあり方は多様かつ複層的となり、その歴史的変遷も決して単線的ではなかった。

一方、明治期以降の近代化のなか、河川敷の景観および機能は大きく変容していく。法的な取り締まりや河川整備のテクノロジーの進化によって、その空間は管理・調整され、公共性が強く主張される一方で、私有は否定され、ルフェーヴル［一九六九］が『都市への権利』で提示した「領有」の可能性も縮減していくことになった。

一八九六年の（旧）河川法制定を踏まえ、国家による河川整備事業が展開し、一九二〇年頃には主要河川の堤防建設と浚渫を中心とした大規模な改修が本格化した。堤防建設によって水害のリスクは減少するが、堤内と堤外が分断され、河川と人々の生活との間に隔たりが生まれた。また、公権力が介入し、河川敷での多様な活動を制限する法的な空間管理がなされることで、「不法占拠」問題も現れることとなる。

しかし、戦時体制に入る一九三〇年代末になると、近代以降の河川敷の空間管理はいったん歯止めがかかる。そして第二次世界大戦終戦直後からおよそ一九七〇年代までの間、河川整備事業の中断により放置された各地の都市の河川敷には、セルフビルドのバラックが建ち並び、戦災被害者や戦地からの引揚者、在日朝鮮人などの住宅喪失者たちが居住することとなった。「不法占拠」や「スラム」というネガティブなレッテルを付与されながらも、まさしく河川敷が戦後都市で周縁化され、困窮する人々にとってのアジールやセーフティネットとなったのである。そこには、上述した「領有」の可能性が再び現出したのである。

むろん、戦災復興や高度経済成長期における都市整備のもとで、河川敷居住地のほとんどは公共性の名のもと「不法占拠」ということで消滅し、コンクリートで固められた堤防や緑地公園など、そこでの景観もまったく異なったものとなっている。こうした景観は、現代の河川整備の正当性を強化するとともに、かつてそこに居住していた人々の存在や彼らの営為を不可視化し、場合によれば隠蔽するものでさえあったとも言える。事実、戦後都市に展開した河川敷居住に関する資料や口述記録はほとんど残されておらず、そこでの人々の記憶も継承されているとは言い難い。

しかしながら近年、こうした戦後都市における河川敷居住という行為、そしてその景観や状況に注目が集まっている。たとえば、二〇〇七年に実写映画化もされた、こうの史代原作漫画『夕凪の街　桜の国』［こうの　二〇〇四］やＥＴＶ特集「〝原爆スラム〟と呼ばれた街で」（二〇一七年六月一〇日放送）がある。広島・旧太田川沿いに戦後存在した河川敷居住を対象とするこれらの作品は、「スラム」や「不法占拠・占用」、貧困や社会問題の温床といった言説では表しきれない、人々の生きるすがたに光をあてるものであった。この観点から言えば、多摩川河川敷に暮らす高齢の在日朝鮮人男性との交流が私小説的に描かれる、一九八一年発表のつげ義春「近所の景色」［つげ　二〇〇九］は、改めてその価値が見直される作品であると筆者は考える。

研究においても、序論でも触れたように、島村［二〇一〇］が民俗学の観点から、福岡市を流れる石堂川沿いに存在した在日朝鮮人集落の生活にアプローチしている。また、仙波［二〇一六］は広島市の旧太田川沿いに生成していた「相生通り（基町地区）」が「原爆スラム」と呼称されるプロセスを解明し、当地が政治的社会的に構築された場所であることを明らかにしている。さらに山本［二〇〇九］は京都市鴨川沿い河川敷居住地での住環境整備をめぐる住民運動を取り上げている。これらの研究は、河川敷空間をめぐる多様な営為の記録や記憶を整理し、戦後都市社会・空間の諸相を提示するとともに、戦後という時代の政治性や社会性のオルタナティブを明示しているのである。

ところで、河川敷居住の生成・拡大過程を一筋縄で理解できないことは、ここまで示してきたとおりである。第2

章の内容を踏まえると、一九五〇年代後半から市内の「不法占拠」家屋の撤去が進むなか、道路や公園、高架下に比べて行政の介入が遅れるのが河川敷であった。他の地区の「不法占拠」が減少していくなかで、河川敷の「不法占拠」はむしろ一九六〇年代に入ってから拡大していく場合が多かった。すなわち、河川整備の遅れ、それに伴う「放置」という行政の対応こそが河川敷居住の生成や拡大につながっていたと考えられよう。また、一九七〇年代に入ると、各地の河川敷居住は消滅していくことになるが、そこでも撤去主体である行政対応の存在を抜きに語ることはできない。後述するように、一九六四年の新河川法の成立や各地の河川整備が本格化したことで、河川敷占用家屋の撤去が進んだのである。

そこで本章では、戦後都市における河川敷居住の実態とその生成から消滅までの変容過程を明らかにするために、それらをめぐる社会的状況に加えて、とりわけ行政対応のあり方にアプローチする。資料として、近畿地方建設局水政課［一九七〇］「河川敷不法建築物対策研究会報告」[*1]を使用する。本資料は、建設省近畿地方建設局（現在の国土交通省近畿地方整備局）が主導する形で、全国の各地方建設局の河川部、関係する工事事務所、および各県の河川管理担当者を招集し、一九七〇年二月に建設省淀乃寮で実施した学習会（三日間）に関する報告書である。その内容は、各地の河川敷「不法占拠」の状況報告ならびに法務局担当者や大学教授、新聞社編集委員による講演内容、さらには担当者間のフリーディスカッションの記録が含まれている。したがって、各河川の河川敷居住の状況とともに行政当局の対応や意向を理解するうえで有用な資料と言える。

当該資料を分析する際、本章の主な分析対象として、鶴見川（横浜市）、安倍川（静岡市）、旧太田川[*2]（広島市）、白川（熊本市）の四つの一級河川を主に取り上げる。[*3]これらの河川では、戦後、大規模に河川敷居住が展開したこと、また一九七〇年前後に実態調査が行なわれていること、さらに住環境整備が実施され、居住者の集団移住が実施されたことから、行政対応が明示的であり、本章の研究課題に対する適切な研究対象と考えられる。

表4－1　全国における河川敷「不法占用」工作物の状況（1969年）

	住宅	商店	非住宅物置	その他	合計
件数：戸（%）	10,855(53.9)	699 (3.5)	3,010(15.0)	5,558(27.6)	20,122(100.0)
面積：m^2（%）	564,721(53.9)	22,867 (2.2)	83,464 (8.0)	376,754(36.0)	1,047,806(100.0)
密度：戸／m^2	52.0	32.7	27.7	67.8	52.1

注：(　) 内は合計に対する割合。
出所：近畿地方建設局水政課［1970］より作成。

2　河川敷居住の生成過程と社会的実態

河川敷居住の生成過程

まず戦後における河川敷居住の実態を確認しておこう。一九六九年当時に河川管理主体である地方建設局および都道府県が認識していた、河川敷上の「不法占用」工作物（二万一二二件、占用面積一〇四万七八〇六平方メートル）には、商店や物置なども含まれるが、住宅（一万八五五戸、五六万四七二一平方メートル）が戸数および占用面積において総計の約半分を占めていた（表4－1）。

次にその地域的分布を見ると（表4－2）、日本全国の主要河川沿いに「不法占用」工作物としての住宅が存在していることがわかる。そのうち最も多いのが愛媛県を流れる重信川水系の石手川河川敷上の八〇四戸であり、旧太田川（六七二戸）、白川（四五五戸）、紀の川（四四二戸）、安倍川（四二一戸）、旧淀川（二六三戸）、北上川（二二二戸）、鶴見川（一九三戸）、鴨川（一八三戸）が続く。後述するように、一九六九年という時期はすでに減少傾向にはあったが、各河川において依然として多くの住宅が存在したことが認識できる。

それでは、こうした実態はいつからどのように生成されたのだろうか。ここで確認すべきは、各河川の社会的空間的な位置づけによって、その生成過程や実態は異なるということである。また、戦後に新たに生成されたと考えられがちであるが、たとえば安倍川の場合、「古いものは昭和六（一九三一）年頃から定着したものがあった」［建設省静岡河川工事

表4－2　全国における一級河川河川敷「不法占用」工作物の状況（1969年）

（単位：戸）

河川名	所管	住宅	商店	物置	その他	小計
豊平川	北海道開発局	104	2	69	118	293
岩木川	東北地建	179	1	66	59	305
北上川	東北地建	222	5	72	134	433
旧北上川	東北地建	158		59	35	252
鳴瀬川	東北地建	47	2	27	43	119
阿武隈川	東北地建	5		11	8	24
雄物川	東北地建	24	4	12	12	52
渡良瀬川	関東地建	37		8	72	117
江戸川	関東地建	127		1	4	132
多摩川	関東地建	159	4	6	18	187
鶴見川	関東地建	193			16	209
相模川	神奈川県	6			1	7
神通川	北陸地建	3		63	119	185
狩野川	中部地建	48	1	10	196	255
安倍川	中部地建	421	1	49	34	505
庄内川	中部地建	176		4	23	203
桂川	近畿地建	120		64	39	223
猪名川	近畿地建	83		5	9	97
鴨川	京都府	183		4		187
旧淀川	大阪府	263				263
大和川	近畿地建	28	6	9	6	49
紀の川	近畿地建	442	12	138	32	624
旭川	中国地建	36	6	45	54	141
旧太田川	広島県	672				672
旧吉野川	徳島県	42		1		43
石手川	愛媛県	804		90	2	896
遠賀川	九州地建	70	3	21	29	123
六角川	九州地建	9		12	107	128
菊池川	九州地建	36		15	172	223
白川	九州地建	455	30	41	38	564

出所：近畿地方建設局水政課［1970］より作成。

事務所　一九九〇］と言われており、第5章から第7章で対象とする、神戸市を流れる新湊川沿いや広島市の太田川放水路予定地には戦前から人々が居住していたとの関係者の証言もあり、こうした事例は珍しくない。*4

とはいえ、第1節で述べたように、やはり河川敷居住が大規模に存在するのは、戦後のことである。その理由として考えられるのが、終戦以降の都市で見られた絶対的住宅難の状況であった。引揚者を含む都市への過剰な流入人口が発生し、戦災による住宅不足と相まって深刻な住宅難が生じていたため、住宅を求める人々は、権利関係が曖昧な

表4－3　主な河川敷居住の経緯と実態

河川名	地区生成経緯と概要
白川（熊本市）	終戦後に集中して居住。1953年豪雨による熊本市内大氾濫，被災者を含め，急激に不法建築が建ち始めた。世帯数は最大で583世帯。自営業が多かった。
旧太田川（広島市）	戦災者，引揚者の不法占用に始まり，都市計画支障者は約1,400戸に達した。世帯数は堤塘敷1,065戸，その他国有地1,886戸，堤塘敷は人口密度，低所得者層の割合が高い。
安倍川（静岡市）	終戦後に罹災者，引揚者が居住。1955年に台風8号により大氾濫，84戸流出。世帯数は最大で444世帯，自営業が多く，旧町地区では在日外国人世帯が20世帯を占める。
鶴見川（横浜市）	1954年頃より日雇労務者等が居住を始めるが，台風による洪水，火災等にたびたび見舞われる。世帯数は最大で185世帯，港湾を控えて日雇労務者，人夫などの就業者が多く，在日外国人は90%を占める。

出所：近畿地方建設局水政課［1970］より作成。

河川敷にスクウォッティングを始め、バラックを自分たちで建てていった。河川敷に住宅が建てられる要因としては、河川整備の遅れや戦時状態の影響で工事が停止するなか、当地が放置されていたからである。

ただし、終戦直後、河川敷居住が大規模に存在したわけでもない。終戦から一九五〇年代初めまでの時期に、住宅喪失者が主にスクウォッティングしたのは、たとえば都市内における焼け跡や公共用地（公園、寺社境内など）、道路などの計画予定地（建物疎開地を含む）、高架下などであった。実際、住宅喪失者が選んだ場所として河川敷の優先順位はそれほど高くなかった。

ここで各地区の生成経緯を確認してみると（表4－3）、白川の場合は一九五三年二月二六日の白川大水害以後に被災者が住み始めたのがきっかけであり、鶴見川の場合は、他の公共用地（道路、公園等）を立ち退きになった者が一九五四年頃に住み始めたと報告されている。このほか旧太田川については、山代編［一九六五］に「相生橋寄りの入口近くに、昭和二三（一九四八）年に居を構えて住み始めた」との記述もある。

以上のように、各地区の生成時期や経緯は異なるが、一九五〇年代後半以降に家屋および人口が拡大したことは共通している。拡大の背景には、一九五〇年代以降の都市への流入人口が激増し、公的および民間の住宅供給が遅れるなか、多くの人々が河川敷に住まいを求めたことがある。また、先述したように、一九五〇年代になると、行政による「不法占用」対策が展開し、道路や公園予定地、高架下など他の「不法占拠」地区で立ち退きとなった者が、放置されていた河川敷に流入していった。実際、鶴見川に加えて、旧太田川沿いの基町地区でも、「平和記念公園として整備される事になった中島町の立ち退きで、昭和二七（一九五二）年に七〇戸が流入し、（略）昭和三五（一九六〇）年頃には九〇〇戸」［広島市編　一九八四］になったと言われている。つまり、河川敷が立退者や住宅喪失者たちのアジールとしての機能を有していたと捉えられよう。

一九六〇年代における河川敷居住の社会的実態

ここでは最も大規模に河川敷居住が見られた一九六〇年代の各地区の社会的実態にアプローチする。[*5] まず、立地状況を確認しておくと、それぞれの河川が都市の中心部の近くを流れているということもあり、各地区とも都市内の至便な場所に位置していることが多い。そして、特定の地区に集中するケースもあれば、旧太田川のように約二キロにわたり連続して生成した場合もあり、また両岸で複数の地区に分かれて立地することもあった。図4－1に示した白川では、占用戸数において大小さまざまであるが、一三の地区が散在している様子が認識できる。

次に、各地区の河川敷居住者の社会的状況のうち職業構成を取り上げる（表4－4）。各地区で多い職種を見ていくと、鶴見川は日雇労務者（三三・〇％）、安倍川は廃品回収業者（古物商と買子合わせ二六・六％）や会社員（二一・八％）、旧太田川は建設業（三四・四％）、白川は商工業（一八・二％）や飲食店（一七・八％）であり、それぞれ独自の構成となっている。

一方、共通して多く見られるのが、建設業関係の職種である。上記の旧太田川のほか、安倍川でも一〇・六％が建設業（日雇・自営を合わせ）となっており、そして鶴見川の日雇労務者や白川の労務者（一五・一％）の多くも建設業に従事していたようである。建設業は都市開発やインフラ整備を支えるためには欠かせない労働であるが、河川敷居住者が当時の建設労働市場に組み込まれていたことがわかる。また、一九六七年の旧太田川沿い基町地区のみのデータであるが、月収三万円未満の世帯がおよそ四〇％となっており［大藪　一九六八］、相対的に収入の低い層が多く含

図4－1　白川における「不法占用」家屋の分布（1971年）

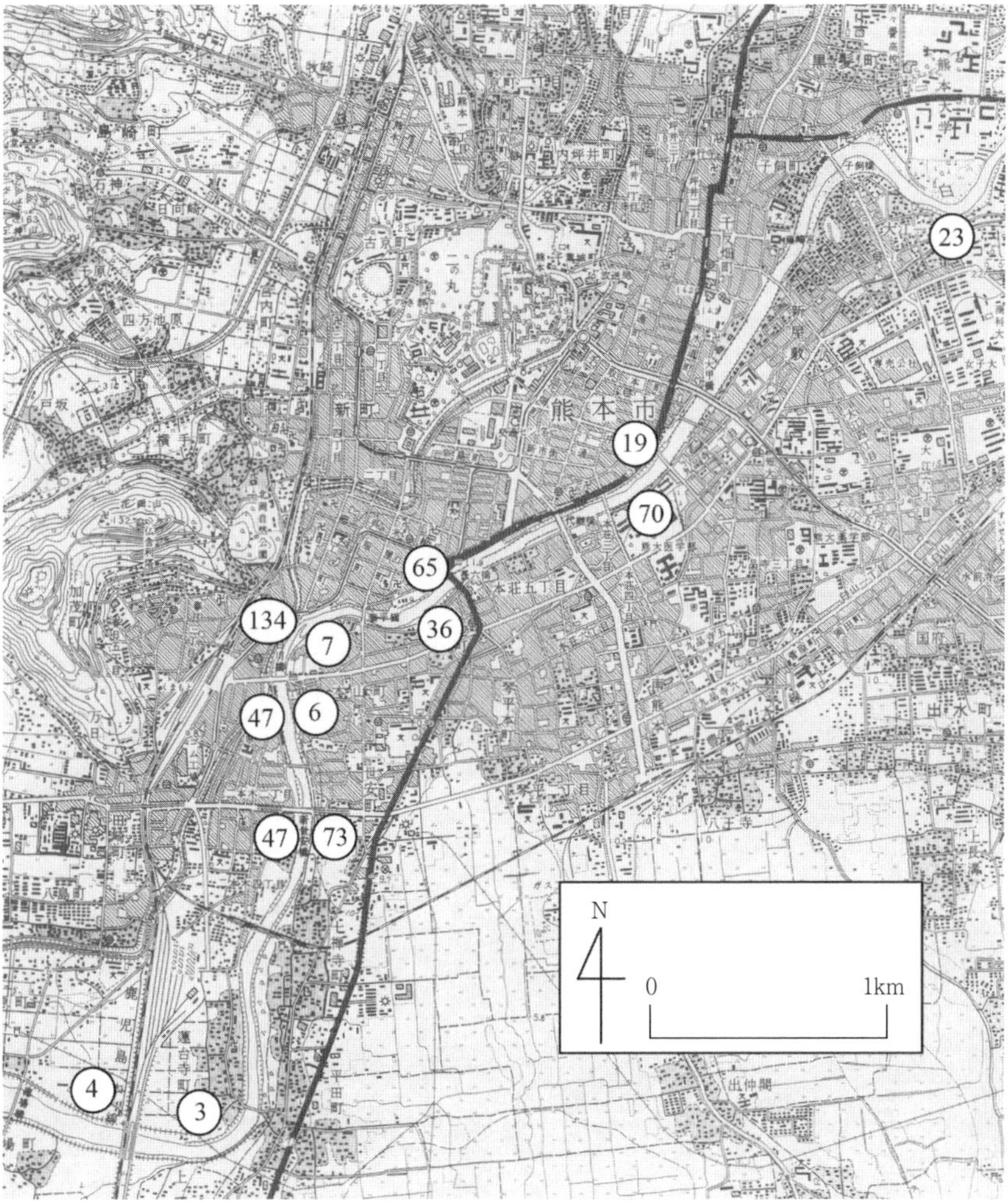

出所：九州地方建設局熊本工事事務所編［1984］より作成。

表4−4　主な河川敷居住地における世帯主の職業構成

鶴見川（1964年）

職種別	世帯数（%）
日雇労務者	60（33.0）
人夫	21（11.5）
会社員	21（11.5）
工員	16（8.8）
職人	13（7.1）
運転手	9（4.9）
飲食業	3（1.6）
商人	3（1.6）
会社役員	2（1.1）
教員	2（1.1）
銅鉄業	1（0.5）
養豚業	1（0.5）
地方公務員	1（0.5）
銀行員	1（0.5）
下宿業	1（0.5）
雑役	1（0.5）
無職	19（10.4）
生活保護	7（3.8）
計	182（100.0）

安倍川（1969年）

職業別	世帯数（%）
会社員	97（21.8）
廃品回収業（買子）	66（14.9）
廃品回収業（古物商）	52（11.7）
建設業（日雇）	37（8.3）
大工・左官・建具	35（7.9）
運転手	21（4.7）
家内工業	16（3.6）
商工業	13（2.9）
建設業（自営）	10（2.3）
自由業	7（1.6）
その他	57（12.8）
無職	33（7.4）
計	444（100.0）

旧太田川（1967年）

職業別	世帯数（%）
建設業	103（34.4）
各種製造業	28（9.4）
サービス業	28（9.4）
運輸・通信・倉庫業	21（7.0）
卸売業・小売業	20（6.7）
公務員	4（1.3）
農林業工業	3（1.0）
金融・保険・不動産	3（1.0）
電気・ガス・水道業	2（0.7）
その他	26（8.7）
無職	61（20.4）
計	299（100.0）

白川（1972年）

職業別	世帯数（%）
商工業	88（18.2）
飲食店	86（17.8）
労務者	73（15.1）
会社員	51（10.5）
廃品回収業	30（6.2）
旅館	4（0.8）
その他	152（31.4）
計	484（100.0）

注：表中の用語は各資料で使用されたものをそのまま表記している。
出所：近畿地方建設局水政課［1970］，建設省静岡河川工事事務所［1990］，大藪［1968］，九州地方建設局熊本工事事務所編［1984］より作成。

まれている。このように、河川敷居住地が安価な労働力供給源として機能していたことも考えられる。

さらに、安倍川および白川で多く見られたのが廃品回収業である。第3章でも見たように、この職種は、当時「バタヤ」と呼ばれ、廃品を取り扱う古物商経営と回収を生業とする拾い屋に分かれる。河川敷居住者が廃品回収業に従事した理由は、都市内で出るさまざまな廃品への近接性とともに、回収品を保管できる土地が河川敷地内に確保できたことである。このように、廃品回収業は河川敷居住者にとっての現金収入獲得のための生業であるとともに、都市内のさまざまな資源のリサイクルにとっても重要な社会的役割を有していたと考えられる。

このほか各地区の職業構成で注目すべきは、職種の多彩さである。たとえば会社役員や銀行員、教員、地方公務員なども居住者に含まれているように、各地区の職業構成は多様であり、社会的混合（ソーシャルミックス）の状態であったとも言えよう。また、安倍川では居住歴が五年未満の世帯が全体の約四割〔建設省静岡河川工事事務所　一九九〇〕、旧太田川の場合は、居住歴一〇年未満の世帯が全体の約六五％〔大藪　一九六八〕と、地区の社会的流動性の高さが示されるように、河川敷居住地が特定の人々を隔離するような「閉じられた」空間ではなく、むしろ「開かれた」空間になっていたことも考えられるのである。

さらに、居住者の国籍を確認すると、鶴見川は四一％〔清水　一九六八〕、安倍川では居住者のおよそ一五％〔建設省静岡河川工事事務所　一九九〇〕、旧太田川では二一％の世帯が外国人で〔大藪　一九六八〕、それぞれそのほとんどが韓国・朝鮮籍であった。もちろん、すべての居住者が該当しないので、当地区を「在日朝鮮人集住地区」と表現することは適切ではないが、地区内に民族団体の支部・分会が立地している場合もあり、在日朝鮮人の一部にとっては「拠り所」になっていたことも考えられる。

以上、河川敷居住者の社会的実態を確認すると、河川敷がまず居住地としての側面だけではなく、廃品回収業や日雇労働など特に都市の下層労働の供給源として機能していたことが確認できた。また、社会的混合や社会的流動性の高さが見られる一方で、特に在日朝鮮人をはじめ、障碍者や母子世帯、戦災被害者や被爆者など社会的周縁に位置づけられる人々の「拠り所」としての一面を有していたことも考えられよう。たしかに各地区で無職者や生活保護受給者が含まれていることもあり（表4-4）、これまで河川敷居住については、同時的に貧困者や社会的逸脱者の「吹き溜まり」して語られ、時に「犯罪の温床」として表象されることもあった。しかし、以上指摘してきた社会的実態を踏まえれば、それらはほんの一側面にすぎず、むしろ河川敷居住地は重層的な空間であったと言えるのである。

3　河川敷居住の消滅過程とその背景

一九六〇年代後半に入ると、それぞれの河川敷居住戸数は減少し始める。表4-5に示すように、安倍川、旧太田

表4－5　河川敷「不法占用」住戸の撤去数の推移

（単位：戸数）

河川名／年度	1969	1970	1971	1972	1973	1974	1975	1976	1977	1978	1979	計
安倍川	45	70	156	19	10	20	9	7	6	2	10	354
白川			99	26	187	34	12	46	15	10	77	506
旧太田川	201	203	506	219	336	398	402	176	159			2,600

出所：九州地方建設局熊本工事事務所編［1984］，建設省静岡河川工事事務所［1990］，戦災復興事業誌編集研究会・広島市都市整備局都市整備部区画整理課編［1995］より作成。

川、白川では、一九七〇年代にかなりの家屋が撤去されていることがわかる。

一九六〇年代後半以降の河川敷居住の減少要因として考えられるのが、高度経済成長による居住者自身の経済力向上に加えて、公的および民間における住宅供給が進み、終戦以来続いていた都市の量的な住宅不足が解消されるなか、居住者自身が河川敷を離れたことである。そしてもう一つの大きな要因が、河川管理者による河川敷居住者対策の進展である。すなわち行政当局によって、河川敷居住者の移住が促進され、住宅の撤去が進んだのである。それが実現した背景には、一九六〇年代における国土開発の展開において関連諸制度が確立し、各地で河川整備が本格化したことがあった。

本章ではまず、一九六〇年代の河川整備の展開を辿ることで、いかにして河川敷居住が行政施策上のターゲットになったのかを明らかにする。

一九六〇年代以降の河川整備の本格化と法制度の確立

一九六〇年に閣議決定した「治水事業十箇年計画」は、戦後停滞していた河川整備に大きな影響を与えるものであった。本計画では、「国土の保全と開発を図り、もって国民生活の安定と向上に資する」ことを目的に、一九六〇年度以降の一〇年間に、大規模な治水投資を行なう基本方針が立てられた。実際、一九六〇年代に入ると、建設省による治水事業の実施額は大幅に増加し、なかでも河川の治水に関する経費については、一九六〇年には約三三〇億円であったが、一九七二年には三〇〇〇億円を超え、この間およそ一〇倍に増額されたのである［河川行政研究会編　一九九五］。

こうしたなか、河川整備をめぐる法律も改めて整備されることになる。一九六四年に改められた新河川法は、公共の安全（防災）および河川の適正な利用を目的とすること、またそれらを実現するための河川管理のあり方を明示する内容となっている。すなわち、河川の公物性が提示されるとともに、河川管理の総合性が明確となったのである。[*6]そして河川敷をめぐっては、翌年に制定された「河川敷地占用許可準則」の影響が大きく、特に本準則第四条（占用許可の基本方針）において、「その地域における土地利用の実態を勘案して公共性の高いものを優先させなければならない」と規定されているように、河川敷では公的な利用および機能のみが許容されることが示された［河川利用研究会編著　一九九五］。

また一九六四年の東京オリンピックとの関連のなかで立てられた、「国民の健康・体力増強対策」の閣議決定に基づいた衆議院体育振興特別委員会における河川敷地の活用方針（一九六五年）では、遊歩道や河川公園・スポーツ施設としての河川敷利用が進められることになった。田中［一九九四］が指摘するように、当時の建設省は特に都市河川における営利企業による河川敷占用を排除し、それらを過密化の進んだ都市内部では得られにくくなった公園、広場、運動場として市民に「開放」する政策を推し進めたのである。こうしたなか、まさに河川敷居住は行政にとっての障害物であり、河川整備上の明確な整理対象になったのである。

河川敷居住の消滅へ向けた行政対応

それでは各自治体および建設省地方建設局（現在の国土交通省地方整備局）の河川関係当局は、どのように河川敷居住への対応を行なったのだろうか。まず確認しておくと、各地の河川敷居住が増え始めた一九五〇年代中葉から、自治体河川局や各地方建設局は河川敷占用家屋居住者の自主移転の促進および指導、さらには撤去勧告を行なっていた。[*7]しかし、これらはあくまで勧告や指導であり、罰則規定はなく、その法的根拠も曖昧であった。[*8]また、居住者への移転補償費が捻出されることもほとんどなかったために、自主的に移住する者は非常に少なかった。そして、たとえ居住者が移住したとしても、その後の河川敷管理の甘さから、再度占用を許してしまうなど、河川敷居住が消滅に向かったとは言い難い状況だったのである。

そうしたなか、新河川法が制定される一九六四年七月以降、同法第二四条（土地の占用許可）や第二六条（工作物の新築等の許可）によって、河川区域内の土地を占用する場合や工作物を新築・改築・除去する場合には、河川管理者の許可を受けなければならないとされた。さらには先述した河川敷地占用許可準則第四条の違反が勧告文書に加筆されることで、その法的根拠が示されることにもなった。

加えて、河川法第七五条第一項の規定に基づく監督処分（除却や原状回復の命令）を踏まえて、行政代執行による強制撤去の可能性も提示された。たしかに行政代執行法第二条に「他の手段によってその履行を確保することが困難であり、かつその不履行を放置することが著しく公益に反すると認められるとき」に執行されるとあり、「著しく公益に反する」ことの定義が曖昧なため、実行までのハードルが高かったが、監督処分や強制執行の用語が勧告文に含まれることによって、強制撤去の正当性や根拠が居住者に提示されたのである。

たとえば安倍川の場合、新河川法の制定前後で行政当局が河川敷占有者に宛てた文書に違いが見られた。一九六四年四月一六日に静岡県土木事務所長から居住者に宛てられた文書では「貴殿は適用河川である安倍川河川敷地内に住宅を設置し居住しており、甚だ遺感《ママ》です。河川の管理維持上支障がありますので速やかに撤去するよう警告いたします」と通達されたのに対して、新河川法制定後に出された静岡県知事による戒告書（資料４－１）では、法的根拠を示す形で占有者である河川敷居住者に対して厳しいものとなっている。

このような法的根拠が確立する一方で、一九六〇年代の河川整備の予算が拡大し、各河川で堤防整備計画が進展することで、河川敷居住者への対応も本格化することになる。あくまで居住者による自主移住が前提のもとで、具体的な対応として実施されたのが見舞金支給であった。[*9]

当初、見舞金支給をめぐっては、「不法行為者」に国庫金を支出することの妥当性や各自治体間における支出金額の平等性をいかに確保するかという課題があったが、一九六〇年代終わりには、「不法占拠」者の自主撤去の際に見

資料 4−1　安倍川居住者に対する戒告書

昭和四〇年九月七日

静岡市●●（地名）地先
□□　□□（名前）様

静岡県知事　斉藤寿夫

戒告書

静岡市●●地先安倍川河川区域内の家屋は河川法の規定に違背して設置されたものであるので，使用者に対しては，所有権の推定のもとに除却を命令し，更に戒告を発したが，あなたに対しても昭和四〇年七月二日付河第五九七号をもって命令書を発してある。もし，当該家屋が命令書に述べたようにあなたの設置し，所有するものである場合は，九月三〇日までに必ず，命令書による義務を履行されたい。この期限までに履行がなされないときは，行政代執行法第二条により，静岡県において代執行を行ない，又は第三者をしてこれとなさしめ，これに要した費用は，あなたから徴収する。

出所：建設省静岡河川工事事務所［1990］。

舞金支給の活用は常識化しつつあった。「河川敷不法建築物対策研究会」におけるの担当者間のフリーディスカッションでも、この見舞金のあり方が第一の討論テーマとなっており、各担当者から自身の自治体の見舞金支給の実態が報告されつつ、その支給根拠も示されている。

たとえばある県の担当者は、国庫金を支出することの妥当性について、民生福祉行政を含む総合行政庁の知事という立場からの判断としては仕方なかったとし、民法において取得時効が完成する期間である二〇年間、行政が放置してきたことに支出根拠があると述べている。さらに、温情的な認識を含みつつ、次のように語っている。

相手の立場で言えば、敗戦と戦災で止むを得ず住んで二〇年間黙認しておきながら、この二〜三年で出ろ出ろとは何事か（略）いわゆる「泥棒《ママ》にも三分の理」というものだ［近畿地方建設局水政課　一九七〇：二三］。

そのほか以下の発言のように、強制撤去の費用や負担との関係のなかで、見舞金支給の合理性を主張する担当者もいた。

確かに、理くつから言えば、いくら費用がかかっても、強制除却をするのが法律施行者の立場だと言える。一〇万円の労働費用をかけても、一万円の債権取立てをするのに似ている。しかし、強制除却の際仮収容施設を設置すれば、最低一戸当り一五万円内外の費用がかかり、その程度の建物なら再使用も不能で社会資本上の生産性もない。それが仮に一戸五万円程度の見舞金で永年のスラムが解消し、それらの人々が人生を再出発して立ち直ることができるのであれば、それ相当の価値ある支出と言える。地獄の責めのような代執行よりも、温かみのある行政ではないか［近畿地方建設局水政課　一九七〇：一二三―一二四］。

なお、当該研究会では各自治体間の平等性を調整するうえで最終的に、①建築物の移転で済むような場合には支払うべきではない、②不法占拠者が生活困窮者である場合に限って支払うのが原則、③不法建築物に現実に生活している者を支給対象とすること、という基本方針が立てられた［近畿地方建設局水政課　一九七〇］。各行政当局は独自に「移転費または生活再建費の一部補給としての見舞金」といった支出根拠や世帯人数や困窮状況などに照らし合わせた算定基準[*10]を提示するとともに、各自治体や地方建設局の担当者間で連絡調整を図ることで、積極的に見舞金支給が活用されることになったのである。また、見舞金とともに、たとえば、公営住宅や近隣の民間住宅など移転先の斡旋を実施する自治体もあった。いずれにせよ、一九六〇年代以降、徐々に公民ともども住宅供給が増加するなか、アフォーダブルな住宅が増えてくることで、居住者の自主的な移住も促進されていったのである。

集団移住のための総合対策

そして、新河川法の成立以降の大きな変化として、いくつかの一級河川において、国（建設省）、都道府県、市町村の連絡調整が行なわれ、総合的な河川敷居住者対策が実施されたことがある。一九六六年に静岡県と静岡市、中部地建静岡河川事務所が中心となり「安倍川総合対策協議会」を設立して以降、鶴見川、旧太田川、白川でも同様の対策協議会が立ち上げられた（表4―6）。

表4－6　河川敷居住地で実施された住環境整備の内容と整備主体

	協議会／住環境整備主体	住環境整備の内容
白川	白川不法占用協議会（1968年発足） 建設省：建設局，行政監察局，法務局，財務局 熊本県：知事，各部長他	地区指定：1971年，不良度100％ 建設戸数：350戸（県市で分担）
旧太田川（基町）	基町地区再開発促進協議会（1968年発足） 広島県，広島市	地区指定：1969年 建設戸数：長寿園1,904戸，基町694戸
安倍川	静岡県安倍川総合対策協議会（1966年発足） 建設省：中部地建 静岡県：副知事，部局長 静岡市：市長，部局長	改良住宅建設：1968年 地区指定：1970年 建設戸数：改良住宅230戸，福祉住宅30戸 店舗28戸，作業所28戸
鶴見川	建設省：関東地方建設局長 神奈川県：知事 横浜市：市長	改良住宅地区指定：1968年 建設戸数：180戸 建設地：県より廃川敷を借用（7,722m^2）

出所：近畿地方建設局水政課［1970］，九州地方建設局熊本工事事務所編［1984］より作成。

　これらの協議会では、国・県・市といった行政間の垣根を解消することで、各自の能力を十分に発揮できる体制が整うとともに、民生上の問題（福祉問題・住宅問題）と河川工事の促進の両面をあわせて取り組むという点において画期的であった。そして、各協議会で河川敷居住者対策として共通して実施されたのが、払い下げ用地の確保や仮設住宅の供給に加えて、住環境整備を目的とする住宅地区改良事業適用[*11]による改良住宅供給である。

　一九六八年の安倍川での地区指定を皮切りに、鶴見川（一九六八年）、旧太田川（一九六九年）、白川（一九七一年）でも住宅地区改良事業の地区指定が行なわれ、実態調査を踏まえて、分譲地ならびに改良住宅の供給がなされた（表4－6）。それまではほとんどが個別交渉であったため、居住者の移住は散発的なものであったが、改良住宅の供給を行なうことで、河川敷居住者の集団的な移住が可能となったのである。そして、それぞれ時期は違うが、おおむね一九八〇年代までには河川敷居住が撤去されることとなったのである。

　それでは総合的な河川敷居住対策がいかに進んだか、安倍川を事例に確認したい。まず対策協議会の構成については、会長を静岡県副知事が務め、静岡市長、中部地方建設局河川部長、静岡県土木部長が副会長となり、そのほか国、県、市の関係部局の役職者や市議会・県議会議員、大学教授が委員や参与、幹事となった。このような構成となることで、国県市のみならず担当行政機関相互の事務の緊密な連携が図られていったのである。そして、安倍川総合対策協議会には三つの部会（治水・利水部会、河川敷地整備部会、河川敷居住者移転部会）が置かれ、その事務局として安倍川対策室が静岡県河川課内に設置され、静岡県職員四名に加えて、建設省から出向職員二名、静岡市からの出向職員二名の計八人の専任職員が直接的な業務にあたることとなった［建設省静岡河川工事事務所　一九九〇］。

ところで、そもそも安倍川対策協議会はどのような経緯で成立したのだろうか。ここでは建設省静岡河川工事事務所［一九九〇］に掲載された、歴代の建設省静岡河川工事事務所長が集まった談話会での初代と二代目の事務所長の証言を取り上げる。

伊藤幹郎（二代目事務所長　一九七一―七二年度）

安倍対〔安倍川総合対策〕のスタートについては、河川法の改定で、安倍川が県の管理から直轄管理河川になるときに、中部地建としては、不法占拠をそのままにして直轄管理区間にしたくないという意向があったようです。しかし県は、その部分だけを建設省の直轄にしないというのは困るわけですので、県と建設省が話し合って、不法占拠については県と、国と市が入りまして、総合的な安倍川対策室をつくって、不法占用を片付けるというのが、直轄河川にするときの一つの条件と聞いております。

浜守　厚（初代事務所長　一九六九―七〇年度）：

国にお返しするにはきれいにしてお返しするのが県の責任であるということで、あれは竹山知事の頃だったと思うんですけれど、あの人は建設省の大先輩みたいな人で、建設省には面倒みてやろうというような太っ腹なところがあったという話も聞いております。

資料4－2　安倍川対策の基本方針

安倍川対策の基本方針
1．安倍川沿いの河川認定地（五〇〇〇〇平方メートル）の公用廃止。
2．静岡県住宅供給公社が認定地を旧地主から買収，宅地造成を実施。
3．住宅地区改良法を適用し，改良住宅を建設。改良住宅の建設は静岡市が施行。
4．職業上，土地を必要とする者については分譲地を考える。
5．静岡県に安倍川対策室を設置し，国及び静岡市から職員を派遣。
6．公用廃止する移転地の堤防締切工事は建設省で施行。
7．移転に当たっての雑費（移転見舞金）の支給については，建設省で検討。

出所：建設省静岡河川工事事務所［1990］。

安倍川総合対策協議会の立ち上げにおいては、建設省（中部地建）よりもむしろ、静岡県が主導的役割を担ったこと、そして県が国と市に働きかけたことを確認できよう。そして、初代事務所長が語るように、その際に重要な役割を担ったのが、当時の竹山祐太郎静岡県知事だった。竹山氏は一九〇一年に静岡県磐田郡見付町（現・磐田市）に生まれ、東京帝国大学農学部実科卒業後、農商務省技師を務めた。戦後は衆議院議員となり、一九五四－五五年に鳩山一郎内閣の建設大臣を務め、一九六七年から七四年にわたり静岡県知事となった人物である［日外アソシエーツ二〇〇三］。彼のテクノクラートとしての経験や政治力に加えて、建設大臣であったがゆえの建設省とのパイプがまさにこうした事業設立のカギとなったのである。

そして実際の事業は、一九六七年一二月の協議会において設定された七項目の基本方針（資料4－2）に沿って展開していく。具体的には安倍川河川敷占有地域の近隣にある河川認定地を地主から買収し、住宅地区改良事業を適用したうえで、その地に住宅および事業所、廃品回収業、作業所地区といった分譲地[*12]一七三区画の造成ほか、三一〇戸分の（鉄筋六階建て2DK）の改良住宅および福祉住宅[*13]建設が、国や県の補助金を受けた事業主体である静岡市によって供給されたのである。さらに世帯人数や取壊し建物の等級や面積に照らしたうえで、移転見舞金という名の引っ越し雑費（平均三万円）と取り壊し雑費（平均四万五〇〇〇円）も支給された。

そもそも「不法占拠・占用」状態であり、いくつかの地区に分かれていた当該河川敷地一帯に一括して住宅地区改良事業の地区指定を適用したこのような事業の進め方は、その後、ほかの河川敷居住地区でも援用されていくように、当時において先進的かつ画期的な取り組みであった。前述した談話会での歴代の事務所長のやりとりによれば、変則的なこのアイデアは建設省本省から出されたようであるが、総合対策として国県市の垣根を越えて進められていたからこそ実現した事業だったと言えよう。

4 おわりに

本章では、戦後日本の都市における河川敷居住の生成過程と一九六〇年代の実態、そして消滅過程について、行政対応に注目して明らかにしてきた。明らかとなった内容は以下の三つにまとめられる。

まず河川敷居住は戦後に新たに生成されたと考えられがちであるが、戦前起源の場合もあり、当該河川の都市における社会的空間的な位置づけによってその起源はさまざまであった。ただし、一九五〇年代以降に拡大していった点は、多くの河川で共通している。すなわち、都市への新規流入者や他の「不法占拠」地区からの立退者の占用によって地区人口が拡大したのである。ここから河川敷空間がアジールとして機能していたことも認められよう。

次に一九六〇年代における河川敷居住地の社会的実態については、居住地としての側面だけではなく、都市の下層労働力の供給源としての機能も含んでいたことを示した。また、社会的混合や社会的流動性の高さが見られる一方で、特に在日朝鮮人をはじめ社会的周縁に位置づけられる人々の「拠り所」といった一面も有しているなど、当地が重層的な空間であったことを認識できる。

そして、一九六〇年代以降の消滅過程については、居住者の経済力向上による移住に加えて、河川整備の本格化とその関連法制度の確立が大きく作用したことを指摘した。特に後者については、見舞金支給や住宅斡旋に加えて、住宅地区改良事業の適用など河川敷居住者への行政対応の選択肢が拡大されたことで、居住者の自主移住が促進され、一九七〇年代以降に河川敷居住地は消滅に向かったと考えられる。なお、このような対応が見られたことは、高度経済成長による税収増加を背景とした、ある意味で挑戦的な行政手法の実現と考えることもできるのではないだろうか。
最後に、第2節にて河川敷居住の生成過程の複線性を示したのと同様に、河川敷居住の消滅過程は必ずしも単線的あるいは直線的に捉えられるものでもないことを指摘しておく。すなわち、行政の意向どおりに消滅していったわけではなく、そこには常に居住者の意向との衝突や軋轢があった。実際、安倍川河川敷においても、集団移住がすぐに解決したわけでなく、最終的な解決までには協議会が設置された一九六七年から二二年の歳月を要した。その間、居住者と行政による行政交渉もあれば、職員八十余名が関与するような、行政代執行による大規模な強制的撤去もあったのである。もちろん、これは他地区でもそれぞれに異なる状況があり、過程があったのである。次章以降はまさにそうした河川敷に展開した「不法占拠」地区における複層的な状況と複線的な過程を辿りなおすことが課題となる。

【注】

＊1　当該資料は、静岡県法務文書課が公開する「安倍川総合対策」関係資料群に含まれている。本資料群の閲覧・複写については、静岡県庁の「歴史資料として価値のある公文書の閲覧制度」を利用した。

＊2　旧太田川は太田川水系の分流で、本川とも呼ばれる。なお旧太田川の河川敷居住のうち、本章では基町地区（相生通り）を主に取り上げる。

＊3　補足資料として、清水［一九六八］や建設省静岡河川工事事務所［一九九〇］、広島市編［一九八四］、大藪［一九六八］、九州地方建設局熊本工事事務所編［一九八四］などの報告結果も利用する。

＊4　近世以前の集落が近代以降の河川整備や流路の付け替えで、堤外地に位置づけられる事例も多いが、ここでは特に近代以降に新たに生成した事例のみを扱っている。

＊5　本章が対象とする四地区の実態調査については、調査時期・手法・内容の違いがある。各地区の調査時期は鶴見川（一九六四年）、安倍川（一九六九年）、旧太田川（一九六七年）、白川（一九七二年）である。

＊6　河川をその水系としての重要度に応じて一級河川、二級河川に区分し、それぞれの河川管理者を一級河川は建設大臣、二級河川は都道府県知事が務めると定めている［日本河川協会編　一九六五］。

＊7　建設省静岡河川工事事務所［一九九〇］によれば、安倍川の管理者であった静岡県は、一九五〇年代中頃から「河川視察職員（旧河川法第五七条）」による監視や不法占用建築物防止警告板を設置するなどに加えて、口頭での指導や取り締まりを実施してきたが、効果はあまり見られなかった。

＊8　一九六一年の兵庫県武庫川河川敷のように［飛田　二〇〇一］、警察権力を動員した強制撤去が実施された事例も見られたが、人員および予算の確保が困難であったこと、また強制撤去に対する社会的合意を得ることが難しかったため、断念した行政当局もあったようである。

＊9　大阪府や兵庫県など、一九六〇年代以前から自主移住者への見舞金を支給していた自治体もある［近畿地方建設局水政課　一九七〇］。

＊10　たとえば大阪府では三人世帯六万円、二人世帯四万八〇〇〇円、一人世帯三万円であり、兵庫県は三人世帯五万円、二人世帯四万円、一人世帯三万円とその支給額はさまざまである［近畿地方建設局水政課　一九七〇］。

＊11　本事業は、不良住宅が密集し、保安衛生等に関して危険または有害な状況にある地区において、環境の整備改善を図り、健康で文化的な生活を営むに足りる住宅の集団的建設の促進を目的とするもので、住宅地区改良法（一九六〇年公布）で定められた「不良住宅」が五〇戸以上密集していることが地区指定の要件となる。

＊12　一区画の分譲面積は三〇坪（廃品回収業地区のみ四〇坪）で、分譲価格は坪あたり一万七〇〇〇円だった。分譲価格は総事業費（土地取得費、造成費、利子、管理費、分譲事務費）を総有効宅地区面積で除したもの。この価格は当時の付近地の地価の約四分の一であった［建設省静岡河川工事事務所　一九九〇］。

＊13　当初の家賃は改良住宅三七〇〇円、福祉住宅は一二〇〇円であった。

第5章　立ち退きをめぐる空間の政治

湊川大橋下流のドブ川西岸に面した「朝鮮人部落」
（出所：下中邦彦編
『日本残酷物語　現代篇1　引き裂かれた時代』1960年）

1　はじめに

高架線にそって東へ、ぬかるみ道をたどってゆくと、やがてバラックの大群が行く手をふさぐ。このあたり、高架線両側の道路予定地と新湊川両岸をうずめる数百のバラックは、空襲被災者の仮住居の名残りではない。ここがこのような姿になったのは、昭和二十四、五年以後のことである。新湊川にかかる湊川大橋にたつと、床を半間から一間も川の上にはみださせたバラックが、延々とつづく壮観をみることができる。神戸市民はこのバラック街を「大橋の朝鮮人部落」と呼んでいる〔下中編　一九六〇b：一六四—一六五〕。

第二次世界大戦終戦直後からおよそ一九七〇年までの間、神戸市最大規模の「不法占拠」バラック街（一九五八年神戸市調査時では七七六世帯、四一一五坪）が新湊川沿いに広がっていた。なかでも『日本残酷物語　現代篇一　引き裂かれた時代』に所収される「島から来た人々」で描かれるように、「大橋の朝鮮人部落」と名づけられた、神戸市長田地域にある湊川大橋を挟んだ地区[*1]では、最大で約三〇〇〇戸、五〇〇〇世帯、一五〇〇〇人がバラック建ての居を構え、生活していた（図5—1）。

金〔二〇〇四〕によれば、戦後の「朝鮮部落」はその成立の過程を大きく二つに分類することができる。一つは日本人地主が建てた借家や長屋を朝鮮人が借り、そこに同胞が集まってきて住みつくといった、「合法」的な借地・借家に朝鮮人が多住したケースである。もう一つは、土地の所有者が明確でなかった河川敷などに、ほかで住宅を借りられなかった朝鮮人がバラックを建て住みついた、「不法占拠」的な集落のケースである。「大橋の朝鮮人部落」はまさにこうした戦後に生成された典型的な集落と位置づけられる。前者が規模は小さくなりながらも今も残存するケースが多い一方で、後者のほとんどは一九七〇年頃までには消滅していった。この「大橋の朝鮮人部落」も今は存在し

図 5−1　湊川大橋周辺地区の位置図

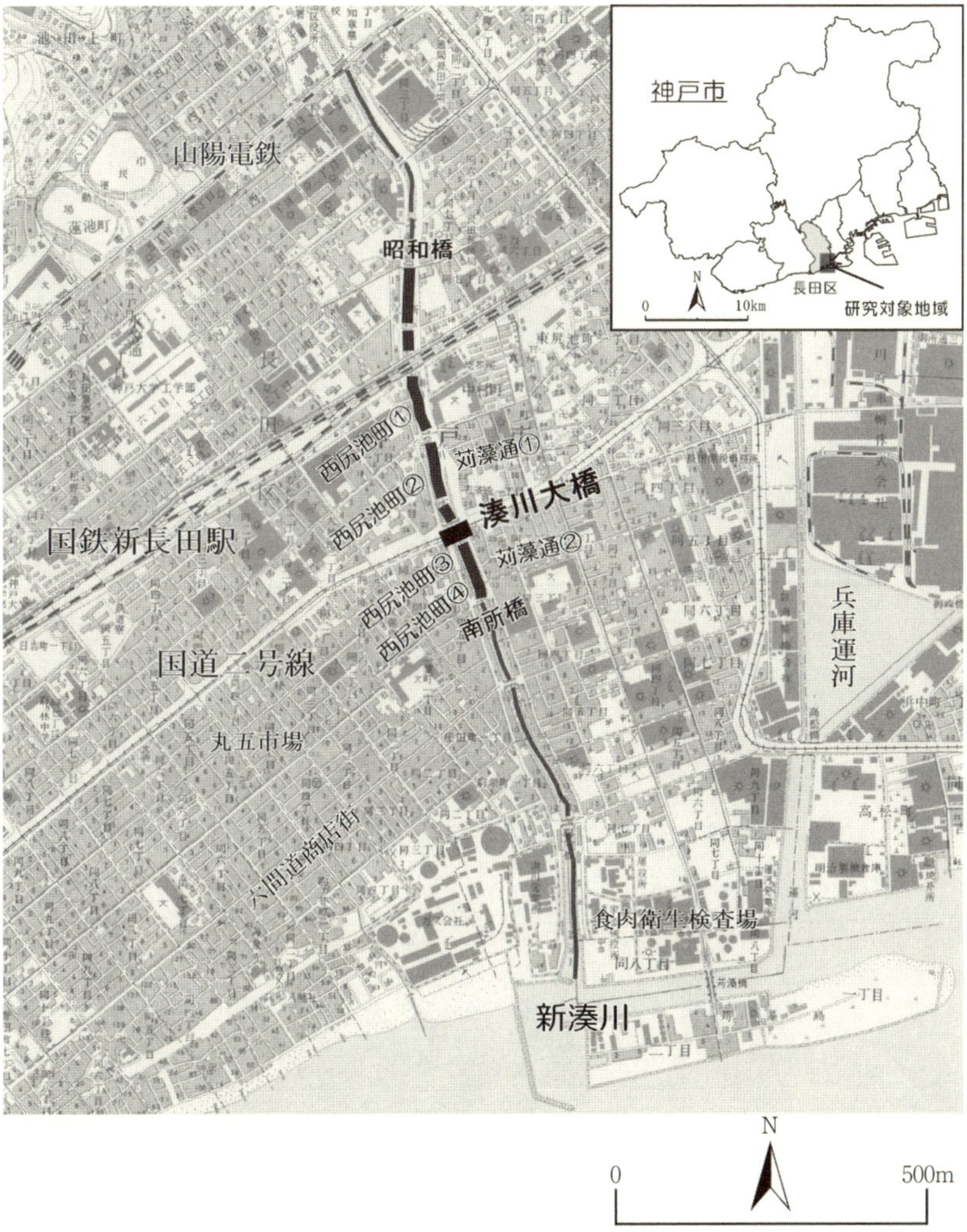

出所：ベースマップは 1 万分の 1 地形図『神戸西南部』1956年発行。

ない。

「大橋の朝鮮人部落」が存在したこの場所は現在、真上に阪神高速三号神戸線が横断し、一九九五年の阪神・淡路大震災によって倒壊した湊川ジャンクションが二〇一〇年の三一号神戸山手線の開通とともに再び堅牢な構築物として覆いかぶさっている。そして、新湊川は護岸工事がなされ、湊川大橋から北には公園と遊歩道が整備され、大橋から南にはフェンスで囲まれた空地が広がっている。かつて多くの人々が生活していた面影はそこにはなく、時がたつとともに当時の状況を知る人がいなくなり、その場所の記憶は風化している。

第4章で見てきたように、一九六〇年代後半からいくつかの自治体では、河川敷の大規模な「不法占拠」地区に住宅地区改良法を適用し、居住者の改良住宅への集団移住が促進されてきた。しかし、すべての河川敷「不法占拠」地区がそうした経過を辿ったわけではない。「大橋の朝鮮人部落」の居住者の多くは地区の消滅とともに、集団移住をすることなく、それぞれこの地を立ち退いたのである。そうした経緯がこの集落の忘却をより進めたとも言える。

本章の目的は、資料収集や聞き取り調査によって、この忘れられた「大橋の朝鮮人部落」の実態に光を照らし、その生成から消滅をめぐって展開した空間の政治を把握することである。まず一九六〇年頃の「大橋の朝鮮人部落」がどのような場所であったか、主に前述の『日本残酷物語』の記述を用いて描いたのち、その場所の生成過程を、戦前に遡って辿っていく（第2節）。そして、なぜこの場所が消滅したのか、その要因を明らかにしながら、この地区の変容過程を辿っていく（第3節）。ここではなぜ集団移住が行なわれなかったのか、そしてそれはいかに回避されたのかという点に注目する。さらに、この地区の居住者に焦点をあて、地区消滅後の彼らの再定住がどのようになされたかを検証してみたい（第4節）。

2 「大橋の朝鮮人部落」の生成と拡大

一九六〇年頃の状況

①環境

川ぞいの通りよりも一段ひくい緑地帯から高い柱をたて、空中にうかんだ格好の家の床下にもバラックがあり、それが川の上にまではみだしている。川に満足に水があるのは雨のあとと満潮のときだけである。たいていはむきだしの河床にごみが堆積して異臭をはなっている。橋のちかくの共同便所を、付近の数十軒が常用する有様だから、川が水洗便所に代用されているのはいうまでもないが、肝心の水がなく、川は流れないのだから、いわば大きな露天の便所地帯といったほうがよい［下中編 一九六〇b：一六五］。

神戸市内最大の「不法占拠」バラック街ということもあり、当該地区は社会問題の対象になることが多かった。特に新湊川が公衆衛生上問題となり、赤痢、さらにはその後も小児マヒの集中発生地域と位置づけられることもあった。また、不良環境の象徴である川に投棄されたゴミの悪臭は、周囲の住民にとって大きな問題であった。一九五九年六月二四日付『神戸新聞』の投書欄に掲載された記事がおそらく近隣住民の大半の意見を反映しており、ゴミの原因がバラック住宅居住者であったという事実が差別的なまなざしを生み出すこともあったことだろう。

私は長田区西尻池町六間道、庄田橋西詰で商売をしているものです。ここ数年来ですが、橋の上から新湊川に汚物、ゴミ類を捨てる者が多くて困っています。それも上手に川の中に落してくれるならまだしも、ほとんどの者は水の流れていないところに捨てます。風の強い日などはそのゴミが舞い上る状態です。これから夏に向かいますが臭気のため窓を開けることもできません。衛生的にも新湊川沿線は市内で一番悪く、伝染病の発生率も高いと聞いております。この前も市の方からでゴミ捨て《ママ》禁止の立札を立ててくれましたが、一夜のうちに引抜かれてしまいました。これから先が思いやられますので一度関係者の方に聞いてみてください（長田区西尻池町・F・K）[*2]。

この投書に対し、市清掃局の関係者は「都市計画で不良住宅を順番に取り壊していきます。この新湊川沿岸の不良住宅も取除きますので、そうすればいくらかはよくなることと思います」と述べており、行政対策としてバラック住宅居住者とゴミ問題とを直結させていたことがわかる。しかし、ゴミ問題はこの地区の不良住宅を取り除くだけで解消されることはなかった。というのも、この地区居住者だけがゴミを捨てるのではなく、新湊川上流からのゴミもこの地区に滞留していたのである。また読者からの投書によれば、わざわざ他の場所からゴミを捨てに来る人もいた。しかし、周辺に住んでいる人から見れば、湊川大橋地区居住者が最も近くに住んでおり、実際にゴミを捨て、生活排水を出すという実態は決して否定されるものではなく、それらのゴミの原因がバラック住宅居住者であると思われても仕方がなかっただろう。

②居住者構成

神戸市民はこのバラック街を「大橋の朝鮮人部落」と呼んでいる。ちかごろは帰国協定によって祖国へ帰る人が多く、「この家ゆずります」という貼り紙があちこちで目につく。それはたいてい、いまさらだれが買うものかと首をかしげるバラックだが、いつか新しい住人がはいっている。朝鮮の人々がそこを脱出するには帰国するしかなかった最低生活に、さらに流入する人がいるのである［下中編　一九六〇b：一六五］。

この「不法占拠」バラック街は「朝鮮人部落」と言われながらも、一九六〇年の段階では、奄美出身者をはじめ、日本国籍を持った人々などの混在した居住者構成になっていた（『日本残酷物語』ではむしろ奄美出身者がメインに描かれている）。そして、上述の文章からもわかるように、この地区は人口の流動性が非常に高く、一九六〇年当時、バラックを自力で建て、住み続けていた人はわずかであった。すなわち、多くの居住者はある程度の蓄えができ次第、この地区を離れていたのである。その際、元居住者たちは住んでいたバラックを壊して出て行くのではなく、建てた状態のままにした。そして、それを知り合いに賃貸し、あるいは権利を売却し、この地区を離れたのであった。また、「新開地で飲み屋をしている若い女で、このあたりのバラック五軒を三十万円で朝鮮人から買ったのだそうだ。六畳一間のバラックの家賃が二千円だから、もうだいぶもうけたわけだ」［下中編　一九六〇b：一六五］とあるように、集落内のバラックを斡旋する周旋屋が数件営業していたようで、なかには朝鮮人や奄美出身者を対象とした不動産業も営まれていたという話もあった。

それに対して、仕事を求めて神戸・長田へ来る多くの人々がこの場所に流入してくるため、バラックが空き部屋になることはなかった。劣悪な住環境であったにもかかわらず、このように人々がこの場所に住まいを求めたのは、ほかに住む所がないからであり、当時の住宅難の状況が背景にある。第2章で見たように、神戸市内の他の「不法占拠」地区が撤去され、消滅していくなかで、立退者たちがこの地区に流入するケースが少なからずあったことも考えられる。

元来、「大橋の朝鮮人部落」の居住者は「バタヤ」[*3]、さらには河川敷で養豚業を営む者が多く含まれていたとのことである。また、湊川大橋の北部に戦前からあった、市の職業紹介所で提供される日雇業や、神戸港の沖仲仕などに従事する者も多く見られたようである。一方で、一九五〇年代中頃から流入してくる人々の労働の場となったのが、新湊川周辺に広がる数多くのゴム・ケミカルシューズ工場であった。これらのゴム・ケミカルシューズの工場群は「労働力として有効な限り、どこの生まれの人間でも、きわめて事務的に、暖かくもなく冷たくもない仕打ちで迎えいれた」〔下中編　一九六〇b：一六七〕ために、農村部から都市部への人口流入が活発になる一九五〇年代から一九六〇年代初頭にかけて、全国からかなりの労働力がこの地区に集まったのであった。また、「ケミカルシューズの甲皮縫製の下請加工をする動力ミシンのうなりが、朝から夜中まで隣近所のバラックを土台からゆさぶって、あたり一面に活気をばらまく」〔下中編　一九六〇b：一七二〕というように、バラックの居住者たちは周囲の工場だけではなく、家庭内において下請労働を行なうことも多かった。女性を中心としたこうした人々の労働が、この時期に日本一の生産高を誇る長田のケミカルシューズ産業興隆の下支えになっていたことは言うまでもない。

そして、この地区周辺には労働環境とともに、生活を支える環境（衣・食・娯楽）が整っていたことも、この「大橋の朝鮮人部落」が「不法占拠」でありながら、多くの人々が住まいを構えたことに影響している。つまり、「大橋の朝鮮人部落」のすぐ近くには、六間道商店街や丸五市場、大正筋などが存在し、戦前から「西新開地」[*4]と呼ばれていた大商店街が形成されていたのである。元居住者によれば「わざわざ三宮に行かなくても、六間道に行けば何でもそろった」「丸五市場に行けば、何でも安く食べることができた」といったように、この地域の周辺には「工場労働者」や「都市下層」と位置づけられた人々を支える生活環境が形成されていたのである。

戦前における長田南部地域への朝鮮人の流入と地区生成過程

そもそも新湊川の河川敷や湊川大橋のたもとに、いつ頃から人々、特に朝鮮人が住み始めたのだろうか。下中編〔一九六〇b〕によれば、「高架線両側の道路予定地と新湊川両岸をうずめる数百のバラックは、空襲被災者の仮住居の名残りではない。ここがこのような姿になったのは、昭和二四、二五〔一九四九、五〇〕年以後のこと」とある。しかし、一九五八年の神戸市による「不法占拠」地区調査によれば、この地区の生成は一九四六、四七年頃と書かれている。さらに、当時この地区に住んでいた方への聞き取りによれば、さらに古く、戦前から湊川大橋の南側の河川敷には朝鮮人部落が存在していたとのことである。

ここでいったん戦前に遡って、湊川大橋周辺の長田南部地域の都市化と朝鮮人の流入との関係について簡単にまとめておこう。それまで田園地帯であった長田南部地域が近代化する契機は一八八〇年の山陽鉄道和田岬線の開通、そして一八九五年に新湊川以東の東尻池、吉田新田に鐘紡兵庫工場が建設されたことにあった。その後、一九〇三年に兵庫運河沿いに神戸精糖株式会社、一九〇七年には川崎造船所運河分工場が新設され、その周囲には当時神戸の輸出産業であった中小のマッチ工場や鉄工所などが広がっていった。第一次世界大戦後に、マッチ産業が衰退するかわりにゴム産業が進展し、多くの中小ゴム工場が建造された。このような工業地区が生成されるなか、そこで就労するブルーカラー労働者が入居できる、安価で手軽な住宅や労働下宿が一九二〇年以降に多く建てられた。つまり、「都市下層」や「工場労働者」の住宅地域［蓮見ほか編　一九九〇］が成立したのであり、いわゆる、職住近接型の社会空間――下町――が長田南部地域に生成されたのである。

当時、最も安価な労働力として位置づけられていた朝鮮人も、仕事を求めてこの長田南部地域に大量に流入してきた。そして、朝鮮人渡航者が「第一におちつく先は、職業紹介所でもなければ市立の宿泊所でもない。言い合わしたように一斉に鮮人《ママ》相手の労働下宿へ流れ込む」［神戸市社会課　一九二七］ことになった。しかしながら、この地域には大量の流入者に対して「鮮人相手の労働下宿」が充足していたわけではなく、続々と流入してくる朝鮮人のなかには、労働下宿以外の低家賃長屋などに入居する者があった。その際、朝鮮人に対しては、「日本人家主が家を貸してくれないという住宅差別」［堀内　二〇〇二］があり、住む所がない不定住状態の朝鮮人も大量に現れたようである。そうした人々が止むに止まれず仮住居を構えた場所が、最低限の雨露を防ぐことができた高架下であり、排水の条件がよかった河川敷だったのである。

このように、湊川大橋周辺の河川敷には、戦前から住宅差別を受けた朝鮮人が住み始めたと考えられる。なお、湊川大橋の近隣の大橋町には、戦前、公設市場や公設食堂、診療所のような公的な社会施設が備わっていた。さらには、新湊川の河口部に一九二〇年に開設された「市立神戸屠場（現・神戸市食肉衛生検査場）[*5]」で廃棄される牛の臓物を、朝鮮人たちが食材としてもらい受けていたという話も聞きとれた。これらの点においても、新湊川の河川敷のなかでも河口近くに住まいを構えることが最適だったのであろう。

戦後における拡大過程

「大橋の朝鮮人部落」の生成時期を史資料によって確定することはできないが、当時を知る人の証言からわかるように、戦前からこの地区に住む朝鮮人が存在し、特に湊川大橋の南側には集落が生成していたようである。[*6] 以下では、それを前提にしたうえで、戦後に見られたこの地区の人口増加の状況やそれをとり囲む社会的背景について見ていきたい。

神戸市では、戦時中の建物疎開と、一九四五年三月一七日と六月五日をはじめとする十数回にわたる空襲によって、戦前の市部における家屋戸数二〇万九二二〇戸の六一%にあたる一二万八一八一戸が失われた［神戸市編　一九六五］。絶対的な住宅難のなか、公的住宅政策も民間の住宅市場もまったく機能しなかったために、住宅を失った者や戦地からの引揚者たちは自力で住宅を建てる必要があった。放置された新湊川沿いの河川敷にも空襲によって家を失った者が集まって、バラックを建て始めたようである。

終戦から数年がたつうちに、このバラック街は拡大していくことになる。その大きな要因となったのが、戦後になってより一層、朝鮮人が集住したことにある。聞き取りによれば、当時、朝鮮人の多くが戦後すぐに朝鮮半島へ帰還するため、港のある神戸に集まってきていた。当時の在日朝鮮人にとっての日本の敗戦とは「解放」であり、多くの朝鮮人が「祖国」への帰還を目指し、連絡船の出港する神戸港へと殺到したのであった。そして、戦後すぐに結成されていた「在日本朝鮮人連盟」が船が出るまでの一時的な宿泊所の世話を行ない、連盟の支部があったこの「大橋の朝鮮人部落」にもかなりの朝鮮人が集まったとのことである。当初、連盟は仮住まいを提供したにすぎなかったが、その後、朝鮮戦争による、深刻な経済的混乱が順次伝わったことや、ＧＨＱによる持ち出し荷物（二五〇ポンド）、貨幣（一〇〇〇円）の制限など諸々の問題が発生したため、「祖国」に帰還しなかった人がそのままこの地区に住み続けたケースが多かったようである。[*7]

　また、奄美出身者たちもこの地区に多く流入することになり、「在日本朝鮮人連盟」に対抗する形で「奄美連盟」[*8]を結成していた。「奄美連盟は昭和二一（一九四六）年、全国に先駆けて神戸市長田区二葉町一丁目（栄英二氏宅）に設立準備事務所を設け、真陽小学校東側に空地があったのを借りうけ、奄美出身者の引揚者用バラックを建て、これを引揚者、住宅困窮者に提供した。連盟は本部をそのバラックに移した」〔神戸奄美会編　一九九〇：一五〇〕とのことである。その後、この場所に住まいを構えた奄美出身者たちが家族を呼び寄せることで、また逆に彼らの親戚や同郷者が頼りを求め集まってくることで、この地区には一定程度の人口の流入が続いたのであった。

　こうした地区の拡大を地理的に見てみると、戦後すぐの時期は湊川大橋のたもとや橋から南の地区に加えて、省線（国鉄）鷹取―兵庫駅間の高架下にバラックが群立していたようである。[*9]この高架下にはもともと、朝鮮人が多く住みついたようであるが、戦後大量に流入する奄美出身者も、真陽小学校東側の長屋群では収まりきれなくなり、高架沿いにバラックを建てて住み始めた。その後、さらなる流入人口が拡大するなかで、それまでは空地であった湊川大橋と高架沿いに挟まれた西尻池一丁目と二丁目の地区にかなりのバラックが建設されたと考えられる。『神戸戦災復興誌』にも次のように書かれている。「一九五〇年ごろから逐次不法占拠が始まり、ゴム靴加工業、よせ屋、日雇人夫等による第三国《ママ》人を加えた二〇世帯六二人の二六棟が建てられた」〔神戸市建設局計画部　一九六一〕。一九五一年の調査[*10]によれば、西尻池町一、二丁目付近新湊川緑地帯の「不法占拠」バラックは百六十余戸に増えており、一九五〇年頃に激増したことがわかる。第2章でも述べたように、市内の他の「不法占拠」を追い立てられた人々がこの地に集まってきたことも十分に考えられる。

3　「大橋の朝鮮人部落」の消滅過程

バラック撤去の開始

「大橋の朝鮮人部落」の人口が増大する一方で、この地区を一五メートル街路と緑地帯にする計画が一九五〇年九月に神戸市によって決められていた。しかし、着々と緑地帯計画は進められるはずであったが、実際は計画どおりには進まなかった。神戸市は当初、この地区の居住者に自主除去を促すのみで、緑地帯工事が着工するまで立ち退き対象者の居住をほぼ黙認せざるをえなかった。

　ところが、一九五八年七月に神戸市議会衛生委員会で、多数のブタを飼育している新湊川下流の沿岸の部落（三〇〇戸）の撤去を求めた、近隣の長田区西尻池町自治会の陳情が採択されたことで、事態は進展する。陳情書では、「この部落は道路や公地の上に建てられた不法建築で、各戸に便所もなく、新湊川に直接用便するか、不法投棄しているのがほとんど。西尻池町の自治会は去年の十月以来、数万円の衛生費を投じてこの地区に薬剤を散布したが、効果なく、最近では大きな負担となっている」と指摘されている。そして、この問題に対する有効な解決手段として、この地区のバラックをすべて撤去する以外に手はないという意見が提出されるに至ったのである。この陳情を受けて、同委員会では「建設、清掃、民生の関係三局と連絡して、住民の生活保護や代替地の提供などを十分配慮しながら撤去を進む《ママ》ように」という方針が正式に提示された。[*11]

　このような市議会での展開を受けて、神戸市建設局は一九五九年五月二七日直接執行により西尻池一丁目にあった三棟二世帯（一五・一四坪）の木造家屋を除去したことを契機として、その後は一九六一年に湊川大橋の橋下も含め、新湊川東沿い三八メートルにわたって「不法占拠」している四五世帯、約一二〇人に対して立ち退きを要求し、同年一〇月に完全に立ち退かせる[*12]など着々とバラックの撤去を進めていった（図5－2）。

図5－2 「大橋の朝鮮人部落」の地区変容（1958－1970年）

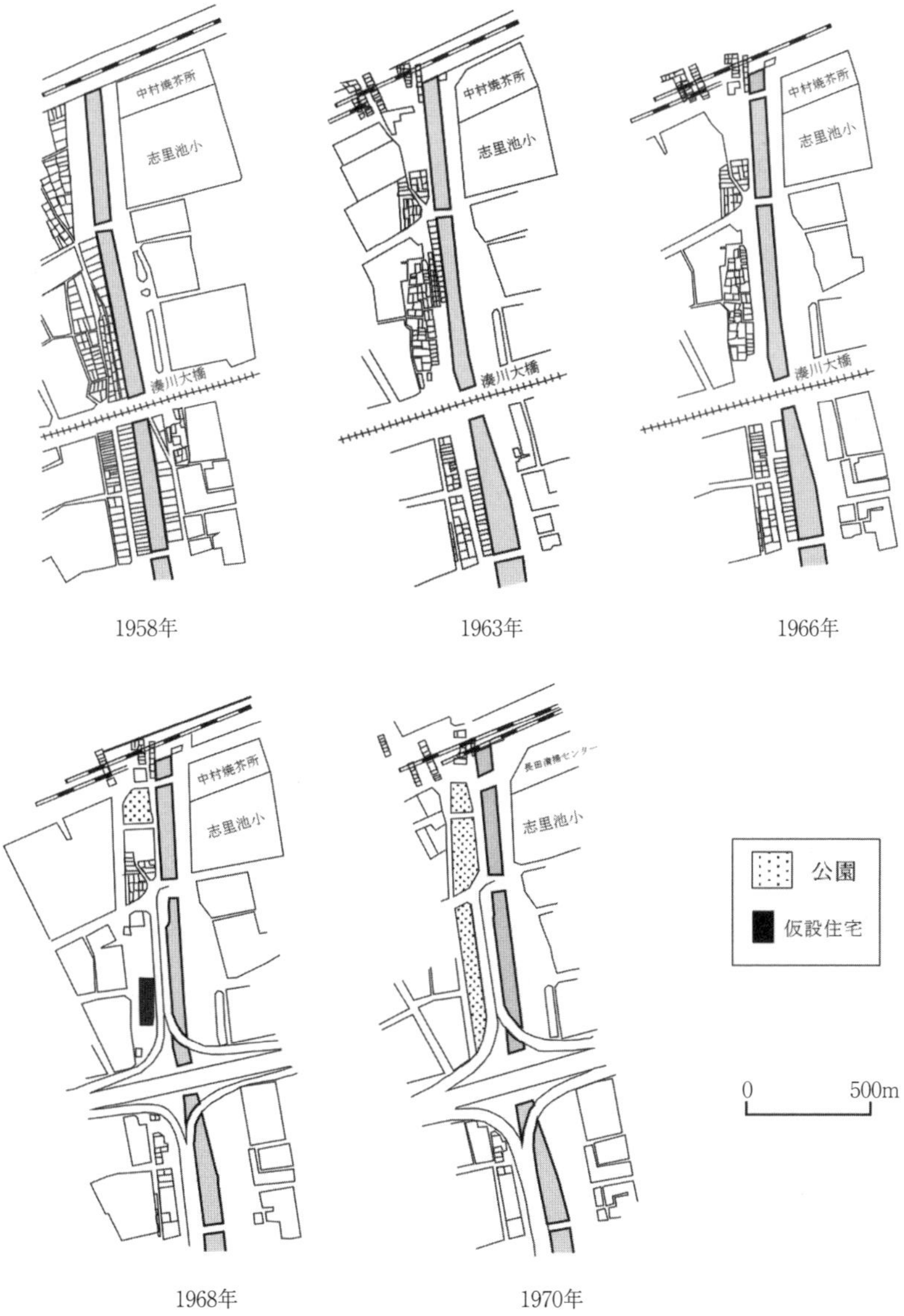

出所：各年次住宅地図より筆者作成。

以上のように、区画整理や衛生問題への対処を目的とすることで、撤去が進展したとともに、この地区の消滅の主たる要因となったのが、地区内で頻発した火事である。そこでは、バラックが焼失しただけではなく、神戸市が焼け跡での再建を禁止したことにバラック街消滅のインパクトがあった。

バラックの火事をめぐって

周囲のゴム工場の火災も一九五〇—六〇年代初頭にかけて多発していたが[*13]、「大橋の朝鮮人部落」でも数回、大火災が発生していた（表5—1）。新聞記事によれば、一九五三年の二四戸が焼失したのをはじめ、一九五八年から六二年までの間、毎年火災が発生しており、なかでも最も大きな被害となったのが、一九六二年九月一三日深夜の大火事であった[*14]。その被害状況は以下のとおりである。

十三日午前三時半ごろ、神戸市長田区西尻池町一ノ一、工員A〔原文は実名〕さん方付近のバラック街から火が出た。長田、兵庫、須磨消防署から消防車十三台がかけつけ消火に当ったが、またたく間に燃え広がり、木造ルービング（防水加工紙製）ぶき、一部トタン、板張りのバラック建て物二十三むね八百十平方メートルを全焼、さらに道路をへだてた西側の同バラック四むね八十七平方〔メートル〕を半焼して同四時半ごろ消えた。この火事で五十五世帯、百六十八人が焼け出された[*15]。

ところで、この火事に対して、「どうして消火活動をもっと積極的にしないのか」と、居住者の側から消火活動を行なった消防団に疑問の声が投げかけられた。もちろん火災発生時刻が深夜であったことから、消防団の対応が遅れたのかもしれない。また、密集したバラックが非常に燃えやすく、延焼が速かったため、消防団としてはなす術なく、できる限り延焼を抑える消火方法をとったのかもしれない。だが、バラック居住者にとってみれば、多発する火事に対する消火作業の手抜きと行政による立ち退き交渉とが結びついていた。[*16]つまり、そこでは「バラック街を消滅するためには、火事で燃え尽くすのが手っ取り早い」だろうと、放火が疑われたのである。なお、この火災は放火の疑いがあったため、警察だけではなく居住者も独自に放火犯を捜索したが、結局犯人は見つからなかった。

一方、放火犯が誰であるかということよりも、バラック街の居住者にとって問題となったのは、火事後のバラック街に対する神戸市の対応であった。神戸市は火災発生後すぐに、被災者を隣接する志里池小学校（現・志里池公園）の講堂に長田署の警官の誘導で避難させた。そして、神戸市は焼け跡の整理さえ済まないうちにバリケードを張って立ち入りを禁止したのであった。[*17]

そのため、被災者は避難所である志里池小学校講堂にとどまらざるをえなかった。しかし、そのうち学校の運営が極度に支障をきたすようになり、「被災者にそのまま講堂に居られては困る」ということで、今度は学校講堂を管理する神戸市教育委員会が火事被災者に対して講堂からの立ち退きを要求することになった。その際の立ち退き補償としては、兵庫区の北部にある滝山仮設住宅[*18]への入居の斡旋と立ち退き協力金の支給であった。

滝山仮設住宅については、被災者たちの多くが「遠くて働きにもいけない」といった理由から入居を拒んだ。また、協力金については、はじめ一律一人三〇〇〇円だったが、解決を早めるため下宿者一人三〇〇〇円、一人世帯四五〇〇円から八人世帯三万二〇〇〇円まで世帯人数に応じ支給されることが決定された。それを受けた居住者側は、「学校に迷惑をかけ申し訳ないが、焼けるまで正式な立ち退き命令を受けていたわけではなかった。まったく用意もしていなかったところへ焼けたの

表5−1 「大橋の朝鮮人部落」の火事被害状況

年月日	町丁目	焼失戸数	焼失世帯	人数	延焼面積	損害
1953. 3. 18	西尻池町 1	24戸	—	—	342坪	1028万円
1958. 3. 13	西尻池町 3	20戸	24世帯	90人	368坪	1000万円
1959. 2. 1	西尻池町 1	7 棟	15世帯	—	—	30万円
1960. 8. 27	西尻池町 1	37戸	47世帯	179人	500m²	—
1961. 1. 18	西尻池町 3	6 戸	11世帯	—	660m²	—
1962. 9. 13	西尻池町 1	23棟	55世帯	160人	810m²	—
1962. 12. 25	西尻池町 2	14戸	14世帯	70人	185m²	—

出所：『神戸新聞』記事より筆者作成。

を幸いどこへでも行けといふ《ママ》ようにいわれては協力金も受けとれない」と市教育委員会の立ち退き命令に抵抗し、地元市議会議員をまじえ、市との交渉に乗り出すことになった。被災者の要求は近隣でのパイプハウス（規格型仮設住宅）の建設であり、それとともに立ち退き協力金の増額であった。*19

しかし、一九六三年一月になり、学校行事の実施、その他管理の点からこれ以上の猶予ができないということで、神戸市教育委員会は、三月上旬に「学校施設の確保に関する政令」（昭和二七年政令第三四号、昭和二七年改正法律第二六八号）によって立ち退きを執行することを二月六日の教育委員会会議で決定した。そして一九六三年三月四日に神戸市教育委員会は志里池小学校講堂の被災者八世帯二一人の強制立ち退きを執行した。*20

多くのバラックを焼失させたこの火事後に神戸市は、区画整理事業上のバラック撤去を推進していった。*21 一九六三年一二月には中村橋建設に伴い、バラック一八戸が撤去され、*22 残りの立ち退き作業もその後、区画整理事業のなかで順調に進んでいった。年代ごとの住宅地図でその地区の変容を辿ると（図5－2）、火事後の一九六三年から、この地区の住宅密集度がかなり減少していることがわかる。そして、一九六八年には湊川大橋北の新湊川右岸地区にはほとんど住宅はなくなり、そのかわりに仮設住宅が作られている。この仮設住宅はおそらく阪神高速湊川ランプ建設に際しての事業用仮設住宅であると思われる。そして、一九七〇年には湊川ランプが完成しており、当該地区には公園が完成し、ほぼすべてのバラックが撤去されたことがうかがえる。また、表5－2にあるように、とりわけ西尻池一、二丁目の人口が一九六〇年代に激減していることからも、「大橋の朝鮮人部落」の消滅過程が明らかであろう。

立ち退きをめぐる空間の政治

戦後の都市行政が居住者を立ち退かせ、「不法占拠」バラック街を消滅させる方法には、大きく分けて三つの方法があるように思われる。一つ目は、武庫川河川敷［飛田　二〇〇二］や広島的場町のように、行政の権力や強権により有無を言わさず住宅を撤去させる強制撤去型、二つ目が立退者それぞれに「見舞金という名の移転補償費」を提供

表5－2　湊川大橋周辺町の人口推移（1955-1980年）

		1955年	1960年	1965年	1970年	1975年	1980年
西尻池1丁目	世帯	194	143	44	33	17	13
	人口	737	609	198	143	50	33
西尻池2丁目	世帯	224	219	191	123	113	118
	人口	923	926	773	466	314	292
西尻池3丁目	世帯	76	82	76	67	56	59
	人口	342	355	283	225	174	164
西尻池4丁目	世帯	93	83	123	72	68	68
	人口	430	397	485	263	195	176
苅藻通1丁目	世帯	89	101	101	95	119	101
	人口	349	386	382	329	378	272
苅藻通2丁目	世帯	279	288	224	196	166	157
	人口	1,128	1,316	884	743	612	468
長田区	世帯	45,162	49,434	57,186	60,366	58,790	55,957
	人口	189,806	202,338	214,325	210,066	185,971	163,949

出所：国勢調査データより筆者作成。

する補償型、そして三つ目が、第4章で見たように、集団移住を念頭に置いたうえでの住宅地区改良法の適用による改良住宅や公営住宅の斡旋などといった住宅提供型である。第2章でも指摘したが、神戸市の場合、たしかに一九五〇年の鯉川筋をはじめ、代執行で強制撤去したケースが多くあるが、基本的には二つ目の方法を採用していた。それでは実際、神戸市当局はこの「大橋の朝鮮人部落」ではいかに撤去作業を展開していったのだろうか。

結論から先に言えば、神戸市は「大橋の朝鮮人部落」に対し、市内の他の「不法占拠」バラック街と同様に二つ目の個人補償という形で立ち退き交渉を進め、結果的にこの地区の消滅を成し遂げたのである。しかし、前節の火事後の居住者の対応にもあるように、この地区の居住者たちが居住権を盾にし、運動体を組織することで、神戸市との交渉を行なったことも事実である。そこでの主な運動体となったのが「在日本朝鮮人総聯合会（以下、朝鮮総連および総連）西神戸南支部」であった。総連は立ち退き後の居住者たちの受皿住宅を神戸市に要求したのである。[*23]

では、どうしてこのような運動が実を結ばなかったのだろうか。筆者は当時の関係者二人からこの運動について聞き取り調査を行なった。一人は一九六二年当時の総連西神戸南支部組織部長、もう一人は一九六三年から一九七〇年にかけての総連西神戸南支部組織部長である。彼らの語りからその背景が浮かび上がってくる。

西神戸南支部の組織部長の立場として宮崎辰雄助役〔のちの神戸市長〕と〔非公式ではあったが〕直接会合した。とにかく出るためには何かしてくださいということで行なった。当初立ち退き補償金として、一世帯当たり一〇万～一五万を支給される予定だったが、一世帯二〇～三〇万を勝ち取ったのが記憶にある。宮崎助役曰く「総連さんの顔を立てましょう」だった。

（一九六二年当時、総連西神戸南支部組織部長）

あれ〔居住者の立ち退き〕は市が区画整理をやるときにね、ここに住む人がね、夜とか、私たちの知らない間に、ぱっと出て行ってしまうんです。市がしっかり話に来ていてね、市とうまく話がいったということでね。市は個人個人で話に来ていたんですね。集団的に何ぼやろうとしてもやりませんでしたわ。朝鮮〔総連神戸〕南支部としては集合的にやって、神戸市と折衝して何か勝ち取ろうとするつもりで、私らが行くとね、そのときはみんな一緒にやらなあかんって言うわけですよ。だけどそれがね、知らん間に空っぽになっていて、市がそれを立ち退かせてしまう。

（一九六三―一九七〇年、総連西神戸南支部組織部長、副委員長）

市はね、上から大規模に立ち退かせるのではなく、下から一つ一つ立ち退かそうとした。それで一つ立ち退いたら、その隣に行って、「隣は立ち退いたのにお宅は……」とプレッシャーをかけるわけですよ。あるいは、その時に特別に移転費を上乗せしたのかもしれません。

（一九六三―一九七〇年、総連西神戸南支部組織部長、副委員長）

このように神戸市は「大橋の朝鮮人部落」の居住者に対して、個別的に補償をしていく立場を変えることはなかった。つまり、神戸市の手法は、『神戸戦災復興誌』に書かれているように、「組織化をさけるために個別的な戸別交渉の方法による自主除去を促すこと」で一貫していた〔神戸市建設局計画部編・建設省計画局区画整理課監修 一九六一〕。一九五五年から一九六五年までの間、このバラック街に住んでいた奄美諸島出身者の話によれば、彼は一九六五年に立ち退いたということだが、この時に神戸市から一〇万円を立ち退き料として支給され、それを元手に兵庫区吉田町の家を購入したそうである。筆者の調査で、実際に立ち退きに際しての移転補償費の額について聞き取れたのは、この一名だけであったが、世帯者数などによって、それぞれの世帯で支給された金額は違っていたようである。

また、地区の社会的構成が住民運動の組織化を妨げていたことも考えられる。というのも、当地は「朝鮮人部落」と称されるように、在日朝鮮人が居住者数のマジョリティであったものの、奄美諸島出身者など、多様な出自の者が混住し、さらに居住者の移り変わりも激しかった。たとえば、上述の奄美出身者の話によれば、彼は朝鮮人居住者との付き合いはなかったそうで、運動を主導する朝鮮総連との関係が希薄な者も多かったようである。

また、運動を回避する状況は在日朝鮮人側においても同様であった。上記後者の元朝鮮総連西神戸南支部組織部長の話によれば、当時、「朝鮮総連の専従職員たちが在日朝鮮人の家庭を訪問して、西神戸朝鮮初級学校への入学を促すが、その申し出に応える家庭は少なかった」とのことで、在日朝鮮人の子弟であっても、近隣にある朝鮮学校ではなく、公立の小中学校に入学することが多かった。つまり、これは在日朝鮮人のなかでも朝鮮総連との関わりを持たない者がおり、行政に対する反対運動を組織化することを疎ましく思う者も地域内に少なからずいたことを示している。折しも一九六五年には日韓基本条約が締結され、「日本国に居住する大韓民国国民の法的地位及び待遇に関する日本国と大韓民国との間の協定（日韓法的地位協定）」で在日韓国人の国民健康保険への加入や国外強制撤去の事由が緩和されたことで、一九七〇年までに韓国籍取得者が増大したことも少なからず影響があっただろう。いずれにせよ神戸市当局にとっては、このような分断された状況は居住者の組織化を妨げ、個人交渉を円滑に進めていく点において好都合であった。

なお、一九六四年に共産党の土倉茂雄神戸市議会議員を紹介議員として、この地区の居住者を含む五八〇人が、「すべての都市計画立ち退き世帯に対しては、入居住宅を保障すること」「市営住宅の即時大量建設低家賃公営住宅の大量建設」という項目を掲げた請願書を神戸市議会に提出していた。*24 しかしながら、ここで提出された請願書も翌年には請願者取り下げという形で却下されており、実を結ぶことはなかった。

4 「大橋の朝鮮人部落」消滅後の居住者の動向

それでは最後に、「大橋の朝鮮人部落」の居住者がこの地区を立ち退いたのち、どのように彼らが住まいを再獲得したのか検討してみよう。再度確認しておけば、当該地区居住者には集団移住のための公営住宅や土地が提供されることなく、自主撤去者に対する神戸市の保護としては、兵庫区の滝山仮設住宅への優先入居（一年間家賃なし）、母子寮などの施設入所、あるいは見舞金という形の移転補償費の支給が行なわれた。加えて、神戸市は立退者に対して、一般の公営住宅への応募を促していた。この地区が校区に含まれる大橋中学校で一九六五年に在職していた元教員は次のように語っている。

うちのクラスのなかで二人あのバラック街に住んでいた子どもがいたけれど、二人ともたしか公営住宅に移ったことを憶えている。一人は鈴蘭台の〔神戸市北区山田町〕小部《おうぶ》に行った。もう一人は憶えていない。ただ二人とも在日朝鮮人ではなかった。

神戸市の公営住宅の供給を確認すれば、たしかに一九六〇年に入ると全体的な供給量は増加していた［本岡　二〇〇四］。しかし、その多くは郊外部に大規模団地として建設されることが多かった。前述した滝山仮設住宅への転居の事例にも共通するように、立退者たちは郊外部の公営住宅を斡旋されたとしても、仕事の関係からそこへ転居することに抵抗感があったようである。また当時、在日朝鮮人においては、国籍条項の関係から公営住宅に入居するケースがフォーマルな形では許可されていなかった。

そのため、多くの立退者は移転補償費を元手に、自力で新たな住宅を探したようである。そこでは、同じ長田区や隣接する兵庫区の低家賃住宅への転居が多かったことが考えられる。以下は、それを示す一つの事例である。

Yさんは、鹿児島出身。昭和二五年神戸市に移り、真野の西隣り、川沿いのバラックに住む。家が古く、ごみごみしていて、汚いところだなと思った。当初美容店に勤務し、昭和二八年にそこのバラックの一つで美容店をはじめる。バラックだったので借金も少なくて済んだ。昭和三九年、娘誕生。昭和四〇年、高速道路建設のため立ち退きになり、真野の現住地に転居。昭和四二年、権利金一二〇万円を入れ、柱だけ残し全部ぶち壊し。改造した。一階が店舗（六畳）、台所三畳、中二階を壊して、二階に六畳と三畳をつくった［今野　二〇〇一］。

このほか筆者の聞き取り調査からも立退者が近隣の借家に転居した事例を確認できるが、在日朝鮮人であるK氏一家の立ち退き後の動向からは、湊川大橋周辺の民間借家への転居とは少し違う形を指摘できる（表5－3）。K氏一家はバラック撤去後、近隣の民間借家を間借りしたり、アパートに転居を続けたりしながら、最終的には近隣にある同和地区に転居している。一九七一年に杉之原［一九八五］が行なった、神戸市内の同和地区調査によれば、当時の同和地区居住世帯の約四割が来住世帯であり、一九六六年以降に来住した世帯が最も多く、全世帯の三九・五％を占め、次いで一九五六年から一九六五年の間が三一・七％となっている。また、来住世帯の前住地について見ると、

表5−3　K氏ライフヒストリー

年次	年齢	項目
1953年	0歳	下関で生まれる。家族は両親と3人の兄。
1960年	7歳	父親と長男が仕事を求めて，神戸市長田区へ。
1961年	8歳	残りの家族が父親に呼ばれて神戸市長田区へ。湊川大橋の下のバラックに一家6人で住み始める。父親が夏に亡くなる。母親が近く（おそらく大橋町か川西通）のゴム・ケミカルシューズ工場に勤め始める。
1965年	12歳	長田区内。朝鮮人が経営していたケミカルシューズ工場の二階一間を間借り。この少し前にバラックが撤去される。見舞金支給については不明。
1967年	14歳	長田区内のアパートへ引っ越す。
1970年	17歳	長田区内で引っ越し。

出所：筆者聞き取りから作成。

「神戸市内の一般地区」からの来住が多く、四六・一％を占めており、こうした数字はK氏一家の事例が唯一ではないことを示唆している［杉之原　二〇〇三］。

さらに、同和地区への流入とともに、「大橋の朝鮮人部落」からの立ち退きと一九五九年から行なわれた朝鮮民主主義人民共和国への帰還事業、いわゆる北朝鮮帰国事業との関連性も非常に強いようである。元居住者への聞き取り調査からは、「当時、朝鮮学校のクラスの二割は帰ったと思う」（男性、一九五二年生まれ）、「撤去後多くの居住者が北朝鮮に帰ったのではないか。友人の一人が帰ったのを憶えている。お別れをするときに、近くの六間道商店街の映画館に行って「これが最後やな」と言ったのを憶えているね」（男性、一九五三年生まれ）といった話を得ることができた。しかし、「大橋の朝鮮人部落」における帰国事業の展開に関しては、実証できる数量データが手元にはないため、ここでは指摘のみにとどめておきたい。

このように、「大橋の朝鮮人部落」消滅後の居住者たちの動向を見るうえで、戦後都市、特に高度成長期における質的な住宅問題（特に在日朝鮮人の住宅問題）がどのような経過を辿り、現在までに至っているのかも念頭に置いておくべきであろう。たとえば、旧市街地における低家賃の老朽長屋や木造アパートの住環境は、「不法占拠」状態ではないものの、バラックのそれとさほど変わりはなかった。一九九五年の阪神・淡路大震災で、旧市街地における長屋や木造アパートに多大な被害が出ており、在日朝鮮人の被害の大きさが報告されている。「不法占拠」型「朝鮮部落」の消滅は一面、そこでの居住者の住宅事情の改善につながったかに思えるが、それは社会からの不可視化にすぎなかったのである。

5 おわりに

本章では、居住者の集団移住を実現することなく消滅した「不法占拠」地区、神戸市長田区に存在した「大橋の朝鮮人部落」を取り上げ、その生成から消滅までの過程を、当時の社会的背景や行政と居住者組織との交渉に注目しながら辿ってきた。

本章の要点は、当該地区の居住者は連帯する可能性があったが、行政当局が個別交渉を進めることで、居住者の組織的な運動を頓挫させたということである。すなわち、居住者組織の分断を目指した行政当局による個別交渉ならびに自主移転の促進において、地区居住者が連帯することは難しくなり、結局は各自が限られた移転補償費をもとに新たな住まいを求めざるをえなかったのであった。そもそも当該地区が「大橋の朝鮮人部落」と呼ばれていたものの、その居住者の社会構成は多様であったことを神戸市当局は認識しており、戦略的な観点からこのような対応をとったことが考えられる。

一方、次章で扱う広島・太田川放水路沿いの在日朝鮮人集住地区では居住者の集団移住が実現している。そこではどのような空間の政治が展開したのだろうか。

【注】

＊1 本章で扱う「大橋の朝鮮人部落」とは、西尻池町四丁目南所橋から神楽町一丁目昭和橋に至る新湊川両岸の地域であるが、特に撤去活動が明確に現れた西尻池一、二丁目を対象とする。なお、庄田橋南東部には家屋や工場が現存しているが、聞き取りによれ

ば、この地区の住宅ないし工場は現在、「不法占拠」ではなく、土地については神戸市と賃貸借関係にあるとのことである。また、庄田橋南西部にも一九九五年の阪神・淡路大震災前までは家屋が残っていたが、震災を機に立ち退きとなった。

＊2　『神戸新聞』一九五九年六月二四日「新湊川へゴミ捨てる（住みよい町に）立札を立ててもすぐ引抜かれます」。

＊3　この地区に「市立中村焼芥所（現・神戸市環境局長田事務所）」があったことから、「バタヤ」や養豚業が多く営まれていたと思われる。

＊4　西新開地の形成と発展については加藤［二〇〇四］に詳しい。

＊5　神戸屠場については、神戸市衛生局編［一九六九］を参照。

＊6　一九四八年の阪神教育闘争や一九五〇年の生活擁護闘争がこの地区を舞台に行なわれたことも、この地区に在日朝鮮人たちが集住した要因ではないだろうか。なお、こうした終戦直後の在日朝鮮人による運動や闘争がこの部落とどのような関係にあったかについてはさらなる歴史的検証が必要である。金・堀内編［一九九一］を参照。

＊7　終戦直後の朝鮮人帰国に関する研究は出水［一九九三］がある。

＊8　聞き取りによれば、奄美連盟は結成後二、三年で解散したとのことである。ただし、そのネットワーク自体は以降も継続している。稲津・本岡・中西・野上［二〇一三］を参照。

＊9　『神戸新聞』一九五二年九月二八日「不潔で歩けない　国鉄鷹取駅沿線バラック」。

＊10　『神戸新聞』一九五一年六月二四日「公園や道路予定地に七百戸　市有地の無断拝借が大はやり」。

＊11　『神戸新聞』一九五八年七月二四日「撤去の強硬方針立つ　不良環境の改善　市会衛生委、二陳情採択」。

＊12　『神戸新聞』一九六一年一〇月一八日「道路補修に乗り出す　長田の湊川大橋下　不法世帯立ちのく」。

＊13　『神戸新聞』一九六三年九月二六日「ゴム工場で一六人焼死　非常口役立たず」。

＊14　本章では一九六二年の火事後の対応について重点的に見ていくが、一九六〇年の火事後も同様の対応が見られた。（『神戸新聞』一九六〇年八月三〇日「バラック建てさせぬ　被災者の申し出　市の態度を明示」）。

＊15　『神戸新聞』一九六二年九月一三日夕刊「五五世帯一六〇人被災　長田のバラック街焼く」。

＊16　一方で、元居住者への聞き取り調査によれば、バラックの居住者・所有者が火災保険を得る目的で放火したという噂もあったとのことである。

＊17　この時、市の都市計画課課長はこの立ち入り禁止についてこう述べている。「気の毒には思っているが不法占拠地で火災がある場合は、すぐ市が管理することになっている」（『兵庫新聞』一九六二年九月二五日夕刊「「不法占拠」地　炎上の波紋」）。

＊18 「滝山住宅は、夢野墓地の北、高台にある。市が一九六一年、都市計画で立ちのきになる人たちのために建てた。木造トタン張り二階建てのむねが三つ並んでいる。部屋は三畳、四畳半、六畳の三種。一間きりだが土間がないため、はき物の置き場に困るのが難点。炊事、便所は共同になっている」（『神戸新聞』一九六三年三月一三日「続く冷たいにらめっこ　市側と西尻池バラック被災住民八世帯」）。

＊19 神戸市教育委員会［一九六三］を参照。

＊20 このような火事後のプロセスは、大阪浪速区馬渕町バラック街において六八三世帯、一二四七人が罹災した火事の処理問題と非常に似通っている。水内［二〇〇四］を参照。

＊21 市当局のバリケードを突破して再度河川敷にバラックを建てる者もあった（『神戸新聞』一九六三年三月七日「西尻池の被災者八世帯　バラック建て始める　新湊川の土手　市側が撤去を勧告」）。

＊22 『神戸新聞』一九六三年一二月五日「きょう強制取りこわし　長田区中村橋予定地の不法建て物」。

＊23 須磨区月見山町のバラック街火事後、神戸市は「大橋の朝鮮人部落」と同様に焼け跡に再度バラックを建てることを禁止した。そこで居住者側は朝鮮総連の主導で神戸市と交渉し、受皿住宅の提供こそなかったが、一年間の居住が認められた（『神戸新聞』一九五八年七月一日）。

＊24 「請第六六号　一般住宅困窮者並びに都市計画立退者に対する公営住宅の建設に関する請願の件」一九六四年七月二五日提出。

第6章 河川敷に住まう人々の連帯

広島市太田川放水路沿いの河川敷居住地
（出所:『中国新聞』1966年6月9日夕刊）

1　はじめに

第二次世界大戦の終戦直後以降、日本の都市部の河川の堤外地には多くの居住地が存在していた。堤外地、すなわち河川敷にはセルフビルドのバラックが建ち並び、周囲からは「不法占用／不法占拠」や「スラム」というレッテルを付与されながらも、人々の生活の場がそこに存在したのである。しかし、戦後復興や都市化が進展するなかで、「いつしか」こうした地区は消滅していくことになった。

第5章で指摘したように、河川敷居住地の消滅は、ほぼ当該地居住者の個別的な自主移住によって成し遂げられたようである。河川敷を含め、戦後の「不法占拠」地区の撤去において、行政当局は地区居住者に移転補償費を戸別に支給することで、自主移転を促すことがほとんどであった。立ち退きへの抵抗が強まるなど、場合によれば、飛田［二〇〇一］がその経緯を明らかにした兵庫県の武庫川河川敷居住地のように、行政代執行による強制撤去もあったが、行政としては基本的に居住者が自主移転することを促進した。そのため居住者は分散し、「いつしか」河川敷居住地は消滅していったのである。

一方で、河川敷居住地が消滅する際に、居住者が集団的な移住を成し遂げた事例も近年、報告されている。たとえば、島村［二〇一〇］が明らかにした、福岡市の御笠川沿岸に存在した在日朝鮮人集住地区のように、一九五〇年代後半に近隣に建築された市営住宅への集団移住をめぐっての行政による配慮および居住者による運動は、先駆的事例として位置づけられよう。

また第4章で明らかにしたように、一九六四年の新河川法の制定前後から、河川敷居住地の扱いは河川行政上の重要課題として位置づけられ、制度的に取り締まりが強化されるとともに、それぞれの自治体で河川整備事業が本格的に開始される状況のなかで、河川敷の居住地に対する配慮も見られた。そこでは、移転補償費支給による自主撤去の促進というそれまでの対応とは、若干異なった方法がとられることがあった。住宅地区改良事業が適用され、行政が用意した公営住宅に地区居住者が集団移住するケースが見られたのである。その典型的事例が第4章で取り上げた静岡市の安倍川沿いの河川敷居住地であった。また、広島市の旧太田川沿いに存在した通称「原爆スラム」[*1]（別名「相生通り」）の「不法占拠」問題を解消するため、住宅地区改良事業が実行された基町地区[*2]や、同和対策事業として「不法占拠」問題が解消された大阪市大和川沿いの浅香地区［部落解放浅香地区総合計画実行委員会編 二〇〇二］なども、若干異なった文脈もあるものの、こうしたケースに大別できるだろう。[*3]これらの河川敷居住地の消滅までの経緯を確認すると、それぞれの地区において行政による政治的配慮や居住者による運動、そして行政と居住者間での交渉のやりとりが展開していたことも確認されるのである。

このほか、一九六〇年代において、上述のような住宅地区改良事業もしくは改良住宅の供給といった方法以外で、「不法占拠」問題が解消された事例もあった。広島市の太田川放水路沿い南観音町に存在した「不法占拠」地区（以下、「旭橋下流地区」と表現）がそれにあたる（図6―1、図6―2）。広島市の西部を流れる太田川放水路の建設を機に、この地区の住宅・建築物は撤去の対象となり、居住者は立ち退きを迫られた。しかし、当該地区は住宅地区改良事業の適用がなされず、居住者に改良住宅や公営住宅が提供されることもなかった。また、居住者に対して移転補償費だけが支給されたわけでもない。行政側は隣接する県有地を地区居住者に払い下げ、土地を購入できない居住者には、払い下げ用地の一部に建設された仮設住宅への入居を斡旋したのである。それにより旭橋下流地区の居住者は隣接する地区への集団移住を成し遂げた。

繰り返すが、これまでは前章の神戸市長田の新湊川沿いに存在した「大橋の朝鮮人部落」のように、たとえ集団移住をめぐる行政との交渉があったにせよ、それが功を奏することはなく、コミュニティの解体につながるケースがほとんどと考えられてきた。しかし、実際はすべての河川敷居住地がそうだったのではなく、公営住宅の提供のみならず、なかには旭橋下流地区のように、土地の払い下げという形で集団移住を成し遂げた事例も存在したのである。[*4]河

図 6－1　旭橋下流地区位置図

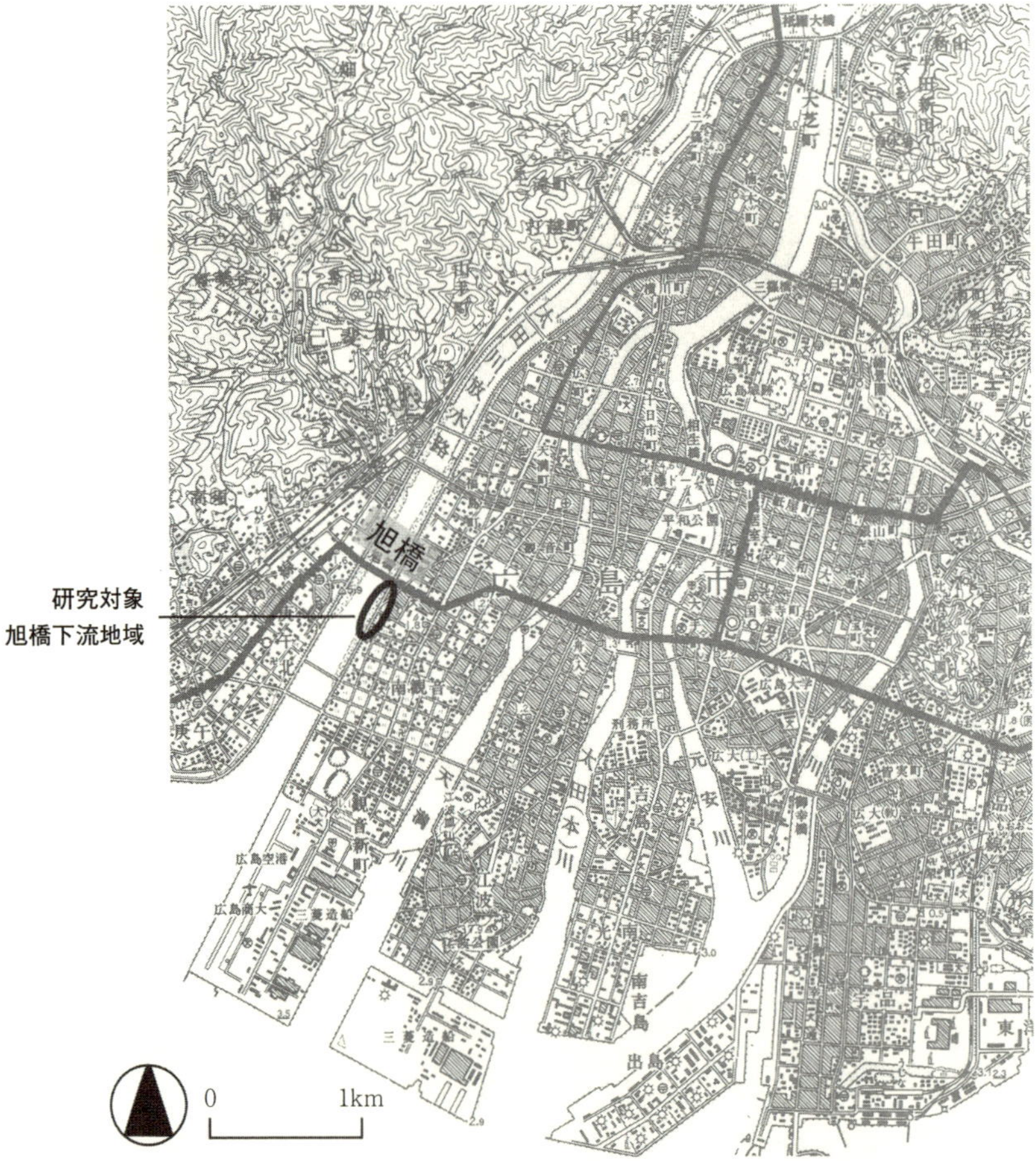

出所：ベースマップは２万５千分の１地形図「広島」(1968年改測1972年修正)。

川敷居住地の消滅のあり方は地域のコンテクストに応じて多様であるとともに、それは決して単線的ではなく、複線的な過程だったのである。

それでは、旭橋下流地区の集団移住がなされた背景には何があったのだろうか。結論を先に言えば、旭橋下流地区の居住者は行政による分断戦略に屈することなく連帯し、立退対策委員会を組織し、行政当局と移転補償をめぐって交渉を行なったことが、結果的に集団移住という形でコミュニティの維持に至った一つの要因であったと考えられる。

図 6－2　旭橋下流地区周辺図

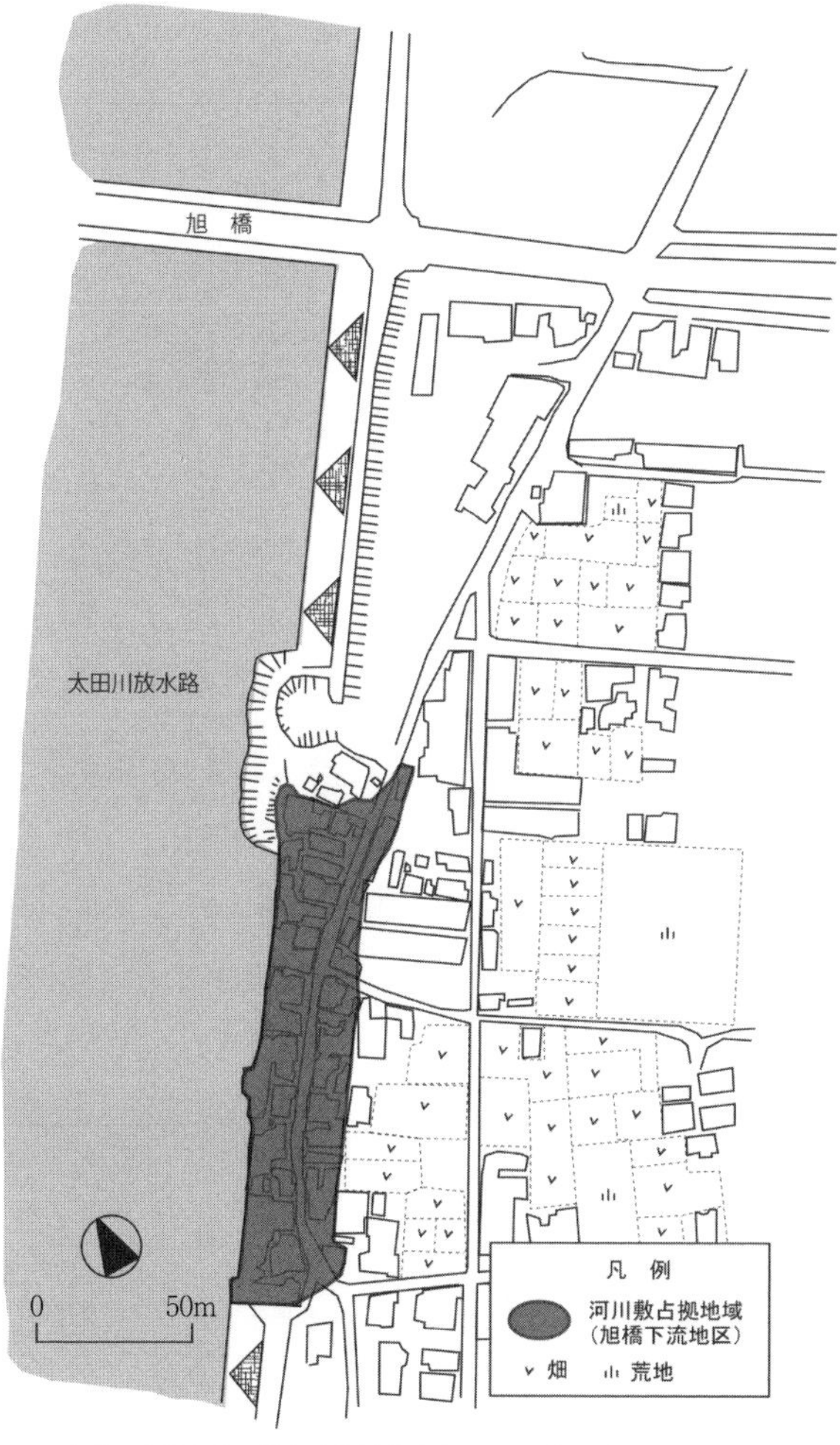

出所：建設省中国地方建設局総務部用地課［1966］添付地図から筆者作成。

本章ではまず終戦直後から一九六〇年代中頃まで太田川放水路沿いに存在した旭橋下流地区の生成過程、そして一九六〇年代前半における地域内の状況を確認し、集団移住を可能とさせた居住者の連帯の状況や背景についてアプローチしてみよう。

ここで使用する資料「旭橋下流地区不法占拠家屋除却関係綴（以下「旭橋関係綴」と表記）」（二巻）は、建設省中国地方建設局（現在の国土交通省中国地方整備局、以下、中国地建）総務部用地課が一九六六年に作成したもので、旭橋下流地区の実態や撤去をめぐる交渉過程が、中国地建側の視点からではあるが、克明に記されている。この「旭橋関係綴」には、一九六四年一月一〇日から一九六六年九月一日までに作成された、行政文書や調査記録、図面、そのほか行政内部の会議録や居住者との交渉記録、担当者のメモなどが含まれている。分量としては、資料の重複もあるが、二巻で四五四頁となっている。筆者はこの資料を長年にわたり都市の住宅研究、同和地区研究に従事してきた元大阪市立大学教授の三輪嘉男氏から二〇〇五年に提供いただいた。[*5]

この資料に加えて、広島の地方紙である『中国新聞』に掲載された関連記事を収集した。[*6]また旭橋下流地区の地区移転に関わった関係者T氏への聞き取り調査を実施した。[*7]T氏は在日本朝鮮人総聯合会（以下、朝鮮総連）広島県支部の元副委員長で、旭橋下流地区の居住者の移転に関する行政との交渉において主導的な役割を担った人物である。さらに元住民S氏からも聞き取りを行なった。[*8]S氏は立退対策委員会の会長を務めたC氏の長男の妻であり、立退交渉が行なわれ始めた一九六四年五月、結婚を機に旭橋下流地区に住み始めた。立退対策委員会の会議や行政との交渉はC氏の自宅で行われることも多く、S氏は間近でその状況を見ていた。

このほか、当該地区については、丸山［一九八三］が移転地区での悉皆調査を実施しており、その結果が『広島新史　都市文化編』に掲載されているが、ここでのデータも適宜使用する。

本章の論文構成は以下のとおりである。第2節では、太田川放水路沿いの河川敷居住地の生成（行政側から見ればある意味で放置）過程を明らかにするために、太田川放水路工事の経緯とその過程で展開した改修工事に関わる居住者の運動を取り上げる。なお後述するように、当該対象地区の生成を明らかにするうえで、太田川放水路事業の経緯、そして隣接する福島町における立ち退きに対する運動の存在を抜きにして語ることはできない。したがって、ここでは、太田川放水路工事との関係のなかで、福島町でいかなる運動が展開したのか、旭橋下流地区との比較のためにも触れておく。第3節では、立ち退きになる以前（およそ一九六〇年代前半）の旭橋下流地区の状況を提示する。第4節では、居住者の連帯にとって重要な役割となるリーダーの存在や居住者組織に注目しながら、旭橋下流地区の居住者がどのように連帯し、立退対策委員会を組織したのかを明らかにする。

2　太田川放水路事業と河川敷居住地

太田川放水路事業

広島市は太田川のデルタ上に立地しており、古来、その自然環境のために多くの水禍を受けてきた。近代以降、そうした問題を解決するために実施されたのが太田川改修事業、すなわち太田川放水路の建設であった。太田川改修工事は台風や豪雨による太田川の氾濫を防止するため、広島中心部で分流した太田川の支流である福島川を埋め立てる一方で、山手川を拡幅し、山手川と福島川に挟まれた福島町の土地を開削して（図6－3）、大規模な放水路を設けることを目的としたものであった。一九三二年に国の直轄事業として着工し、一九三四年には放水路開削前の旧福島川堤防外の民有地が堤防用地として買収（一部一九三三年に収用）され、[*9]工事も順調に進むかに見えた。しかし、太平洋戦争の激化によって一九四四年に工事は中断し、一九四五年八月には原爆が広島に投下されたことにより、放水路予定地も甚大な被害を受けることになった。そして戦後、計画はいったん白紙となったが、広島県・広島市・中国地建・太田川工事事務所が一体となって協議を続け、一九四八年八月に中国地建の直轄工事として、太田川放水路計画再開が発表された。

図6−3　太田川放水路流域図

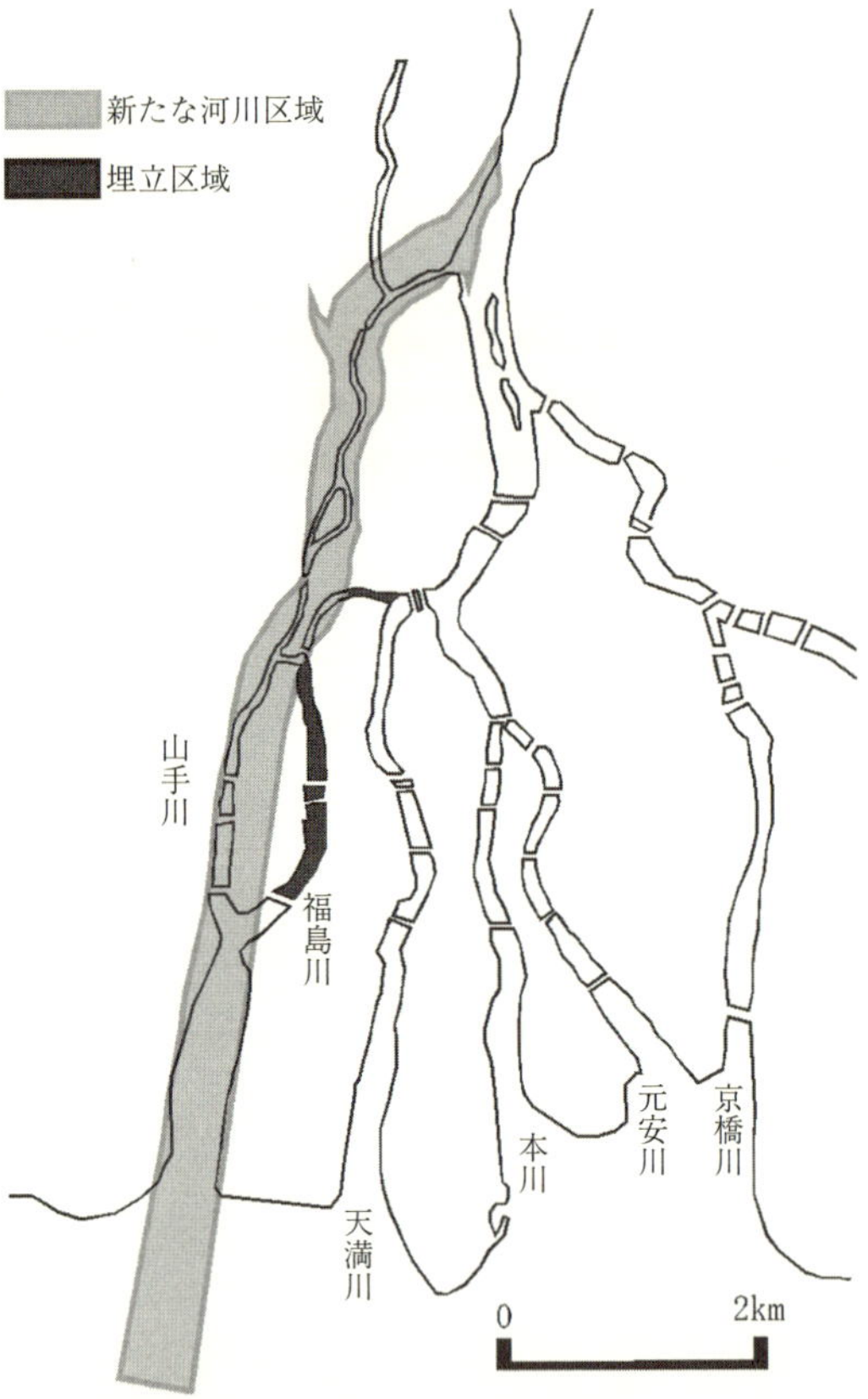

出所：戦災復興事業誌編集研究会・広島市都市整備局都市整備部区画整理課編［1995］を参照し，筆者作成。

太田川放水路開削工事再開が決定された際、行政にとっての最大の問題が河川敷居住者の存在であった。戦前すでに太田川放水路として開削する土地の買収、居住者の立ち退きはほぼ済んでいたが[*10]、一九四四年の工事中止以降、戦争末期の食糧難のために官有地の耕作が許可されたこと、さらに原爆によって住む家と食糧をなくした人々が大量に現れたために、空き地となっていた放水路予定地に人々が集中し、焼け残りの木材、トタンなどを材料にしてバラック住宅を建て始めていたのである。戦後すぐの時点で、放水路予定地には三〇一戸、一一二九人が居住しており[*11]、その後、六九四世帯が住むようになっていたと言われている[*12]。また同時期に、旭橋下流にもバラックが多く建てられ、在日朝鮮人が集住する地区が生成していた。

太田川改修闘争とその帰結

太田川放水路建設における河川予定地居住者の立ち退き勧告に対して行なわれた居住者による運動は部落解放運動と並行していた。その経緯については、天野［一九八四］やふくしま文庫［一九九二］、福島町資料作成委員会［二〇〇三］、大塚［二〇一六］に詳しい。以下ではこれらの文献を整理することで太田川改修闘争の経緯と背景を明示する。

中国地建当局は太田川放水路建設再開にあたり、まずは最も密集していた福島町に隣接する河川予定地の「不法占拠」バラック居住者を立ち退かせるために動くことになった。それに対して、バラック居住者たちは連帯して対策委員会を組織し、立ち退きに反対したが、一九四九年二月に「規定計画を除いて、これにかわるべき計画はなくやむを得ない」と了解し、立ち退くことを認め、補償方法についての協議・交渉を行政との間で進めることになった。一九五一年五月に、行政当局は地元代表者との懇談会において長年懸案事項となっていた「移転」「補償」「仮移転」「工事」「排水」などの問題についての大綱を示し、現地の家屋を調査する運びとなった。

しかしながら、立ち退きは順調に進まなかった。家屋調査の途中で地元対策委員会が部落解放全国委員会福島支部（以下、福島支部）ともう一つの立退対策委員会である太田川改修反対期成同盟会（以下、反対期成同盟会）の二つの組織に分裂したこともあり、一時行政の調査の見通しが立たない状態になる。ようやく一九五三年一二月二五日に、必ずしも地区居住者の総意を反映したものではなかったが、中国地建局長と反対期成同盟会委員長との間で、移転に関する「覚書」が交わされた。

しかし、この覚書に対して、福島支部と一九五四年三月に福島・南三篠両町民約一三〇世帯で結成された太田川改修立退者生活擁護連盟（以下、生活擁護連盟）とが一体となり、立ち退き補償についての具体的な事項が明示されていないこと、差別行政のために放置してきた行政責任を明らかにしていないこと、そして部落解放の施策がはっきり取り入れられていないことを理由に反対の態度を示した［ふくしま文庫　一九九二］。このため、中国地建は地区居住者の了解を得ることができず、事業の着工に至らなかった。

資料6－1　太田川改修闘争における部落解放全国委員会広島県連福島支部の要求項目

当面の要求10カ条

☆差別行政を撤廃し，太田川改修にともなう近代的都市計画を直ちに立案せよ。

1．太田川改修工事に地元民をやとい，埋立地を福島町民のためにつかえ。
2．不良住宅にすむ移転者に土地付き住宅を与えよ。
3．移転者に，完全な移転費を与えよ。
4．都市計画にもとづいた道路，上下水道，公園，公共施設を完備せよ。
5．不良住宅を一掃し近代的都市にふさわしい市営勤労者住宅をたてよ。
6．公共浴場・託児所をつくれ。
7．総合病院を設置し，生活保護を完全に適用せよ。
8．失業と貧困をなくする産業資金を融資せよ。
9．長期欠席児童をなくする為の対策をたてよ。
10．早急に消火施設を完備せよ。

1954年4月30日　部落解放全国委員会広島県連福島支部

出所：広島市編［1984］。

その後、福島支部と生活擁護連盟が地域住民をまとめ、部落解放全国委員会中央本部の指導のもとに行政との交渉にあたることとなった。改修工事で使用する運搬用のトロッコを力ずくで止めるほか、座り込みなどの実力行使を四〇日間続け、行政当局との交渉を迫っていったのである。そして、一九五四年四月、部落解放委員会第三四回中央委員会による「太田川問題に関する決議文」を受け、福島支部は単なる補償問題としてではなく、広く「差別行政の撤廃」と「近代的平和都市の建設」を一体的に捉えた闘争方針を明らかにし、資料6－1のような一〇項目にわたる当面の要求を提示して、闘争を強めていった。

福島支部と生活擁護連盟は地域をあげて中国地建・県・市当局と複数回にわたり交渉を続け、未解決の諸課題は「百メートル道路建設」反対運動に持ち越されたものの[*13]、一九五五年一月には福島地区の物件移転と、これに伴ういっさいの損失補塡、補償費の総額一億五五〇〇万円（一戸あたり平均およそ二五万円）の支払いという条件をもって協定が調印されることになった。建設省による移転補償費の支払い、県と市による旧福島川の廃川敷の払い下げ[*14]、公営住宅建築、移転補償費の一〇分の一の見舞金一五五〇万円の支給などで合意に達した［福島地区都市改造事業記念誌編集部編　一九七四：四八］。そして、一九五五年三月から福島町の居住者の移転が開始され、その後、一部、代執行が行なわれるなどの混乱もあったが[*15]、ようやく一九五九年に太田川改修に伴う漁業補償や立ち退き補償が全面的に完了することになった。[*16] 水内・加藤・大城［二〇〇八］は戦後すぐの京都や大阪市浪速区の被差別部落の事例から、「バラックから住宅要求闘争を起こす論理には、部落の生活擁護闘争の独自性を強調し、政府および地方自治体に向け、差別行政反対闘争の理論と戦術を定式化させていった当時の部落解放運動論[*17]を垣間見ることができる」と指摘しているが、まさに太田川改修闘争でも同様の論理が働いたのである。

以上のように、福島町沿岸の河川予定地では居住者による運動が活発化し、行政による立退者への補償、地区の住環境整備が達成されていく一方で、旭橋下流地区の「不法占拠」状態はしばらく放置されたままであった。その理由としては、行政側にとってみれば、居住者数が多く、立ち退き反対運動が活発だった福島地区の問題解決が先決だったからであろう。しかし、それだけが理由ではなく、「旭橋関係綴」に含まれる資料「太田川放水路左岸旭橋（広島市南観音町）不法占拠家屋立退問題」（中国地方建設局、一九六五年一〇月六日作成）には、「住民が第三国人《ママ》（朝鮮人）の集団であり、当時の政治及び社会情勢から調査、交渉等全く出来ない状態にあった」と記されているように、行政が差別的な意識を持ちつつ、旭橋下流地区居住者との交渉に戸惑いを見せていたこともうかがえる。次章では、まず旭橋下流の在日朝鮮人集住地区がいかなる地域であったのかを、当時の新聞記事や「旭橋関係綴」のデータから明らかにする。

3　太田川放水路事業沿いの在日朝鮮人集住地区の状況

広島市を洪水から守る太田川放水路の工事は着々と進められているが、完成を目前にして一カ所だけ工事にかかれないところがある。広島市南観音町の堤防予定地上に、どっかと腰をすえた不法建築部落がそれ。建設省中国地方建設局は来年六月の出水期までに堤防工事を終わらせるため、県に依頼して立ち退き交渉を続けているものの、両者の条件にかなりの差があり、解決は長引きそう。堤防工事には最低六カ月は要するので、出水期に間に合わないおそれもある。三十二年の歳月、百三十億円の工費をかけた太田川放水路の大工事がたった一つの〝泣きどころ〟のために使用不能に陥入るような事態が起こらねばよいが……。

(『中国新聞』一九六四年一二月二八日夕刊「完成を目前に太田川放水路　不法住宅がブレーキ　出水期に間に合わぬ　交渉が三月ごろまで?　広島・南観音」)

上記の新聞記事に書かれているように、一九六〇年代に入ると、太田川放水路事業の進捗状況が問題となり、「泣きどころ」と表現されたこの旭橋下流地区が世間の注目を集めるようになっていた。地区の居住者と行政との交渉がすでに山場を迎えていた、一九六六年六月七日付の『中国新聞』記事中の写真には(第7章扉)、この地区を挟んで南北に堤防が完成しており、旭橋下流地区沿いだけ堤防がないまま取り残されていた様子が映されている。写真のキャプションには、「不法住宅で堤防は未完成　少し水が出れば観音町はいっぺんに流される」とあり、この旭橋下流地区のみが問題の根源であるような報道がなされていたことがわかる。

それでは、旭橋下流地区は一九六〇年代において、どのように周囲の社会から見られていたのだろうか。本章では、まず新聞記事による旭橋下流地区の報道のあり方を確認し、当該地区の当時の地域イメージについて確認しておきたい。

新聞記事から見る地域イメージ

第2章では、一九五〇年代以降の「不法占拠」バラック街に対する社会問題として、大きく「衛生」「景観」「防災」「反社会性」という観点があることを指摘した。この旭橋下流地区に対しても、おおむねそうした観点からの言説で語られていたようである。

まず「防災」の観点からは、旭橋下流地区では大きな火災はなかったようであるが、上述したように太田川放水路

写真 6－1　旭橋下流地区の様子 1

出所：『中国新聞』1966年 6 月 9 日夕刊記事。

写真 6－2　旭橋下流地区の様子 2

出所：『中国新聞』1966年 6 月 9 日夕刊記事。

の洪水の危険性が問題視されていた。「景観」の観点についても、第7章扉の写真にあるように、旭橋下流地区だけが孤立して堤防がない様子がはっきりしており、太田川放水路の完成の阻害要因であることは一目瞭然である。なお、大雨などで河川が氾濫した場合、最も早くかつ甚大な被害を受けるのが当該地区であるはずだが、そのことに言及している新聞記事はなかった。

そして地区の内部の問題については、「衛生」的な観点からの指摘が多かった。それらを羅列していくと、「メーンストリートは、異臭がただよい、気味が悪いからと、めったに通行人はない」（写真6－1）、「共同炊事場には、真っ黒になるほどハエが集まる。捨てられた汚物の中を、鶏があさる」（写真6－2）、「豚小屋から直

写真6−3　旭橋下流地区の様子3

出所：『中国新聞』1966年6月9日夕刊記事。

接、川へ汚物が落ちこむ」「道路は燃料用材木の置き場。どこからともなくこうした材木を集めてきては付近住民の家の前に積み上げる」という具合である。こうした問題に旭橋下流地区の周囲に暮らす人々が困っていることを掲げ、この地区の異質性をより一層際立たせる論調になっている。また、衛生的問題については、行政によるゴミ処理の仕方に対してではなく、居住者個人の衛生思想やふるまいを指摘する場合がほとんどであった。

さらに居住者の反社会性が批判されることもあった。たとえば、地区居住者が道路に材木を置いていることを抗議されたことに対して、「お前の道路じゃあるまい」と一喝したエピソードが紹介されたように（写真6−3）、旭橋下流地区の居住者の粗暴さや自分勝手な様子が描かれていた。環境の劣悪さの原因は旭橋下流地区の居住者自身の問題であるとの論調は、旭橋下流地区居住者に付された「不法占拠者」というレッテルに説得性を持たせるのに十分であっただろう。

ただし、以上のような報道が実際のところ、地区居住者のことをどこまで把握したうえで書かれた記事であったのかは不明確である。「在日朝鮮人」や「不法占拠者」に対するネガティブなレッテルを上塗りする形で、記述している部分もあったのではないだろうか。次節では「旭橋関係綴」にある行政当局の調査結果を用いることによって、建築物と社会構成の二つの観点から旭橋下流地区の全体的な実態を実

表6－1　旭橋下流地区の用途別建物構成

（単位：戸）

構造	住宅	豚舎 鶏舎	事務所 店舗	物置 車庫	作業場 炊事場	便所	合計
木造・瓦葺き	39	22	2	5	3	2	73
木造・スレート	2	3		4			9
木造・トタン	3	10	1	7	1	1	23
木造・ビニール波板葺き					1		1
木造・ルービング葺き		2					2
木造・板葺き		1					1
木造・不明		1					1
合計	44	39	3	16	5	3	110
平均面積（m^2）	36.96	22.28	39.88	19.15	33.05	1.1	28.09

出所：建設省中国地方建設局総務部用地課［1966］。

証的に分析する。

建築物の構成からの分析

まず、地域内の建築物の用途を見ると、「住宅」（四四戸）と「豚舎・鶏舎」（三九戸）が多くを占めていた。このほか、「物置・車庫」（一六戸）、「作業場・共同炊事場」（五戸）、「事務所・店舗」（三戸）、「共同便所」（三戸）があった。それぞれの建築物の構造を見ると（表6－1）、一軒を除いて平屋建てであり、木造・瓦葺きが多いが、「豚舎・鶏舎」や物置には木造・トタン葺きも多くなっているように、建築物の多くは、居住者が粗末な資材を使い自らの手で建てたものであった。

それぞれの建築物の面積を見ていくと、地区内の住宅の平均面積は三六・九六平方メートルとなっており、当時の住宅状況においてはさほど狭小というわけでない。ただし、最も大きな家屋がおよそ一一〇平方メートルであるのに対して、一〇平方メートルにも満たない狭小な住宅もいくつかあるなど面積の差は大きかった。また、家族の構成員数も比較的多いため、一人あたりの面積が十分に確保されているとも言えない。さらに、後述するようにこの地区には七〇世帯が居住していたが、住宅が四四戸ということは間借り世帯が存在していることを示している。また、調査では豚舎や物置と設定されているが、実際はそうした建物に住宅が併設されている場合もあった。このように住環境が他地区に比べて劣悪であったことは間違いない。

豚舎・鶏舎の状況を見ると、平均面積は二二・二八平方メートルと住宅に比べて狭いが、最も大規模な豚舎はおよそ一二〇平方メートルとなっている。その一方で、多くの豚舎・鶏舎は一〇平方メートルで、後述する地区居住者の

図６−４　旭橋下流地区の建物配置図

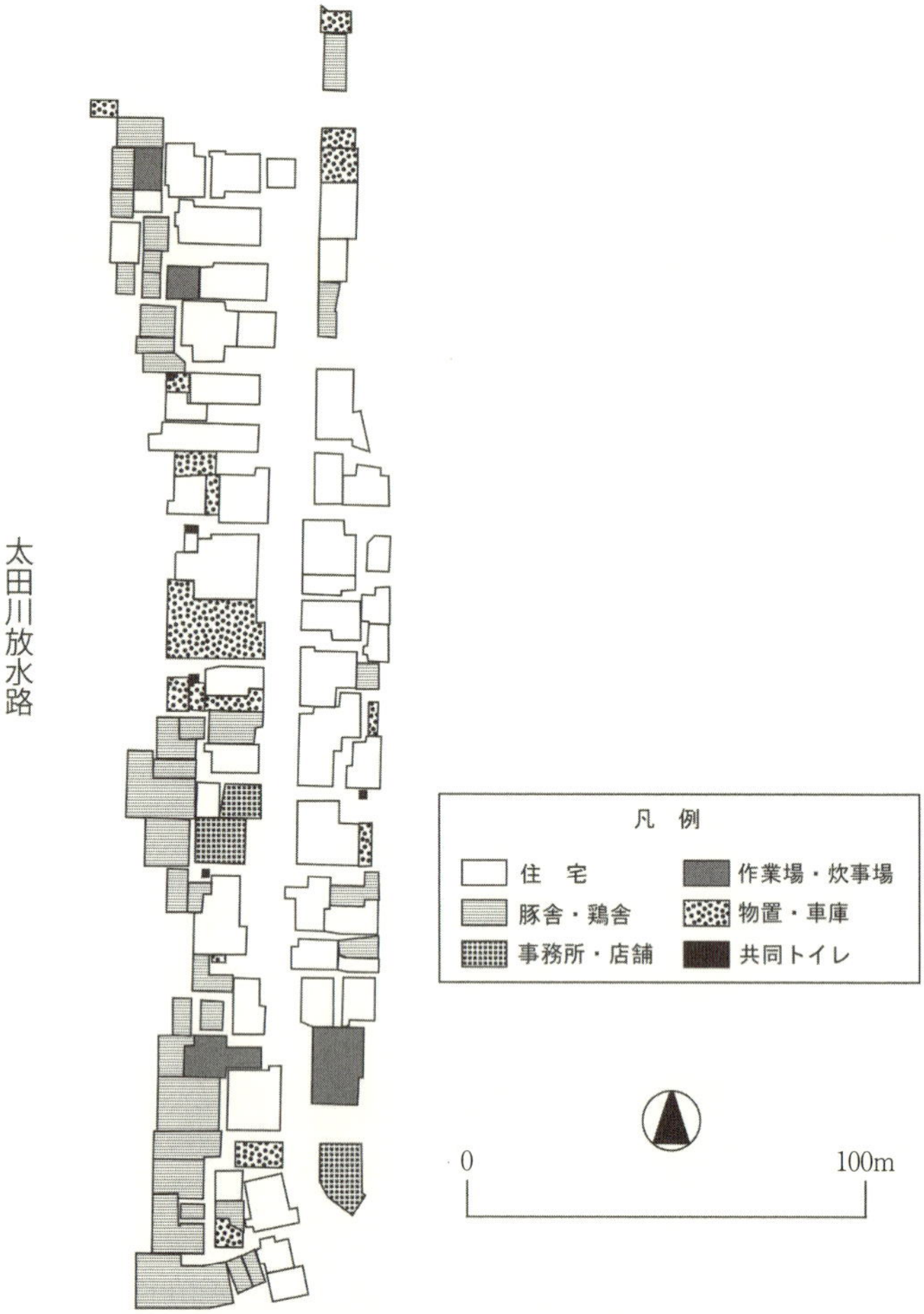

出所：建設省中国地方建設局総務部用地課［1966］添付地図から筆者作成。

職種と関係するが、兼業で養豚・養鶏を営む世帯も多かったのである。そのほかでは、古鉄商の物置場（一一〇平方メートル）や作業場（七〇平方メートル）、店舗（五五平方メートル）が比較的敷地が広い。

図6－4は、この地区の建築物を用途別に分類した土地利用図である。この図から地区構成ならびに建築物の配置を見ると、太田川放水路沿いに豚舎が立ち並んでおり、その背後に住宅が存在し、先述したメーンストリートと位置づけられる道を隔てて住宅が密集している様子がわかる。

社会構成からの分析

次に、旭橋下流地区の社会構成からこの地区の特性を抽出してみたい。「旭橋関係綴」に含まれる地区調査を参考にすれば、一九六四年二月には、およそ一七〇〇坪の敷地に七〇世帯、一九八人が居住していた。先ほどの住宅数とはズレがあるが、七〇世帯のうち持ち家が五七世帯で、一三世帯が間借り世帯であった。

世帯構成については、単身世帯はほとんどなく、主に四人以上の世帯構成となっており、六人以上が一〇世帯あった。なお、集団移住した地区で丸山［一九八三］が悉皆調査を行なった一九七八年八月当時、平均世帯員数は四・五人となっており、六一世帯のうち単身は六世帯で、六人以上は一七世帯に増えていた。

表6－2　旭橋下流地区における世帯主の職業構成

職種	人数
失対夫	16
とび職	12
建築・土木業	4
大工・石工	4
工員・鉄工	3
養豚業	6
古鉄商	5
運転手	2
店員	2
その他	3
無職	1
合計	58

出所：建設省中国地方建設局総務部用地課［1966］。

次に世帯主の職業を見ると、無職は一人しかいないが、市の失業対策事業に従事する者が多く（一六人）、不安定な雇用状況にある者が多数いたようである。他はとび職（一二人）をはじめ大工・工員等で、なかには日雇労働者も含まれ、収入が不安定な都市下層の職種が多いことが特徴である（表6－2）。

養豚業は六人と豚舎の数に比べて非常に少ないが、兼業で養豚を行なう世帯も複数あった。地区内には、先述したように豚舎・鶏舎が三九あり、そこでおよそ四〇〇頭の豚が飼われていたが、専業の場合は複数の豚舎で数十頭が飼われていた一方で、兼業の場合は零細に行なわれていた。なお、養豚業は許認可制であったが、地区内の業者においてはおおよそ半分が許可をとっており、残りの業者は無許可の状態にあった。このほか、古鉄商も五世帯あり、上記の建築物の分析で見た作業場や物置は古鉄を留め置く場所としてあった。

居住者の国籍を見ると、日本国籍一世帯を除いたすべての世帯が朝鮮・韓国籍であった。聞き取り調査によれば、朝鮮籍に比べ韓国籍が多く、この地区は当時、「民団の部落」と言われていたようである。出身地については、丸山［一九八三］の調査時点では、慶尚南道《キョンサンナムド》陜川《ハプチョン》郡出身者が六一世帯中三八世帯で、多数を占めていた。郷里でのツテを介した、いわゆるチェーン・マイグレーションによって、こうした集住が形成されたことも考えられる。また、世帯主の来日の時期については、一九〇九年から一九四三年まで広いばらつきで分布しており、ほぼ連続的に来日したと言えるが、経済的な不況期であった一九二八年と一九三八年がほかの年よりも多くなっていることが特徴である。

4　集団移住へ向けた居住者の連帯と組織化

第1節で述べたように、河川敷居住地の立ち退きをめぐっては、ほとんどの場合、行政当局は個別交渉に持ち込むことで居住者の組織化を妨げてきた。裏を返せば、行政側にとって、それだけ居住者の組織化は厄介だったことが想起される。旭橋下流地区の場合、行政側は一九六〇年代はじめまでこの地区内に入ったことさえなく、地域の実態がどのような状況であるのかも把握しておらず、いかに交渉をすればいいのかもわからなかった。そのような事情のために、行政側が交渉を進めたと言えるかもしれないが、その一方で、居住者たちが連帯に成功し、行政側に自分たちの要求を主張したことで、団体交渉へと進んだこともまた事実である。

以下では、この地区の居住者の連帯に重要な役割を果たした立退対策委員会の元事務局長T氏への聞き取り結果を主な資料として、「なぜ住民が連帯し、組織化したのか」という点を明らかにしていく。具体的には、「地域的特性」「自生的リーダーの特質」という二つのトピックから検討してみたい。

地域的特性からの分析

江口［二〇〇八］は、カリブ海地域のスクウォッター・スラム（「不法占拠」地区）の生活環境改善運動に関する一連の研究のなかで、「不法占拠」地区におけるコミュニティの形成、自生的リーダーの出現・あり方に関して、その集落の空間的特徴と社会的態様の関係から考察している。彼は「不法占拠」地区の空間的特徴を、「線的不法占拠地域」と「面的不法占拠地区」に分け、「線的に不法占拠される場合、家屋の両隣程度の限られた範囲での付き合いはあるものの、集落レベルではいわゆるコミュニティ的な意識は形成されず、居住者が連帯して何かを行うことはまずなく、したがって自生的なリーダーは生まれにくい」と指摘している。その一方で、「面的に居住空間が形成される地域では、強弱の違いはあれ、コミュニティ意識が生じるようになる。特に、当該地域だけが、他の地域から包領的に離れている場合には、その傾向が強い」とも説明している。

それでは、旭橋下流地区の場合はどうだったのだろうか。図6－4を再度見直すと、旭橋下流地区は大きく二つの地区がいわゆる「メーンストリート」を中心にして構成されており、面的な広がりを有していると言える。また、地区内には共同作業場や共同炊事場のように、江口が言うところの「コミュニティ的な意識」を醸成するための場もある。実際、S氏によれば、共同炊事場はおおよそ四、五軒で共有し、米を研いだり、食器を洗ったり日常的な利用がなされていた。

また、旭橋下流地区の居住者のエスニシティがほぼ均質であることも居住者の連帯にとって重要である。都市社会地理学者ノックス／ピンチ［二〇一三］は、都市のエスニック集団が特定の空間に凝集することの効果について、社会的抑圧からの防御や相互支援体制の構築、さらには文化の維持、政治的攻勢の基盤の四点を指摘している。まさに旭橋下流地区という閉じられた空間のなかに在日朝鮮人が凝集、すなわち集住することで、こうした効果が生み出されていったことも考えられる。そして、外部からの社会的抑圧や差別を含め、さらには行政による立ち退きへの圧力が厳しくなればなるほど、地域内部の凝集の程度がより高まりを見せ、政治的攻勢のための連帯の機運が熟していったことも十分に考えられる。

ただし、こうした地域の社会―空間的状況を見るだけでは、この旭橋下流地区の居住者が連帯していった要因の説明としては不十分である。そこではまた地域の歴史、つまり形成史を見ることも必要だろう。T氏はこの地区の形成について以下のように語っている。

あそこは戦後固まったんじゃなしに、戦前から居ったと思うんです。原爆でも、そんな全部焼けたんじゃなかったと思う。誰かがそこに観音町っていうところにね、福島町もそうだったけども住んどって、それから戦後、そのいわゆる、向こう〔朝鮮半島〕へ帰り損ねた人たちが、下関まで行って結局船がなくなって、また逆戻りして、知り合い探して行って住みだしたのがそこやったんです。誰か知っとる者居るから、知っとる者のとこに行って住んで、住んで。主の無い土手に家を建てて、住むようになったんじゃないのかなあ。

T氏によれば、当地は戦前から在日朝鮮人集住地区であったとのことである。実際、一九二五年の広島市社会課の調査を紹介した宮本［二〇〇六］によれば、戦前期に観音町が「鮮人《ママ》密集地帯」にあげられており、また、陝川郡在住被爆者の被爆時居住地を検討した市場［二〇〇五］では、南観音町全体で三〇〇人以上の陝川郡出身者が居住していたと報告されている。T氏やS氏の話によれば、地区居住者のなかには、戦前からこの地区に居住し、この地で被爆した者もいたそうである。それではなぜこの地区に人々が集住したのだろうか。T氏は以下のように語っている。

僕、観音町にはね、三菱の造船所があったから集まったのかとも思う。やっぱりバラック、下に長屋もあるし、それから多分そこらで働いていた人たち、ここに住んでるんじゃないかと、今と同じようにね。江波は間違いなくそうなんですけど。そしてそれが、いわゆる戦後ね、田舎に帰る言うて、船がなくなって逆戻りして、知っとる人訪ねて、そうして住みついたのがそうじゃないかなと、僕はね思うんですよ。

戦前、旭橋下流地区から一キロメートル近く南下した江波地区の三菱重工業広島造船所の徴用工の寮には約三〇〇〇人が集団生活をしていた［広島県朝鮮人被爆者協議会編　一九七九］。また、旭橋下流地区の東に接する場所に現在も二棟の長屋があるが、その長屋は三菱重工業広島造船所の徴用工を収容した飯場の名残であるとも言われている。この飯場には多くの在日朝鮮人が集住していたらしく、他の地区からこの場所を訪れることも多く、ある種の拠り所になっていたということである。S氏の話によれば、戦前、三菱の徴用工たちが日曜日になると、この長屋に食材を持って集まり、夕食を共にすることもあったそうである。旭橋下流地区周辺一帯にこうした朝鮮人を惹きつける磁場が戦前から形成されており、戦時中および戦後すぐにおいても、多くの在日朝鮮人がこの場所に集まってきたことは想像しやすい。前節で見たように、この集落には特に陜川郡出身者が多かったように、同郷を媒介にした共同性が醸成されていたことも考えられる。また、地区の社会的流動性は低く、一九五九年から始まる帰国事業により「北」（朝鮮民主主義人民共和国）に帰還した数世帯以外ほとんどの世帯がこの地区に定着していた点も居住者が連帯する背景であったと考えられる。

自生的リーダーの特質

前述の江口［二〇〇八］も指摘しているように、居住者が連帯していく要因としては、彼らをとりまとめ、主導する自生的リーダーの存在がまた重要である。旭橋下流地区のリーダーは誰かと言えば、立退対策委員会の会長C氏に違いない。それでは、C氏はなぜ会長になったのか。T氏はこのように語っている。

あれ〔会長〕は彼〔C氏〕か民団の団長かどっちが〔対策委員会の会長を〕やるかっていうことになったんだけども、Cさんの方が歳大きかったしね。それに一応、人間的な信頼があったんですよ、彼は。総連じゃ、民団じゃなしに。いわゆる三世代〔家族〕、お祖父さん、お祖母さんが居ったし、本人の家族そして息子夫婦。三世代一緒に暮らしていた。それに原爆も遭うとるし、そういうあれで、みんながいいんじゃないかと。話も結構できるし。〔地区内には〕それだけ集まって、それだけ人が居っても、人前で話がまともにできる人ってそんなにいないですよ。

C氏は一九二一年生まれ、立ち退き交渉が始まる一九六四年時点では四三歳であった。彼は衛生業（清掃業）を経営しており、その事務所や家屋はこの地区の中心部に位置し、その面積も最も広かった。そうした事実は、地域のなかで有力な人物であることの証明になっているのかもしれない。ただし、C氏は単にそれだけで立退対策委員会の会長となったのではなく、地区居住者たちの多くからの信頼を得ていたことが大きな要因である。実際、S氏への聞き取りによれば、C氏は地区住民の多くから「おにいさん」と呼ばれ、自分から人を引っ張っていくタイプではないが、周りから頼りにされる人物であったことは確かである。

C氏が信頼を得ていた理由は、事実として、C氏がこの地域に住み始めた時期が最も早く、この地区の歴史や状況をよく把握していたことがあろう。また、居住者の多くが失対人夫や養豚業など、肉体労働に従事する一方で、被爆者ということもあってか頑強な方ではなかったが、衛生業の経営者という立場として、いわゆる「話のできる〔わかる〕人物」であった。そうした彼の知識や経験は、居住者たちの連帯の中心となり、組織化するうえで重要な能力であったのだろう。なお、外村［二〇〇四］は戦前期の在日朝鮮人社会におけるリーダー層の存在形態について、労働や居住を共にする小集団のなかを統率する存在としてのリーダーと、商工サービス業を展開した経済的成功者の二つに分類している。戦前期と戦後期の違いはあるかもしれないが、外村［二〇〇四］の分類で言えば、まさにC氏はいずれのリーダーの存在形態にも該当している。

このほか、C氏がこの旭橋下流地区で被爆した経験も人々の信頼を生む重要な要因であった。ちなみに、C氏は朝鮮籍で、朝鮮総連広島支部観音分会の分会長を務めていたが[*18]、後述するT氏と同様に、「総連／民団」の枠を越えて、住民の利益を追求したようで、そうした姿勢が居住者の信頼を集めた要因になったと思われる。

居住者の連帯から立退対策委員会の組織化へ

ただし、C氏を中心に居住者が連帯したからといって、行政の補償交渉がうまく進んだわけではなかった。補償交渉において、C氏をはじめ地区居住者たちはいわゆる「素人」だった。そのため一九六三年に行政からの立ち退き勧告が厳しくなると、居住者たちは朝鮮総連や民団に協力を依頼した。そして、両組織の後方的支援もあり、C氏を中心に立退対策委員会を組織することになるが、その立退対策委員会をとりまとめ、行政との交渉において重要な役割を果たしたのがT氏であった。

当時、二〇歳代後半であったT氏は旭橋下流地区の居住者ではなく、朝鮮総連の専従活動家として、この対策委員会の事務局長を担っていた。事実、一九六五年一月六日に行政側が立退対策委員会に対して、「南観音町立退対策委員会の専任となった在日本朝鮮総連西広島支部、組織部長T氏〔原文は実名〕は南観音町の居住者でないので、交渉の相手として妥当でない旨申入れる」とT氏を交渉の場から排除することを要求したのも、T氏が立退対策委員会のなかでなくてはならない存在であったからであろう。ただし、T氏は必ずしもはじめから地域居住者たちの信頼を得ていたわけではなかった。

それでは、なぜT氏が立退対策委員会の事務局長として活動したのか、そして、委員会の組織化のため、居住者に対してどのような取り組みを行なったのか、彼自身の語りから明らかにしておこう。T氏は自らがこの地区に関わった経緯を以下のように語った。

一九六三年頃からじゃなかったかな。あそこでね、最初、県から通知が来て、部落〔旭橋下流地区〕が慌てて民団の本部へ行ったり、総連の分会、総連の本部に来たりしよったんですよ。はじめは事務局長を民団から出してということでね。民団本部から来た若いのがおって、彼に民団分会の方から頼んだらいいんですよということになっていた。そしたら、首を振られて、立ち退きやと聞いて、「わしゃ、やらん」と言われてしまった。それで〔住民は〕途方にくれたんでしょうね。総連の方に来て、あれ〔立ち退き問題〕を受け入れるかと、どう思うかと。それで、向こう〔民団〕が出せって言うのを、よう出さんのやから、うち〔総連〕が出して受けさすというような話になったんですよ。よし、じゃあ誰が行くかっていうことになって、やっぱり血の気が多かったんじゃろね。「近いし、僕行きますわ」て言うた。と言うのは、福島町の立ち退きの問題やらなんやら、あちこちの町の立ち退きの問題を多少なりそういったあれ〔知識や経験〕があったから。それで〔総連の〕委員長の許可を得て、行ったと思うんです。

T氏が事務局長として活動したきっかけは、朝鮮総連広島支部組織部長としての初めての仕事であり、「やりがい」を持って、自分から立候補したことであった。また、自らの福島町の実家が撤去対象家屋になっていたこともこの地区の立ち退き問題に関心を持った理由であるとも語っている。

しかし、たとえT氏自身が「やりがい」を持っていたとしても、朝鮮総連の専従活動家である彼を、旭橋下流地区で民団に属する居住者が受け入れることは容易なことではなかった。当時、民団と朝鮮総連の間には、それぞれが支持する国家間で深刻な政治問題が生じており、地域内の居住者間においても自分が所属する組織と対立する組織に対して忌避感があったのである。

〔北朝鮮〕帰国〔事業〕が始まって、総連の方が気勢良くて、民団の方は韓国が軍事政権でね。やはり軍事独裁政権で息ができないような雰囲気があって、わしらがどんどん攻撃できる材料はあるし、やはりそういう時期だったんですよ、社会的に。

国家間、組織間の対立が激化していた一九六〇年代初頭、T氏が旭橋下流地区居住者の信頼を得て、立退対策委員会の事務局長として活動するまでにも、数々の苦労があった。「一軒一軒挨拶に歩いたり、今度、実はこうこうで総連の方からこうやって入るようになったんですがよろしいでしょうか、お宅はどう思いますか」と、T氏は居住者に対して地道な働きかけを行なった。当初、T氏は「民団の部落」と呼ばれる旭橋下流地区において、朝鮮総連の専従である自分が受け入れられるのか不安だったとのことだったが、「選挙活動」のように、一軒一軒直接訪問して回り、「立ち退き問題」に対する共通意識を持たせ、立退対策委員会ならびに事務局長である自分を信頼するよう求めたのであった。そして、民団系の居住者にとっては若干不満があったかもしれないが、行政との補償交渉が経過するにつれて、徐々にT氏はそうした居住者の信頼を得ていくことになる。

民団の方から見れば、〔北は〕好きじゃないけれども〔該当者がT氏のほかに〕おらんじゃないかと。まあ、〔T氏に〕いっぺんやらしたらどうかというのが本音じゃなかったかなと、僕は思うんですよ。それで、僕がそこでまあ、いろいろのやり方、やること言うこと、そういうことが徐々に徐々に僕の気持ちがわかっていったんじゃないかと思う。

地道な活動でT氏が居住者の信頼を獲得していった背景には、彼らの生活を守ることを第一に考えていたことがあった。そして、彼は立退対策委員会への信頼を要望するにあたって、以下のように居住者に語りかけたのであった。

総連じゃ民団じゃと、みんながなかでわーわーと喧嘩しよったらね、向こう〔行政〕に見られますよと。はじめっからそれだったら、民団は民団でやって総連は総連でやりなさいと。一緒にやらずに分けてやりなさいと。どっちがいい条件を勝ち取るか、それは競争みたいになってもいいじゃないですかと。でも、一緒にやるんやったら、ここの対策委員会の委員長を中心に、彼が民団であろうが総連だろうが〔関係ない〕、それはみなさん選ぶんだから、選んでしっかり固まって、彼を中心に。発言も向こうに出たら、わしもじゃ、わしもじゃじゃあなしに、対策委員長、事務局長に任してくださいと。それ以外の方、あんまり発言しないでくれと。

安定した生活や居住を守るためには、居住者個々の要望や権利意識を高めることは必要であるが、行政との交渉を実際に行なう場合には、それを一つに集約して訴える必要性があることをT氏は認識していた。個別交渉ではなく、地区居住者がまとまって発言しなければ、行政に自分たちの要求を通せないというわけである。そして、上記の発言にもあるように、「総連」や「民団」といった組織で居住者たちを分断させることは、どちらの組織にも、それに属する者にも、それぞれに利益はないと見通していた。そのため、T氏は組織の政治性を積極的に排除し、居住者すべてがまとまることの重要性を訴えたのである。実際にそれは立退対策委員会の構成にも反映しており、顧問は朝鮮総連、民団双方の地域有力者が務め、役員も会長は朝鮮籍、副会長は韓国籍と、思想や国籍において偏りがないよう配置されていた。

以上、T氏のこうした発言や取り組みが功を奏し、居住者たちは立退対策委員会を中心に連帯することに納得し、その後、立退対策委員会を通さずに、居住者が直接、行政側に対して発言することはほとんどなかった。一方で、このようにC氏やT氏を中心に旭橋下流地区の居住者が連帯し、立退対策委員会を組織したことは、その後、行政にとっては交渉を進めるうえで非常に「厄介」な状態となったのである。「旭橋関係綴」にこの地区が、「大同団結し、立退対策委員会を組織し、居住者の関係者同士の国籍の違いにもかかわらず、利害が完全に一致しているため、同委員会の強力な規律と統制に従い、民団乃至は総連の援護のもとに強硬な補償要求をしてきている状況」(資料「太田川放水路左岸旭橋［広島市南観音町］不法占拠家屋立退問題」、中国地方建設局一九六五年一〇月六日作成)と記されていることはその証左でもあろう。

5　おわりに

本章では、戦後都市に存在した河川敷居住地のうち、行政からの土地の払い下げという形で集団移住を成し遂げた、広島市を流れる太田川放水路沿いの旭橋下流地区を取り上げ、集団移住を可能とさせた居住者の連帯の状況やその背景についてアプローチした。まず第2節では、地区の形成について確認した。太平洋戦争の激化によって一時的に工事が中断したことで放置された河川予定地には多くのバラックが立ち並んだが、そのうち、福島地区では一九五〇年代にかけて、部落解放運動のなかで多くの居住者が近隣の地区へ集団移住を遂げる一方で、在日朝鮮人が集住した旭橋下流地区は一九六〇年代に入っても、行政による差別もあり、放置され、七〇世帯、一九八人が居住していた。第3節では、地区に対する社会的まなざしのあり方や、地区の建築物や社会的構成の状況について確認した。新聞記事において、当該地区は社会問題の温床として語られる一方で、そこが生活の場であり、都市下層労働を含めた労働の場であったことを、中国地建が作成した「旭橋下流地区不法占拠家屋除却関係綴」などを資料に明らかにした。第4節では、行政からの立ち退き勧告が強まるなか、居住者たちが連帯し、立退対策委員会を組織した経緯について、主に関係者の聞き取り調査から明らかにした。こうした居住者の連帯と組織化が成立した背景には、地域の社会―空間的特性や歴史的背景の影響、さらには自生的リーダーやキーパーソンによる居住者に対する働きかけがあったことを明示した。

ところで、京都市の鴨川と高瀬川に挟まれた、在日朝鮮人集住地区四〇番地の住民運動の条件を検討した山本［二〇〇九］は、民族性と住民性に立脚した住民組織を形成することで、「不法占拠地域」における住民運動の成立と展開が可能になったと述べている。まさにここでも地域の特性としての民族性における連帯可能性とともに、T氏が地区の信頼を得て、居住者の組織化を図るために、政治性を超えた地域居住者としての連帯を主張したことも確認されている。立地する都市や歴史的背景は違うが、戦後都市における河川敷居住地や在日朝鮮人集住地区における居住権運動における共通性がこの点において見られるのかもしれない。次章では、行政と居住者組織間の交渉の背景を検証することで、旭橋下流地区の集団移住がどのようにして可能になったのか、具体的にその要因を解明していきたい。

【注】

＊1　「原爆スラム」の実態調査については、大藪［一九六八、一九六九］や千葉ほか［一九七三］などがある。

＊2　この経緯については、広島県・広島市［一九七四］や石丸・真鍋［一九八三］、田中［一九八三］に詳しい。

＊3　その後、一九九〇年代以降には京都市南部、鴨川と高瀬川に挟まれた通称「四〇番地」地区での住宅地区改良事業が注目を集めた。その一方で二〇〇〇年代に入ると、スーパー堤防事業の影響で居住者たちが立ち退きとなり、コミュニティが維持されなかった川崎市多摩川沿いの戸手地区の事例もある（『朝日新聞』二〇一四年三月二四日「多摩川、消えゆく河川敷集落在日ら助け合い六〇年余」）。

＊4　こうした対応は、在日朝鮮人の集住地区に対する行政措置の点からも特異な事例と言えよう。戦後の在日朝鮮人に対する行政措置については、水内俊雄は以下のように論じている。「かたや部落解放運動が公営住宅を獲得するという大きな成果を得つつあるとき、在日コリアンが、日本国内でそうした要求を行なうのはきわめて困難な状況にあった。というのも、彼・彼女らは総連（在日朝鮮人総聯合会）や民団（在日本大韓民国居留民団）という疑似国家に間接的に帰属する状況にあり、権利擁護の要求を抑制す

る傾向にあった。特に総連側は日本における海外公民として、内政問題には触れないという立場から、一九五九年から北朝鮮への帰国事業を展開、その後の参政権獲得運動や、地方公務員の国籍条項撤廃運動にも参加しなかった。それゆえ、人々は自助的・互助的な生活を営んできたのである」[水内ほか 二〇〇八：二六九]。また文京洙も「在日朝鮮人の生活と住民自治」をテーマとする座談会において「住環境を行政に訴えて改善させるというやり方はこの当時（一九七〇年から八〇年頃）までおそらく朝鮮人は発想できない。朝鮮人の場合、生活環境が苦しい、差別がひどい。差別を改善しようとはしますが、住環境を行政に訴えていくということはやらないで、統一のために頑張って、国に帰るとか、本人たちはそう思わなくても、上からの指導で問題解決をそっちの方に導くわけですね」と述べている[富坂キリスト教センター在日朝鮮人の生活と住民自治会研究会編 二〇〇七：一五七―一五八]。

＊5 三輪嘉男氏は建築学および社会学的観点から、部落問題や都市の再生資源の問題、さらには在日朝鮮人に関する問題にアプローチしてきた。主な著書・論稿としては『図説 今日の部落差別』（村越末男と監修、解放出版社、一九八八）や「在日朝鮮人集住地区の類型と立地特性」（『在日朝鮮人史研究』一一、一九八三）などがある。社会的活動としては奈良市同和対策協議会会長などを務めた。なお、三輪氏がどのように当該資料「旭橋関係綴」を入手したかについてはわかっていない。三輪氏はある知り合いの研究者から貰い受けたと筆者に語っている。資料の原本自体は、三輪氏およびご家族の意向もあり、三輪氏が二〇〇九年に逝去された際に廃棄され、現在は存在しない。ただ、筆者は原本の全ページをデジタルカメラで撮影し、そのデジタルデータを保管しており、その中身を確認することは可能である。また、筆者がこの資料データを利用することについては、三輪氏ご本人およびご家族の方から許可をいただいた。

＊6 戦後広島の立ち退き問題に関する新聞記事については、広島韓国・朝鮮社会研究会編[二〇一〇]を参照。

＊7 T氏への聞き取り調査は、広島韓国・朝鮮社会研究会のメンバーとともに、二〇〇八年三月一七日に愛媛大学大学会館で実施した。聞き取り時間は三時間であった。聞き取り内容はICレコーダーで録音し、その後文字起こしをした。

＊8 S氏への聞き取り調査は、権鉉基氏とともに、二〇〇八年二月一七日に広島朝鮮初中高級学校で実施した。聞き取り時間は二時間であった。聞き取り内容はICレコーダーで録音し、その後文字起こしをした。

＊9 福島川河川敷を河川区域の認定告示したのが一九三二年二月九日（広島県告示第八九号）であり、買収した民有地を河川予定区域の認定告示したのが一九三四年一〇月六日（広島県告示第九九六号）で、これ以後、県による河川管理が行なわれている。

＊10 一九三六年度の測量・調査によれば、買収された土地は約四万坪、移転家屋は約三二〇戸であった。当地区には、福島小学校をはじめ、常設家畜市場その他工場、店舗、住宅などが密集しており、居住者の多くが生活困難者であった。また、当地区には日掛

家賃三銭余りという借家があり、生活困窮者には住みやすい地域であったため、居住者のほとんどは他地区への移住には難渋していた。それに対して、行政当局は他地区への立ち退きを行なうことを困難として、当時の補償基準以外の立ち退き料を算定し、広島市においても公営住宅二〇〇戸の建設などを決定していた。そして、一九三七年度までに三二六世帯が立ち退いていた。

＊11　福島町資料作成委員会［二〇〇三］によれば、八月までは放水路予定地に一七戸ぐらいしか建てられていなかったようである。

＊12　ちなみに、放水路予定地にバラックを建てたなかには多くの在日朝鮮人が含まれていた。そして、この在日朝鮮人には放水路建設に携わっていた者がいたとの証言もいくつかの文献で示されている。たとえば、「福島町と共に、南観音町の土手筋に住んでいた朝鮮人たちは、もともとは太田川河川改修工事の作業員として誘致ないし連れてこられた人々が多かった。工事が一段落した後も、引き続きそこに定着していた」［丸山　一九八三］や、「福島の土堤筋は、昔河川工事のためによけいつれてこられて、その後、引き続き住んでおりましたけえ、まるで朝鮮人の町みたいでした」［広島県朝鮮人被爆者協議会編　一九七九］などがそれにあたる。戦前期から始まる福島町への朝鮮人の集住状況については、伊藤［二〇〇七］に詳しい。

＊13　一九五八年に一〇〇メートル道路福島地区立退者連盟が結成されて以降、行政との交渉を通じて、街路計画と都市基盤の整備、不良住宅の除去と移転、宅地の確保と整理、公共施設の移転完備等の都市区画整理事業は一九七二年に完了した。

＊14　放水路工事に伴い、不要となった福島川の廃川敷は埋め立てられたが、この埋立地九万二〇一・二四坪は、廃川敷地処分令（一九二二年勅令第三〇三号、一九六五年四月失効）第七条の規定に基づき、県・市に帰属することになった。西部復興土地区画整理事業の施行者である広島県知事は、広島県に帰属した廃川敷の一部を、福島地区居住者に払い下げ、事業の進捗を図った。

＊15　福島地区の家屋移動は建設省と協議した補償費でもって約三か年で完了したが、補償費の低額や移転地がないことを理由に二十数戸が立ち退かず、工事の施工が中断した。行政は「土地明け渡し」の訴訟を起したが、和解に至らなかったため、最後まで立ち退かなかった六軒は代執行により立ち退かざるをえなかった。

＊16　その後の福島地区については、一九六〇年以降、街路計画と都市基盤の整備、不良住宅の除去と移転、公営住宅の建設、宅地の確保と整理、公共施設の移転完備などの都市区画整理事業が約七九億円の事業として、約一〇年にわたり実施された。

＊17　こうした考え方は、朝田善之助の名前を冠した「朝田理論」と呼ばれ、全国水平社運動以来の解放運動の差別に対する捉え方の理論的総括となっていた。一九五六年、朝田善之助によって提起された「日常、部落に生起する問題で、部落と部落民にとって不利益な問題は一切差別である」という〈差別に関する命題〉が、部落差別の本質・社会的存在意義・社会意識についての三つの命題に定式化され、差別行政反対闘争（行政闘争）の理論的基盤として、部落解放運動を牽引してきた［若松　二〇〇四］。いわゆる差別糾弾闘争に偏向しつつあった従来の運動の重点を行政闘争に転化し、差別行政の有無にかかわらず生活そのものが差別を受

けているとの観点に立って、部落の経済状態・生活環境の改善、向上のために絶え間ない闘争を組むというものであった。

＊18　C氏とT氏はもともと深い関係があったのではなく、顔見知り程度であった。

第7章 集団移住へ向けた戦略と戦術

上空から見た広島市旭橋下流地区の状況
（出所:『中国新聞』1966年6月7日）

1　はじめに

戦後都市における河川敷居住のあり方は、立地する状況や成立経緯に応じてさまざまであり、その消滅までの過程や時期も地区の社会的・空間的位置づけにより異なっていた。おおむね、行政の個別補償により居住者の多くが自主的に立ち退き、河川敷居住地はいつしか消滅したようであるが、行政代執行による強制撤去や住宅地区改良事業の適用による公営住宅への移転なども行なわれた。

他方で、広島市の太田川放水路沿いに存在した福島地区や旭橋下流地区のように、行政による土地の払い下げによって集団移住を成し遂げた事例もあった。前章では、この旭橋下流地区の事例を取り上げ、居住者の連帯と立退対策委員会の組織化を指摘したうえで、その背景として、地域の社会—空間的特性や歴史的背景、さらには自生的リーダーやキーパーソンによる居住者に対する働きかけがあったことを明示した。

しかし、旭橋下流地区の居住者が集団移住した背景にアプローチするためには、もう少し検討が必要である。というのも、たとえ居住者が連帯し、組織化がなされたとしても、行政当局との交渉がうまくいくとは限らないからだ。兵庫県の武庫川河川敷の事例［飛田　二〇〇二］で見られたように、外部の支援団体の援助を受け、居住者組織が激しい抵抗運動を行なったからといっても、最終的には警察権力を用いた行政代執行により、そうした運動は挫折に追い込まれることになったし、第5章の神戸市長田の新湊川沿いに存在した「大橋の朝鮮人部落」のように、たとえ集団移住をめぐる行政との交渉があったにせよ、個別交渉での分断戦略によって集団移住が成し遂げられなかった事例もある。したがって、集団移住が成し遂げられた要因として、居住者組織の交渉の進め方や行政側の対応についても検討する必要がある。

そこで本章では、特に居住者組織である立退対策委員会と行政当局との交渉過程を整理したうえで、集団移住が成し遂げられた背景を明らかにしていく。資料としては前章と同じく、建設省中国地方建設局（以下、中国地建）総務部用地課が一九六六年に作成した「旭橋下流地区不法占拠家屋除却関係綴（以下「旭橋関係綴」と表記）」（二巻）を使用する。この「旭橋関係綴」には、一九六四年一月一〇日から一九六六年九月一日までに作成された、行政文書や調査記録、図面、そのほか行政内部の会議録や居住者との交渉記録、担当者のメモなどが含まれている。また、この資料に加え、旭橋下流地区の立退対策委員会の組織部長を務めた、在日本朝鮮人総聯合会広島県支部の元副委員長T氏の聞き取り調査の結果も活用する。[*1]

論文構成は次のとおりである。第2節では立退対策委員会と行政当局との交渉過程を辿ったうえで、補償交渉が成立した要因を行政内部の状況から検討する。さらに、第3節で補償内容を項目ごとに検討し、第4節では具体的に交渉において行政当局と立退対策委員会がそれぞれいかなる実践を行なったのか明らかにする。

2　交渉の過程と成立要因

交渉過程の概要

太田川放水路工事を進める中国地建、太田川工事事務所（現在の太田川河川事務所）、および河川管理者である広島県が、旭橋・庚午橋間の左岸築堤工事の必要から、それまで放置していた旭橋下流地区居住者に対して非公式の撤去勧告、除却命令を出し始めるのは、一九六〇年に入った頃であった。一方、当該地区の居住者はすでに一九五九年頃から「立退対策委員会」を組織しており、行政当局による非公式の撤去勧告・除却命令に対して黙殺という立場を維持していた。

こうしたなか、当初から設定していた太田川放水路の通水予定時期である一九六四年度が切迫してきたため、中国地建（河川部長、河川工事課長、河川管理課長、総務部用地課長）が中心となって、太田川工事事務所（事務所長、副所

資料 7－1　河川敷内不法建築物の除却について

広土第七九四号　　昭和三九年四月二三日

広島土木建築事務所長

河川敷内不法建築物の除却について（通知）

あなたが所有する次の建物の敷地は，御承知のとおり太田川放水路の堤防用地で本年度は築堤工事を完了して放水路に通水し広島市を水禍から守らねばなりませんが，この区間だけがあなた方の建物があるため今日まで築堤工事が遅延しております。これ以上工事を遅延さすことはできませんので速やかに建物を除却し工事に着工することとなりました。ついては，次の建物をあなたの負担で速やかに除却して工事に支障がないよう措置してください。なお，この建物は，河川法に基づく占用及び工作物設置の許可をしておりませんので，移転に要する費用は補償できませんので，自費で除却してください。もし，履行されないときは，県が代執行により除却し，除却に要した費用はあなたから徴収することとなりますので，念のため申し添えます。

出所：建設省中国地方建設局総務部用地課［1966］。

長、工務課長、用地課長）、広島県（河川課長、土木出張所長、管理課長）、広島市（建設局長、建設総務課長）の間で協議を進め、当該地区の家屋の除却の基本的方針を確認したうえで、広島県が正式に二度にわたる立退勧告および除却命令（資料7－1、資料7－2）を出すことになった（一度は土木出張所名、一度は河川管理者である県知事名）。

それに対して、立退対策委員会の方も在日本大韓民国居留民団（以下、民団）と在日本朝鮮人総聯合会（以下、朝鮮総連）の援護を受け、広島県知事宛の陳情書（資料7－3）を提出する。これを受けた中国地建、広島県・市当局は「行政監督処分は従来の事例から至難であり、事態の解決と通水の緊急性から移転に要する費用については考慮せざるを得ない」との結論に達し、一九六四年五月から立退対策委員会との補償交渉に臨むことになった。

その後、一九六五年四月の新河川法施行に伴って、太田川放水路の河川管理者となった建設大臣（中国地方建設局長が代理）によって除却命令が再び出され（資料7－4）、それに対して、朝鮮総連および民団の広島県本部から同胞の居住権および生活権擁護の要請書（資料7－5）が広島県知事宛に提出されるなど、交渉は広がりを見せていく。そして、一九六五年五月には、交渉がまとまっていなかったにもかかわらず、太田川放水路の通水を迎えたのである。旭橋下流地区居住者の立ち退きが完了していないこともあり、放水路に多量の水を流すことはできなかったものの、大水が出

資料 7－2　河川敷地内不法建築物の除却について

（広島土木建築事務所経由）河　第　一二七　号
昭和三九年五月九日

河川敷地内不法建築物の除却について

あなたが，広島市南観音町地内に設置する次の建築物は河川法施行河川福島川の河川敷地と太田川放水路改修工事に必要な要として国が買収し，とくに，この区域は，昭和九年一〇月六日づけ広島県告示第996号をもって河川予定地として告示した土地であり，この建築物は河川法第一七条および第一八条ならびに河川予定地制限令第三条の規定に違反すると共に太田川放水路改修工事に支障をきたしているので河川法第二二条の規定にもとづき昭和三九年六月三〇日までに除却することを命ずる。

出所：建設省中国地方建設局総務部用地課［1966］。

資料 7－3　陳情書

陳情書

広島県知事　永野巌雄　殿

私たちは広島市南観音地区に住んでいます。この度広島県当局はこの地区に太田川放水路を建設する為に地区住民の立ち退きを勧告いたしております，しかしながらこの事業推進に当って最も重要な地区住民の生活上の問題は何ら計画として示されておりません。ご承知のごとく広島市が世界で最初に投下されたあのいまわしい原爆の惨禍の際やむなく河川の付近に仮小屋を建てた者，復員して住む家がなく途方にくれたあげく住みついた者，外地の引揚や過去ドレイの如き抑圧を受け，ムチで打たれながら侵略戦争に協力させられた朝鮮人で占められております。その数59世帯になります。これらの原因によって今日迄細々と生活をし戦後19年間放置されたままになっています。広島がいち早く平和都市（ヒロシマ）として再建のキネの音が高らかに響き渡り広島市民の生活向上の為に施策が進められている事に対し何ら反対するものではないし，むしろもろ手を上げて賛成致します。しかしながら全体の為に私達の明日からの生活を破壊され路頭に迷わなければならない事は断固として反対せざるを得ません。又，今回の県当局の処置は適切なものでなく平和都市建設法に反する事になります。そればかりか国際的信義にも大いに不信を起す事にもなります。従って広島県当局は事の重大性を良く理解し，この事業推進に当たっては十分に事情を御賢察の上よりよき行政を遂行されん事を切に願い，私達の要求を連署によって提出致します。

当面の要求

1．立ち退き対象者の正確な実態調査を行なう事。
2．立ち退き対象者に住宅，土地及び立ち退きにともなう補償金を支給せよ。
3．立ち退き対象者の生活権である養豚，金属，衛生業，その他一切の営業がひきつづき支障なく営めるよう万全の保障をせよ。
4．一切の立ち退き問題についての折衝は立退者の組織である南観音立退対策委員会と行なう事。

昭和39年５月16日

南観音立退対策委員会
顧問２人，会長，副会長２人，事務局長，会計部長，会計監査２人，委員５人　連署

出所：建設省中国地方建設局総務部用地課［1966］。

資料7－4　太田川筋（放水路）の河川区域内における不法工作物の除却について

中国建河官発第一六〇号
昭和四〇年六月八日
建設省　中国地方建設局長
大塚　全一

太田川筋（放水路）の河川区域内における不法工作物の除却について

あなたが太田川筋（放水路）の河川区域内に設置している左記工作物は，昭和三九年五月九日付河第一二七号で広島県知事から除却命令が出されたにもかかわらず，いまだに除却されていない。ついては，昭和四〇年四月一日から新河川法の施行に伴い河川管理者が広島県知事から建設大臣（地方建設局長に委任）に変更になったが，工作物については河川法第二四条及び第二六条に違反し，また，昭和四〇年五月一四日以降太田川（放水路）に通水が行なわれ，当地区は危険区域であり，このまま放置されるならば一般住民にも重大な被害を与えることが考えられ，河川の維持管理上支障となるので，河川法第七五条の規定に基づき左記工作物を除却するよう命ずる。

出所：建設省中国地方建設局総務部用地課［1966］。

た場合には、旭橋下流地区から市内に氾濫する危険性が大きく増すことになった。こうした処置は、行政側や一般市民だけではなく、旭橋下流地区の居住者にもその危険が及ぶものであり、その後の交渉にも影響を与えざるをえなかったのである。そして、最終的には一九六六年七月に交渉がまとまり、一九六七年までには居住者の一斉立ち退きが実施されることとなった。

なお、表7－1に示すように、一九六四年五月の初交渉からおよそ二年間における立退対策委員会と行政側（窓口は太田川工事事務所）間の十数回にわたる交渉は、主に太田川工事事務所で行なわれたが、旭橋下流地区内の会長宅でも開催された。また、中国地建と太田川工事事務所を中心にして、広島県や広島市の関連組織との行政内協議も定期的に計十数回以上実施されていた。

補償交渉の成立要因

それではなぜ、行政側は旭橋下流地区の居住者に対して、他の河川敷居住地で見られたような個別交渉ではなく、居住者組織との補償交渉を進めたのだろうか。たしかに、立退対策委員会の組織化や抵抗運動が盛んであったことは理由の一つと考えられるが、行政側が補償を避けなかった理由もあった。それは以下の三点である。

まず一点目が、前章で触れた、旭橋下流地区の北部に位置する福島地

資料 7－5　太田川放水路工事に伴う南観音町地区に居住するわれわれ同胞の家屋等の立退に関する件についての要請書

一九六五年七月一七日

太田川放水路工事に伴う南観音町地区に居住するわれわれ同胞の家屋等の立退に関する件についての要請書

在日本朝鮮人總聯合会広島県本部　常任委員会委員長

李　福雨

在日本韓国居留民団広島県本部　団長

林　尚培

われわれは県下に居住する全同胞の総意を代表し同胞達の民主主義的諸般権利をヨーゴする事を自己の義務として居る立場からかねてから貴当局が推進して来られた太田川放水路工事に伴う南観音町地区に居住する同胞達の家屋等の立退問題をここに居住する同胞達の居住権及び生活権に関する重大問題として重視して参りました。貴当局は新聞，テレビ，ラジオ等の報道機関を通じて三十数年間にわたり数億円の工事費をかけた太田川放水路を完成し去る五月に通水式を行ったと県民及び市民に広く報道して参りました。県民及び市民はひとしく太田川放水路工事の完成をよろこび祝賀しています。われわれも共によろこび祝いたい気持で一杯であります。然し貴当局の大々的な報道とは反対に南観音町に居住するわれわれ同胞は去る五月以来梅雨期の不安におののき今秋の台風期を前にして精神的な不安にとらわれ事業の拡大，家屋の修理等生活上諸々の問題で不安定な状態におかれております。尚，貴当局は立退対策委員会との交渉に於いてもやたらに時間を引き延ばし，被立退者の切なる要求には今だ《ママ》に応じようとせず責任の所在を云々して居るとの事ですが，これはわれわれとしても遺憾にたえない次第であります。われわれ両団体は茲に同胞達の居住権及び生活権を脅かす貴当局の不当な態度を改め被立退者の立場を深く考慮しその要求を受け入れ，この問題のすみやかに解決する事を強く要請する次第であります。

出所：建設省中国地方建設局総務部用地課［1966］。

区に対する補償である。[*2] 旭橋下流地区と福島地区の居住者は、終戦直後のほぼ同じ時期に住み始めたことは変わりなく、旭橋下流地区の居住者にとって立ち退き補償において差別があることは納得できなかった。行政側としてもそのことは十分に認識しており、福島地区と同等の補償を考えざるをえなかったようである。太田川工事事務所用地課長は、一九六四年二月二八日の行政内部の協議のなかで、「福島川の不法占拠をのけた場合になにがしかの移転料相当のものを県、市から見舞金相当のものが相手に対して支払われているわけです。本地域についても大体同じ時期に占拠を始めた（略）という考え方をすれば、ある程度交渉の持っていき方が何によって《ママ》は移転料相当のものを払わざるをえないんじゃないかと、これは本省の了解を得たというより、地建の独自の考えなんですが」と語っている。

表 7－1　旭橋下流地区除却に関する経過

年月日	内　容
1964. 2. 6	現地踏査後，建設省治水課，中国地建，太田川工事事務所，広島県とで処理方針協議
1964. 2. 28	広島県，広島市，中国地建，太田川工事事務所で除却に関する協議
1964. 3. 3	広島県と地元関係者との事前交渉
1964. 4. 23	広島県土木事務所長より河川敷地内不法建築物の除却通知発送
1964. 5. 4	行政当局（広島県）－立退対策委員会の交渉
1964. 5. 9	広島県知事より除却命令書発送
1964. 5. 16	除却命令に対して立退対策委員会より陳情書提出
1964. 6. 5	行政当局（広島県）－立退対策委員会の交渉
1964. 6. 10	不法建築物調査（1964.6.17完了）
1964. 6. 24	現地踏査後，建設省，中国地建，太田川工事事務所と処理について打ち合せ協議
1964. 9. 17	行政当局（広島県，太田川工事事務所）－立退対策委員会の交渉
1964. 10. 28	行政当局（広島県，太田川工事事務所）－立退対策委員会の交渉
1964. 12. 11	行政当局（広島県，太田川工事事務所）－立退対策委員会の交渉
1964. 12. 23	行政当局（広島県，太田川工事事務所）－立退対策委員会の交渉
1965. 1. 6	広島県，中国地建，太田川工事事務所で除却に関する協議
1965. 1. 18	行政当局（広島県，太田川工事事務所）－立退対策委員会の交渉
1965. 1. 29	中国地建から立退対策委員会代表者との交渉に対し申し入れ
1965. 2. 10	広島県，中国地建，太田川工事事務所で除却に関する協議
1965. 2. 11	行政当局（広島県，太田川工事事務所）－立退対策委員会の交渉
1965. 4. 16	広島県，中国地建，太田川工事事務所で除却に関する協議
1965. 5. 13	太田川放水路通水に関して立退対策委員会代表（事務局長）から電話協議
1965. 6. 7	行政当局（広島県，太田川工事事務所）－立退対策委員会の交渉
1965. 6. 8	中国地建より除却命令書発送
1965. 6. 16	広島県，中国地建で除却に関する協議
1965. 6. 22	行政当局（中国地建，太田川工事事務所）－立退対策委員会の交渉
1965. 6. 30	広島県，中国地建，太田川工事事務所で除却に関する協議
1965. 7. 17	朝鮮総連広島県本部および民団広島県本部からの要望書提出
1965. 8. 27	広島市，中国地建，太田川工事事務所で除却に関する協議
1965. 9. 17	広島県，広島市，中国地建，太田川工事事務所で除却に関する協議
1965. 10. 6	建設省（河川局，住宅局，官房会計），中国地建で除却に関する協議
1965. 10. 23	広島県，中国地建で除却に関する協議
1965. 11. 11	広島県，広島市，中国地建，太田川工事事務所で除却に関する協議
1966. 1. 7	行政当局（広島県，中国地建，太田川工事事務所）－立退対策委員会の交渉
1966. 1. 18	行政当局（中国地建，太田川工事事務所）－立退対策委員会の交渉
1966. 2. 22	太田川工事事務所－立退対策委員会代表（事務局長）との協議
1966. 5. 27	広島県，中国地建，太田川工事事務所で除却に関する協議
1966. 6. 10	広島県，中国地建，太田川工事事務所で除却に関する協議
1966. 6. 16	広島市長が太田川放水路工事未了部分早期完成を求め，中国地建局長宛要望書提出
1966. 7. 8	広島県，中国地建，太田川工事事務所で除却に伴う代替地払い下げ価格について協議
1966. 7. 11	行政当局（広島県，中国地建，太田川工事事務所）－立退対策委員会の交渉
1966. 7. 15	行政当局（広島県，中国地建，太田川工事事務所）－立退対策委員会の交渉
1966. 9. 1	中国地建，太田川工事事務所で補償関係に関する協議

出所：建設省中国地方建設局総務部用地課［1966］より作成。

二点目の理由は、当時、「不法占拠」問題は（特に広島市における）行政上の重要課題であり、「再度の不法占拠を防ぐためには、ある程度の水準の住む場所を提供しなければならない」という認識が行政当局側にあったからである。一九六〇年代中頃において、広島市内にはおよそ六〇〇〇戸の「不法占拠」家屋があり、行政上さらなる増加は決して許されるべきではなかったのである。行政側が協議のなかで決定した方策には、以下のような文言がある。「問題の家屋を完全に除去するためには、代替家屋を設けてこれに移転せしめることが一番スムースに処理する途である。代替施設を設けず、単に行政代執行又は強制執行手続きのみに頼ることは、相当期間つづいた生活の安定をおびやかすものとして抵抗が強く、又県の意見にあるように他の地区で再び不法占拠するおそれ等を考慮すれば妥当な方法とはいえない」（一九六四年一月一〇日「旭橋下流不法占拠家屋についての取り扱いについて」）。

なお、こうした行政当局の考えには、「不法占拠」者（「第三国人」という差別的な表現も加えながら）は、何度でも「不法占拠」を繰り返すとする認識も含まれていた。たとえば建設省住宅局の担当者は、一九六五年一〇月六日の行政内部の協議のなかで以下のように語っている。「第三《マ》国人《マ》であるから各個に除却しても、他の地区で再度不法占拠することになる。この際まとめて処理する方向に進めるのが妥当と思われる。（略）また、生業が成り立つようにしてやらない限り、不法占拠、スラム街等が再現される可能性がある」。したがって、旭橋下流地区の居住者のほとんどが在日朝鮮人であることから、より一層、住宅や代替施設を提供しなければならないとする意識が働いたと思われる。

そして、三点目の理由が太田川放水路事業の達成であった。ほぼすべての計画区域ではすでに堤防が完成しているなかで、この旭橋下流地区のみが唯一堤防建設がなされていなかった。建設省、中国地建、太田川工事事務所にとってみれば、太田川放水路を完成させることは戦前からの念願であり、当時すでに工事開始から三〇年ほどが経過していたため、その遅れを取り戻すことが重大な課題だったのである。戦前からの事業を含め、およそ一五〇億円を投じた太田川改修工事の経済効果に加えて、最終的にこの地区に建設予定だった堤防が作れないことで、もし台風や大雨で増水した場合、堤防のないこの地区から水が後背地へ流れ込む被害を恐れていたこともここでは付記すべきであろう。

以上、「行政監督処分は従来の事例から至難であり、事態の解決と通水の緊急性から移転に要する費用については考慮せざるを得ない」として、住者組織との補償交渉へと進んでいった背景には、この地区の居住者の居住権が行政に認められたからではなく、ある意味、行政側の都合として、福島地区との平等性を保つこと、再「不法占拠」を予防すること、そして太田川放水路を完成させることがあったのである。

3　補償内容をめぐって

行政側の当初の補償方針

一九六四年五月の除却通知までの行政内部での協議において、行政側が居住者への補償として当初考えていたのが、住宅地区改良事業の適用、それに伴う低家賃住宅（改良住宅）の提供であった。一九六四年三月一九日に作成された撤去方針では、撤去通知を出したのちに、このような補償をすることが広島市と広島県、中国地建間で調整されており、綿密な予算措置計画も立てられていたことがわかる（資料7－6）。

しかし、立退対策委員会は一九六四年五月四日の広島県土木出張所との協議においてこの方針を一蹴する。「①立ち退き対象者の正確な実態調査を行なう事、②立ち退き対象者に住宅、土地及び立ち退きにともなう補償金を支給せよ、③立ち退き対象者の生活権である養豚、金属、衛生業、その他一切の営業がひきつづき支障なく営めるよう万全の保障をせよ、④一切の立ち退き問題についての折衝は立退者の組織である南観音立退対策委員会と行なう事」という四点を要望するなかで、住宅だけではなく、土地の斡旋に加えて移転補償・営業補償の提供を要求したのである。

立退対策委員会が土地の斡旋を要求した背景には、福島地区での補償内容が意識にあったと思われる。福島地区で

資料7－6　旭橋下流地区の撤去に関する予算措置計画

占拠者側において代替施設要求が多数に上る場合は，広島市は地建および県と協議のうえ，住宅地区改良法に基づく住宅改良事業を本地区において行うこととし，これによる改良住宅として代替施設を設けるものとする。(注) かかる措置をとりうることについては，本省住宅局宅地開発課も了解済みであり，予算措置も十分可能性がある。
上記の除却命令を発しても，なお相手が除却を行わない場合には地建は，移転料相当額を支出するよう会計検査院等の了解をとりつけ移転協議を行なうものとする。なお，県及び市においても見舞金相当のものを支出するものとする。ただし，いずれも福島地区の先例に準じた算出方法によるものとする。
住宅地区改良法による改良住宅事業と合併し，改良住宅を代替施設として新築する場合の計画概要は次の通りである。

必要戸数　四八戸（二～三世帯の脱落があるとして）
資金計画　事業費　四四〇七万九〇〇〇円（土地代は入っていない）
国庫補助金　二二二六万五〇〇〇円
補償費　一五〇〇万円
事業者負担分　六八一万四〇〇〇円
補償費の振替分を一五〇〇万円としたのは次の通りである。
住家及び付属建物移転料　一〇六九万二五一七円　仮住居四五〇万円

出所：建設省中国地方建設局総務部用地課［1966］。

は福島川の廃川敷の土地が立退者に斡旋されていたが，旭橋下流地区の居住者の多くもこの事実を知っていたようで，当該地区に居住する経緯は同じであることから同等の補償を要求したことになる。

そして，立退対策委員会が土地の斡旋を希望する背景には，行政が提供する低家賃住宅に対する拒否があった。当時の低家賃住宅（広島市が想定していたのは改良住宅もしくは第二種公営住宅）は，旭橋下流地区の居住者が住んでいた住宅よりもおおむね狭く，そのうえ家賃を支払う必要がある。居住者としては，そうした住宅に入居するよりもむしろ，現在居住する住宅をそのまま斡旋された土地に移築することで，住宅の広さや家賃の問題を回避できると考えたのである。さらに，居住者のなかには今後，「祖国」に帰る場合に資産を売却することを考えている者もおり，そうした状況も土地の斡旋を要求した理由であった。なお，移転補償や営業補償を同時に要求することになるが，これらも土地の斡旋を前提としたうえでの必要な移転条件だったと言えよう。

一方，行政側としても，一九六四年九月一七日の内部協議において，広島県住宅局の担当者が「土地を購入して公営住宅を建築した場合、約九〇〇〇万円も必要で、多額のため九月県会にも計上することができなかった」と述べているように、特に県と市にとって低家賃住宅の建築費が懸念材料となっていた。そのため、土地を払い下げる場合、住宅地区改良事業による低家賃住宅の建設費用が必要ではなくなり、当初は出す予定がなかった移転補償費や営業補償にしても、低家賃住宅の建設費用に比べれば低額ということで、立退対策委員会の要求に沿う形が選択可能になったのである。また、低家賃住宅として、県あるいは市が公営住宅を建築する場合、改良住宅なら問題はないが、公営住宅（一種・二種どちらでも）の入居基準には当時、まだ国籍条項が存在したため、外国人が入居することはできなかった。すなわち、旭橋下流地区の居住者が入居するための制度的障害が存在していたことも、低家賃住宅建設を断念する理由となっていたことだろう。

補償内容

上述のような状況から、旭橋下流地区の立ち退き補償交渉に際しては、立退対策委員会と行政当局双方が四つの点（土地の斡旋／移転補償費／住宅補償／養豚業の廃業補償）で争うことになった。表7－2にあるように、一九六五年一月一八日の行政側の補償内容案の提示をきっかけにして、それぞれの項目を争点に交渉が進むこととなる。一九六五年六月二二日に立退対策委員会は、「移転地一三二五坪（坪あたり一万八〇〇〇円）の払い下げ、移転補償総額二二五〇万円、アパート三三戸、養豚業の移転先」を要求し、それに対して行政側は、一九六六年一月七日に補償内容を一部修正したうえで、最終的に一九六六年九月一日に「県有地七〇六・六六平方メートル（平均価格三万八五円）の払い下げ、移転補償総額約一五〇〇万円、仮設住宅（六畳一間、一年期限、家賃月一四〇〇円）三三戸の建設、養豚廃業補償一頭につき二万円」といった修正案を再び提示し、補償交渉の決着を迎えることになる。移転補償費の総額については表7－3のとおりである。

以下では、それぞれの争点ごとに決着までの過程における行政側と立退対策委員会双方の主張や交渉内容を見てい

表7−2　交渉における立退対策委員会の要求と行政側の提示内容

項目	行政側提示 (1965年1月18日)	立退対策委員会の要求 (1965年6月22日)	行政側提示 (1966年1月7日)	交渉の到達点 (1966年9月1日)
土地の斡旋	約1,100坪を坪あたり3万円程度（時価）で払い下げ。	土地は1,325坪を坪あたり18,000円以下で払い下げせよ。	総面積1,225坪のうち，仮設宿舎敷地を差し引いた824坪を県より直接坪あたり34,430円で売却する。	県から706.66坪を家屋所有者29名に平均30,085円で払い下げる。道路敷約235坪は市が管理。
移転補償費	建物移転料及びそれに伴う一切の補償として，総額約1,500万円。	補償金1,500万円を5割増せよ。	総額1,500万円を補償。①自家所有者で家屋を移転する者には3か月を限度として仮住居補償を考慮する。②豚舎移転料，豚の運搬費および施設入居者の建物移転料は減額する。③かわりに，これらの解体除去費を補償する。	養豚補償等を除いた移転補償費総額約1,420万円
住宅補償	―	アパート33戸を斡旋せよ（6畳2間，炊事場）	1,225坪のうち400坪を県より地建が借受け，応急措置として仮設住宅（1戸あたり4坪）を建設し，1年間有料で居住者に貸し付ける。1戸あたり6畳1間，設備は押入れ，水道，電灯施設付き。	約280坪（道路敷含む）の用地に仮設住宅36戸（1戸あたり4坪）を建設し，1年間月1,400円で貸し付ける。1戸あたり6畳1間，設備は押入れ，水道，電灯施設付き。
養豚業の廃業補償	廃業を条件として1頭あたり1万円相当補償する。	養豚業については，まず移転先を決定せよ。不可能ならば，1頭あたり25,000円を補償せよ。	廃業を条件として1頭あたり最高2万円相当補償する。	廃業を条件として1頭あたり最高2万円相当補償する。総額約836万円。

出所：建設省中国地方建設局総務部用地課［1966］より作成。

表 7−3　移転補償費積算内訳

（単位：円）

項目	金額
家屋移転料	12, 571, 800
豚舎除却費	283, 725
工作物移転料	515, 799
動産運搬料	829, 670
仮住居費補償	218, 481
家賃減収補償	21, 600
借家に対する補償	349, 824
移転補償	1, 910, 556
立木移転料	9, 764
営業補償	138, 640
養豚廃業	8, 362, 800
合計	25, 212, 659

出所：建設省中国地方建設局総務部用地課［1966］。

く。なお、移転補償・営業補償ならびに住宅補償は国（建設省・中国地建・太田川工事事務所）が担当することになるが、土地斡旋については、広島県が担当することとなった。次の土地斡旋の項目でこの役割分担の経緯についても明示する。

①土地の斡旋

土地の斡旋に関しては大きく三つの点で争われることとなった。まず争点になったのが、行政が斡旋する土地の場所についてであった。立退対策委員会側は、居住者の仕事の関係から、旭橋下流地区の近隣の土地斡旋を要求していた。

立退対策委員会関係者（一九六四年六月五日交渉）

土地を希望するものは、家族数が多くて公営住宅では狭いため、現有建物を移築して住みたい。場所は観音地区を希望する。職業については、特に養豚、古鉄商、衛生業、土木業は営業用の土地、建物を考慮してもらいたい。養豚業者は自転車リアカーで飼料を集めており、遠隔地では営業できない。これらの業者には敷地を観音地区にあっせんしてほしい。

上記の要望にあるように、居住者の多くが市内で働いていることもあり、また養豚業の場合、飼料の運搬上の理由から、市内から離れた場所へ転居することは死活問題であった。こうした要望に対して、行政側は当初から、居住者の生活を混乱させることは再「不法占拠」を誘導するものとして、できるだけ近隣の場所を提供せざるをえないという立場をとる。土地の場所については、立退対策委員会が「二、三カ所に分かれても問題ない」としながらも、行政側は一つの地区にまとめて提供することを心がけていた。さらに、土地の払い下げ価格の交渉とも関係するが、立退対策委員会は民有地の斡旋を前提に、その用地を行政がいったん買い取ったうえで、居住者に安価で払い下げることを要求していく。こうした要望に対して行政側が具体的な措置として考えたのが、広島市南区の丹那地区にあった県有地を近隣の土地と等価等面積で交換し、その近隣の土地を県有地として払い下げる方法であった。ここでの民有地は、旭橋下流地区から歩いてすぐの葱畑や荒れ地で、交換した丹那地区の県有地は、県の造成地区としてその後、開発していく土地であった。

なお、立退対策委員会の希望により、民有地を斡旋するのではなく、県有地を払い下げる方法を採用したと上述したが、他方、行政側の論理としては、当時施行されていた「外国人の財産取得に関する政令」(一九七九年に廃止)が関係していたのである。すなわち、外国人(特に朝鮮籍の者に対して)への国有地の払い下げには制限が加えられるということで、建設省や中国地建による土地払い下げが困難となったために、国有地ではなく県有地として払い下げることが決まったのであった。また、土地の貸し付けではなく、払い下げ(売却)に決まった理由としては、居住者が地代を支払うのを嫌がったことに加えて、行政側も借地として土地管理の問題を残すことを避けたかったためと思われる。

二つ目の争点が土地の面積についてである。立退対策委員会は当該地区で居住していた建築物をそのまま斡旋される土地へ移転させることを考えたために、居住していた場所と同じ規模の土地、そしてそれに道路や業務用の倉庫や物置などを追加した一七〇〇坪を要求したのである。

立退対策委員会関係者(一九六四年九月一七日交渉)

土地は現在一〇〇〇坪程度であるが付近地に移転するとなれば道路も必要となるので、約二〇〇〇坪は必要となる、付近に一団の土地を提供願うのは無理もあると思うので二~三箇所分離されても異議ないよう組合員には了解を得る。

立退対策委員会関係者（一九六五年二月一一日交渉）

初めから豚舎を除いて一七〇〇坪を要求している。一人三〇坪で四〇世帯で一二〇〇坪で、自動車が約二〇台で、その車庫や古物商の倉庫、物置等でどうしても一七〇〇坪は必要だ。

しかし、この一七〇〇坪の要求は結局通ることはなかった。行政側としては、「調査結果では親族の人も多いので二階建ての上と下というようにしてもらえれば一一〇〇坪で何とかなると思う。六〇世帯で二階建て、一ブロック三〇坪、借家の人を加えて三五ブロックだ」（県土木局担当者、一九六五年一月一八日交渉での発言）という反論を行なうなど、立退対策委員会の要求に応じない姿勢を示していた。そして、居住者側は一三二五坪まで要求を下げるが、最終的には、土地の払い下げ分はおよそ七〇〇坪（仮設住宅用地として約二八〇坪）の提供にとどまった。行政側は、後述する払い下げ価格の問題から土地払い下げ希望者が減少したこと、また移転地区内の道路を市有地として整備すること、さらに地区内で豚舎が必要なくなったことを指摘し、移転用地の面積について居住者側を納得させたのである（図7－1）。

そして、三つ目の争点が払い下げ価格についてであった。立退対策委員会は福島地区の移転補償額を参考に、それと同等もしくは少し高額の払い下げ価格を要求していた。一方、行政側は、移転地の周囲の地区との関係から時価（およそ三万五〇〇〇円）を提示していた。

立退対策委員会関係者（一九六五年二月一一日）

坪三万円なら各自が直接買ったほうが安く買える。あの予定地は使い物にならぬので売りに出ているが買い手

図 7−1　払い下げ用地の区割

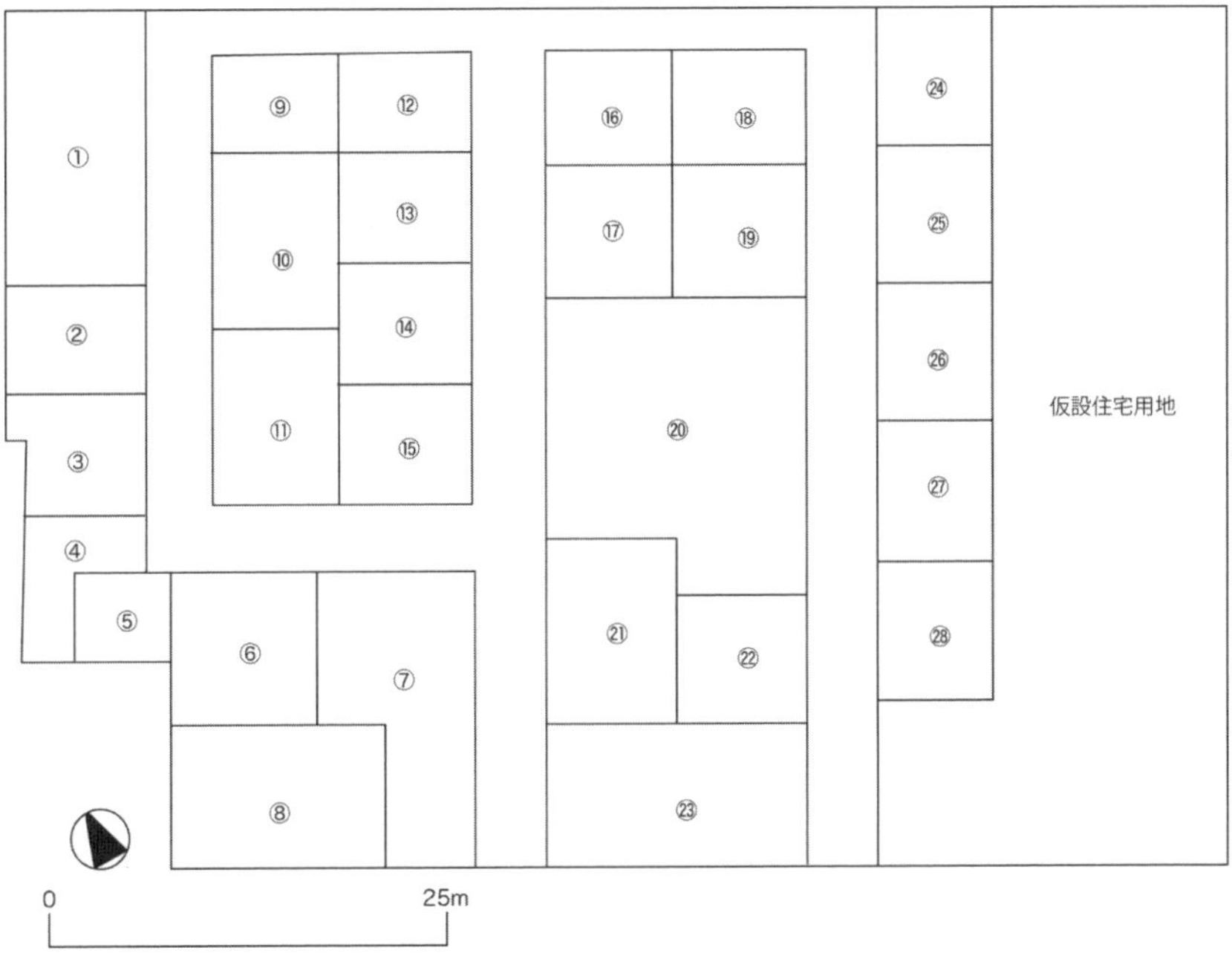

出所：建設省中国地方建設局総務部用地課［1966］添付地図から筆者作成。

がない。県の払下げ価格を調べたところ、昨年吉島は坪八千円、福島は七六〇〇円、最低は四千円との事だ。吉島はすぐ（近くの土地が）坪三万円ぐらいになっている所だ。我々の予定地だけが価値もないのになぜ高いか。我々は他と比較するのではなく、あなたたちが上司に話す資料として提供するため調べたまでだ。坪当り一万円以下でないと手がでない。現実に予定地の相場はそのくらいのものだ。近くで養豚もしているし真上で飛行機は飛ぶし、将来はジェット機も飛ぶと聞いている。将来ともどうしても生かせない土地だ。地主は一万円では売るまいが。

立退対策委員会は土地の価格の低さを示す根拠として、福島地区で行なわれた県有地の払い下げ価格を提示したほかに、地区の南部に位置する広島空港（現在の広島西飛行場）の騒音問題による地価の下落を交渉場で示すなど、交渉終盤まで「時価」での払い下げに抵抗した。一方で、一九六五年六月三〇日の中国地建と広島県、太田川工事事務所の各担当者間の協議において、広島県の総務部長が「不法占拠のため時価を下回るような価格で払い下げする理由もないし、また他の不法占拠者に悪影響がある。時価より払い下げする場合には県会の議決が必要とされる」と発言したように、周囲の土地から換算した「時価」を譲らなかった。民有地と等価等面積で交換したため、それ以下の価格で払い下げる理由を県議会に説明する必要があったのである。

その後、居住者側の粘り強い抵抗もあったが、土地購入希望者が減っていく一方で、仮設住宅入居希望者が増加したことで、事態は収拾することになる。払い下げる土地の面積が縮小したことで仮設住宅用地が拡大し、地区内の道路分の土地の払い下げ価格が減額されることになったのである。加えて、移転補償費や養豚業の廃業補償を増額したことで払い下げ価格を相対的に減額することにつながり、最終的な提示価格を三万八五円まで下げ、交渉に決着がつけられることとなった。

②移転補償費

当初、一九六四年三月一七日の「旭橋下流地区不法占拠家屋の除却に関する処理方針（案）」として、行政側は低家賃住宅を設置し、そこに居住者全員を移転させることを確認していたが、立退対策委員会が移転を拒んだ場合の措置については、「地建は、移転料相当額を支出するよう会計検査院等の了解をとりつけ移転協議を行なうものとする。なお、県及び市においても見舞金相当のものを支出するものとする。ただし、いずれも福島地区の先例に準じた算出方法によるものとする」という方針をとることも念頭に置いていた。しかし、前述のとおり、土地を斡旋することを第一に考える補償交渉となって以降は、居住者への移転補償費の支給は決定的なものとなった。移転補償費の支給については、福島地区の補償（一戸あたり約二五万円）内に抑えることが確認され、各戸ごとの移転補償基準については、以下に示す家屋の構造や基礎等を勘案した物件移転費標準が用いられたのである。それにより、総額およそ一五〇〇万円（一世帯平均約二〇万円）の移転補償費が居住者側に支払われることが決定された。

移転料の査定に当っては取扱要領に基き構造、基礎、壁、屋根等入念に調査の上、物件移転査定標準書に基き査定、住家と付属家とに大別し、それぞれA、B、C、Dと四段階に分類した。大体住家のDと付属家Aと同程度の見方をした。住家Aは八〇〇〇円／平方メートル、付属家Dは一〇〇〇円／平方メートル、住家Dは四七〇〇円／平方メートル、付属家のCは豚舎、Dは鶏、鳩舎等。

行政側としては、「当地区は不法占拠であり、（略）従来の例から見て一般の場合と占用の場合の補償が違っているため、一般のような補償はできない」（一九六四年一〇月二八日、太田川事務所担当者発言）という評価があるなかで、こうした一般の基準で評価することについては、居住者たちを優遇するものと考えていた。ただし実際は、前章でも述べたように、旭橋下流地区の住宅の多くは自ら建てたバラックや粗末な住宅であり、こうした基準からすれば非常に劣悪な住宅として認定され、世帯数や今後建築する住宅費用が勘案されることなく、移転費用も低く見積もられることとなった。

したがって、立退対策委員会は移転補償費の増額を要求することになる。「一世帯平均約二〇万円では、建物を移転するだけでも十分なものとはいえず、移転された土地に建てる新しい住宅の建築費を入れると、全く足らない」と反対したのである。

こうした声に対して、行政側（特にここでは移転補償費を支給する中国地建）は、福島地区の補償額を超えることは不可能で、また市内にある他の「不法占拠」地区よりも優遇した金額を提示することもできないと主張した。行政側がこのように主張する背景には、同事案における他の地建（近畿地方建設局や九州地方建設局）の補償費との調整が必要であり、さらには会計検査院への補償額の説明責任があった。すなわち、居住者側の補償をするのに、行政組織間の都合を優先せざるをえない状況もあったのである。

ただし、立退対策委員会の主張にまったく応じなかったというわけではなく、納得させるための取り組みも見られた。先述したように、土地価格を減額することで、相対的に移転補償費の増額につながるとし、さらに養豚業の廃業補償費も増額することとなったのである。なお、移転補償については、動産や家屋以外の工作物の移転費用も盛り込まれ、総額で二五〇〇万円が支給されることとなった（表7－3）。

③住宅補償

行政側は当初、居住者全員が入居する低家賃住宅の提供を考えていたが、立退対策委員会が土地斡旋を希望したため、この想定は覆された。ただし、土地はすべての世帯が購入できるわけではないため、立退対策委員会は移転先のあてがない者、特に借家・間借り世帯を対象に、低家賃住宅を提供するよう、行政側に要望した。

この要望に対して行政側は改良住宅および公営住宅の提供を考えた。しかし前述のとおり、行政内部の協議において、建設費用や公営住宅入居の国籍条項の問題からそれらの提供を断念することになる。そのため、代替措置として考えられたのが、移転用地の一部に事業仮設住宅を建設することであった。仮設住宅であれば中国地建でも建設することができ、プレハブ工法のため、その建設費は公営住宅に比べ格段に安く、行政上有効な策だったのである。そして、具体的な仮設住宅の建築場所については、県が払い下げる土地の一部を地建に無償で提供し、中国地建がそこに仮設住宅を建築するというものであり、[*3]借家・間借り住まいなどの移転先のない三六世帯に対して、一年を入居期限として有償（家賃月額一四〇〇円）で入居を斡旋した。

こうした処置が決定するまでに、立退対策委員会は家賃や広さ、間取り、入居期限に関して、異議申し立てを行なっていた。家賃については、行政側は月額一四〇〇円を提示したが、立退対策委員会は、仮設住宅入居希望者には生活保護受給者も多いため、一〇〇〇円以下でないと支払い能力がないと主張した。間取りについても、行政側は四坪で六畳一間、共同炊事場・便所を提示したが、立退対策委員会は「一戸四坪で人間らしい生活ができるか」、「二人家族ならいざしらず、三〜六人もいる家族もあり、六畳一間では生活できない」といった不満を示し、最低でも六畳二間のより広い住宅を求めた。また、入居期限についても、一年だけではなく、公営住宅のような半永久的に住めるようなアパートを求め、あるいは仮設住宅から公営住宅への転居斡旋を行なうよう要求した。

一方、行政側は家賃や入居期限については事業用仮設の基準であることを示し、結局、借家・間借人など三六世帯を対象に、予定どおり一九六七年一月一日より一年期限の家賃一四〇〇円、六畳一間の仮設住宅の提供を決定した。また、仮設住宅退去後の公営住宅への転居斡旋については、退去後に一般の公営住宅を斡旋する可能性も提示した。ただし、結果的にここで提供された仮設住宅入居は期限である一年が過ぎて以降は放置され、家賃の徴収もなく、そのまま住み続けられることとなったのである。

④養豚業の廃業補償

居住者の営業補償[*4]をめぐって立退対策委員会が最も懸念したのが、地区内で多く営まれていた養豚業の処遇についてであった。この点に関して、行政側は移転地での養豚は廃止する方針を当初から立てており、その補償対策として移転地区からかなり遠い、廿日市市の高橋牧場への移転斡旋を提示していた。こうした処置は、福島地区の養豚業を佐伯郡五日市町（現在の佐伯区五日市町）に移転させた経験があってのことであった。これに対して立退対策委員会は、斡旋される土地での養豚は難しいという判断をしており、地区外に出ることは受け入れていたが、市外への移転処置については反対の意志を示すことになった。

立退対策委員会会長（一九六四年一二月一一日交渉）

以前高橋牧場へ行ったらとの話も出されたが、高橋牧場へ行くとしたら設備金が一軒三〇〇万〜五〇〇〇万円もかかる。保健所は設備さえすれば八丁堀でも許可するといっている。

立退対策委員会関係者（一九六五年一月二九日）

今の近くで継続することを考えている。現在一三名ぐらいが許可をとって営業している。専業は一〇名ぐらいだ。（略）止めというのは死ねということだ。移転して許可になるだけの金額を要求していない。（略）高橋牧場へ行けといわれてもあそこは二〇〇頭以上飼わないと儲けにならないので無理だ。現在だと人件費を差し引いても一日一頭当り五〇円の儲けがあるが高橋牧場だと一五～二〇円程度話にならん。

上記のように、立退対策委員会は新たな設備投資に加えて、交通・運搬費や営業利益上の問題から、遠方への移転に断固として反対の立場を示した。しかし、当時、新聞報道などを通じて、養豚業に対する忌避感が社会的に募り始めていた。さらに行政内において市内での養豚業の禁止[*5]が検討され始めていたことで、居住者側はいったん、高橋牧場へ移転する意志を見せることになる。

立退対策委員会関係者（一九六五年二月一一日交渉）

予定地付近の住民が吾々が移転して養豚するうわさを聞いて反対しているので養豚業者はやむを得ず高橋牧場へ行く考えだ。しかし大きな金が必要だ。（略）豚舎は許可をとるには浄化槽等莫大な金がかかるので坪六万円ぐらい（移転補償費）は必要だ。しかし全額補償してくれとは言わない。

しかし、立退対策委員会は移転費や営業利益の問題から高橋牧場への移転を断念することとなる。元居住者への聞き取りによれば、養豚業自体には居住者はさほど仕事としての誇りを持っていたわけではなかった。また、兼業者も多かったため、むしろ養豚を辞めたいと思う者もいたそうで、わざわざ遠隔地に行って営業を続けるよりも、廃業補償として金銭をもらって他の仕事を探す方がいいと考えた者も多かったようである。そうしたことから、立退対策委員会は移転地補償ではなく廃業補償へと交渉の方針を転換することになる。

その後、廃業補償については、他の交渉に比べて順調に進むことになる。というのも、行政の基準による養豚の廃業補償は原則一頭につき一万円であったが、移転地で養豚をしないことを条件にして、新たに二万円の廃業補償が立退対策委員会に提示されたのである。行政側としては市内での養豚をできる限り早く廃業させたいがための条件提示であったが、居住者側は想定以上の金額だったこともあり、受け入れることとなった。

4　補償交渉の背景と交渉決着の要因

前節で見てきたように、交渉では立退対策委員会が一九六五年六月二二日に提示した要求がすべて満たされたわけではなかった。その一方で、交渉を積み重ねることで、行政側が一九六六年一月七日に最終的に提示した案も結局、変更を迫られることになった。いずれにせよ、交渉において、立退対策委員会側は自らの要求を満たすように補償を最大限に引き出そうとしたのに対し、行政側は強制立ち退きを仄めかしながら、補償を最小限に抑えようとしたのである。

本節では、補償交渉がまとまった要因を検討するために、「行政による交渉戦略」とそれに対する「立退対策委員会の交渉戦術」がいかに展開したのかを明らかにする。なお、ここでは文化史研究者ド・セルトーによる「戦略」と「戦術」の概念を便宜的に援用する［ド・セルトー　一九八七］。ド・セルトーによれば、「戦略」とは「ある意思と権力の主体（企業、軍隊、都市、学術制度など）が、周囲から独立してはじめて可能になる力関係の計算（または操作）のこと」であり、「戦術」とは、「自分のものをもたないことを特徴とする、計算された行動」である。森［二〇〇六〕が説明するように、「戦略」が確固とした権力の基盤を持つ強者のものであるのに対して、「戦術」は権力者の監視のなかで生きざるをえず、全体を見渡せるような視界を持たない弱者たちが、おのれの強靭な創造性によって、権力が支配する場所において相手に大きな一撃を与える技芸と言える。

こうした概念を踏まえたうえで、以下では集団移住をめぐる補償交渉において、行政側の「戦略」とそれに抗する立退対策委員会の「戦術」のあり方を具体的に明示することで、集団移住がなされた経緯や背景を描出したい。

行政による交渉戦略

すでに第3節で述べたように、行政側は交渉に入る前に補償することを決定していたとはいえ、必ずしも立退対策委員会の要求をすべて満たしたわけではなかった。というのも、建設省の出先機関であった中国地建ならびに太田川工事事務所が補償を行なうことを認めていたものの、財源を提供する建設省やその支出の正当性を判断する会計検査院との関係において、限られた予算内で補償交渉を成功させる必要があったのである。

また、補償費を直接支払う必要のない広島県や広島市当局も立退対策委員会の要求に無関心ではなかった。前述したように、当時の広島市では、旭橋下流地区を除いておよそ六〇〇〇戸の「不法占拠」家屋が存在していたために、旭橋下流地区に対しての補償は最低限に抑えなければならなかった。つまり、旭橋下流地区の居住者にかなりの補償を提供するとなれば、広島県や広島市は他の「不法占拠」地区でも同様の補償をせざるをえなくなってしまい、その経費が莫大なものにふくれ上がってしまうことに大きな不安を感じていたのである。

したがって、行政側は交渉に際し、最小限の補償で立ち退きを実現するために、立退対策委員会に対してさまざまな交渉戦略を使うことになった。本節では、具体的に行政による交渉戦略がどのように行なわれたのかを見ていく。その交渉戦略は主に実体的な戦略と心理的な戦略に分けることが可能である。

①行政による実体的交渉戦略

旭橋下流地区の補償交渉とほぼ同じ時期に、広島市は、広島駅前の的場町[*6]において行政代執行によって警察権力をも動員し、居住者たちを強制的に立ち退かせた。この強制執行はマスコミで報じられ[*7]、戦後日本の復興の影として、全国的に関心をもたれた〔戦災復興事業誌編集研究会・広島市都市整備局都市整備部区画整理課編　一九九五：一四二〕。たしかに、この的場町の事例に比べれば、旭橋下流地区の場合、行政の居住者への対応は見た目には穏やかなものであったと言える。とはいえ、居住者側に補償案に納得してもらうために、行政当局は交渉において常に行政代執行をちらつかせながら、いくつかの実体的な揺さぶりをしかけたことも事実である。

その一つが、立退対策委員会の組織化に大きな役割を担った、事務局長のT氏を地区居住者ではないとして、交渉の場から排除するよう働きかけたことである。前章でも紹介したが、一九六五年一月六日の交渉の場で行政側は、「南観音町立退対策委員会の専任となった在日本朝鮮総連西広島支部組織部長T氏〔原文は実名〕は南観音町の居住者でないので交渉の相手として妥当でない旨申し入れる」と主張し、T氏を対策委員会から外すよう求めた。また、立退対策委員会のバックにいたとされる朝鮮総連や民団を排除する発言も行なっている。こうした取り組みの背景には、行政側にこの旭橋下流地区の補償交渉を、戦後補償といった政治問題にまで広げたくないという意向があったのだろう。

しかし、こうした行政側の取り組みは大して功を奏さなかった。立退対策委員会はT氏をその後も継続して対策委員会の事務局長としたのである。前章で述べたように、T氏は朝鮮総連の活動家としての立場を前面に出すことはなく、居住者の生活を守る立場を維持しており、立退対策委員会には「なくてはならない存在」として居住者の信頼を得ていた。また、立退対策委員会は朝鮮総連や民団を交渉の場に参加させることもなく、また両組織も行政側が危惧するほど積極的な働きかけを見せることはなかった。一九六五年一月一八日の交渉では、民団と朝鮮総連の関係者がオブザーバー的な立場で出席したが、民団関係者は「具体的なことは対策委員会が行なう。当地区に民団関係が五十数名居住している。民団県本部が先頭に立つ考えはないが、場合によっては、あくまでも助言者としてで、圧力を加えるものではない」と述べ、朝鮮総連関係者も交渉がこじれた場合のみ行政との折衝に入ると主張したように、あくまで窓口は対策委員会であることを明言している。

以上のような行政側の取り組みが交渉にあまり影響を与えられなかった一方で、前述したように一九六五年五月一四日には、交渉がまとまっていないにもかかわらず、太田川放水路の通水が開始された。こうした事態は居住者の立ち退きに反対する意思を削いだことは間違いない。通水式前日にその事実を知ったT氏は、太田川工事事務所に急いで電話で連絡をし、以下のように主張した。

一、通水するについて関係者一同不安がっており、会長、副会長、専任書記達で協議しているが、〔住民を〕説得しがたいので建設省より関係者に納得するよう来て説明願いたい。

二、納得するよう説明に来てもらえなければ明日通水式に行き大臣に直接陳情する。

三、通水に関し、被害があれば責任をとれ。

しかし、これらの主張に対して、行政側は要望に応じることなく事業を優先し、通水式を実行する。当日の様子を報じた新聞記事を見れば、旭橋下流地区の存在がまるでないかのように、関係者が工事完成に安堵している様子がうかがえる。

紅白のテープに飾られたボタンが押された。準ミス広島が花束を投げた。重さ百五十トンの三基のゲートのうち真ん中のゲートがゆっくり上がり、待ち構えていた上流の水が雨水を集めて小さな渦を巻きながら水門をくぐった。一四日午前十一時七分――小雨の降る太田川放水路通水式場に並んだ工事関係者、川岸で見守る市民の顔に、三十三年越しの〝長い工事〟をともかく終えたというホッとした表情が流れた。[*8]

太田川放水路の通水が行なわれることによって洪水の危険性が増し、旭橋下流地区の居住者のなかには、自らが最もその被害を受ける可能性が大きくなり、そうした不安から早く立ち退きたいと願う者もあったと思われる。実際、一九六七年の夏には、大雨の影響で地区内の家屋の多くが床上浸水になった。当時、交渉は佳境に入っていたが、こうした事態が補償交渉にも何らかの影響を与えたのかもしれない。いずれにせよ、太田川放水路の通水は、旭橋下流地区居住者に「立ち退き」以外の選択肢を失わせ、そこに住み続ける可能性を消滅させることになったのである。

②行政側の心理的交渉戦略

行政による実体的な戦略が用いられる一方で、交渉の場では、交渉担当者の言葉によって居住者側の抵抗意欲を削ごうとする「戦略」が非常に目立っていた。その一つが、「立ち退かせる側／立ち退かされる側」という「権力／被権力」ではなく、対等な立場を主張して、交渉においてトレードオフの関係性を持ち込もうとしたやり方であった。たとえば、交渉の際、行政側の提示案に居住者側が抵抗した時に、「一方的にこちらの責任といわれるのはおかしい」と述べ、立退対策委員会が妥協することを要求した。

また、行政側は交渉の場で「あなた（居住者）方は権利を主張されるが、しかし不法建築ではないか」というような言葉を頻繁に使用していたが、こうした言い回しは、居住者側に「行政のお世話になっている」ということを認識させ、抵抗自体「わがまま」な行為として自覚させることにもつながったのではないかと思われる。さらに、最終的に行政側は「不法占拠」や「不法建築」という言葉を投げかけ、その犯罪性を指摘することで、居住していることそれ自体、ひいては彼ら居住者の存在それ自体の「後ろめたさ」を突いていくことにもなった。

それに追い打ちをかける巧妙な戦略が、「広島駅の不法占拠についても進めているが、あそこはとても当地区程補償できないと思う」と交渉時に指摘するように、広島市内の他の「不法占拠」地区の処遇と旭橋下流地区の補償案を比較することであった。ほかにも、交渉の場で九州地方建設局や近畿地方建設局による「不法占拠」地区に対する取り組みを紹介することで、中国地建が他の地建に比べて居住者を優遇した補償を行なっているとも述べている。これらの発言は、旭橋下流地区の居住者が、同様の問題を抱える他の地域よりも優遇されていることを認識させ、それに抵抗することは「身勝手な行為」であるという意識を植えつけることになったと思われる。

　そして、これは必ずしも行政側の直接的な実践とは言えないが、新聞記事によって太田川放水路工事の遅延状況が報じられることで、居住者側の生活権・居住権を求める主張が阻害されていたことも見逃せない。交渉がまとまるまでに『中国新聞』などで、この地区についての報道が幾度かなされた。[*9] 前章で触れた、旭橋下流地区への社会問題視についての説明と重なるが、こうした新聞記事の内容は一貫している。すなわち、太田川放水路の完成ができないのは、中国地建や太田川工事事務所の工事計画の遅れにあるのではなく、旭橋下流地区居住者が邪魔をしていることが問題とされたのである。以下はその記事の一部である。[*10]

> 三十三年の歳月と百五十億円の巨費をつぎこんで昨年やっと完成した太田川放水路――この大工事は「広島市と太田川流域を水禍から守る」はずなのに広島市西部の南観音町の新旭橋下流約三百メートルの地点の護岸堤防上は、およそ七十戸の不法住宅で占められ、約二百メートルにわたって、旧福島川の幼稚な堤防そのままとなっている。ひとたび水が出れば、祇園分水ゲートから放流される水は一挙にこの古い堤防を押し流し、観音町地区一帯の約六千戸が濁流にのまれるという不安から解放されていない。（略）
>
> 　このように観音地区住民の不法住宅にたいする非難は強いが、それ以上に問題なのは放水路ができてから二年間も立ちのきが実現せずにいる。幸い放水路の計画洪水量毎秒四千トンを流すような洪水がこの二年間ないからよいようなものの、そんな事態が起きたらどうなるのか。
>
> 　雨期は目の前にやってきた。二十年間放置されているこの不法住宅立ちのき問題に、国、県が積極的に取り組

み、文字通り〝水禍のない広島〟を実現するよう市民は願望している。

T氏はこの新聞記事について覚えており、「これ新聞に出たんですよ。〔行政側が〕それで脅しかけて来たなあと思ったのよ、世論を喚起しながら」と聞き取り調査のなかで述べている。居住者たちは、これらの記事を自分たちに向けられた、ある種の「脅し」として捉え、公共性のもとで自分たちの存在を問わざるをえない状況にあった。

その一方で、行政側は立退対策委員会と交渉を行なっていること自体を公表することはできるだけ避け、居住者の居住状況や生活実態もできるだけ表面化させないようにしていた。交渉が表に出ることのデメリットとして、他の地区の撤去の際に当地区での補償交渉と同じ額が要求される可能性があること、さらに一般社会に対しては、新聞のイメージとは違う居住者の実態を明らかにすることは避けたかったのだろう。

以上、行政側の戦略について述べてきたが、まさにド・セルトーが言うところの「全体を見渡せるような視界」から当該地区をながめたうえで、立退対策委員会および居住者の抵抗意欲を削ぐためのさまざまな実践が行なわれることとなった。立退対策委員会はこうした行政側の「戦略」による監視や圧力のなかで、補償交渉を進めていったのである。

立退対策委員会の交渉戦術

①交渉を前にした居住者への要求

行政との交渉に際して、立退対策委員会はどのような「戦術」を用い、居住者たちの要求を主張し、この交渉を決着させることになったのであろうか。それはド・セルトーが言うところの、いかなる「強靭な創造性によって、権力が支配する場所において相手に大きな一撃を与える技芸」たりえたのであろうか。前章で扱った居住者の組織化と関係するが、まずは立退対策委員会が居住者に対して、どのような姿勢で行政との交渉に臨むよう訴えていたのかを見ていこう。T氏は交渉を前に居住者に以下のように主張していた。

僕が初めて住民と話す時に、「みなさん、ここに居座るための闘いじゃあないでしょう、これはあくまでも、ここは退けないいかんところなんですよと、それは知ってますか」と言ったんです。住民は「知ってる」と言うんです、「ここは退けないいかんところだ」と言うんです。それに対して、「そうすると向こうが、退くようにしていただくための条件闘争なんだと、だから反対闘争じゃないんですよ」とこちらが言ったわけです。「反対じゃなくていかに有利な条件を勝ち取るかと、条件闘争なんですよ」ということを納得したうえで、妥協すべきは妥協せないかんわけです。突っ張ったらやられますよと。権力は持っとるんじゃけどって言うわけ。権力、使うか使わんかだけで、持ってるのは当局じゃけん。権力はいつでも使えるんですよ、彼らは。いつでも使えるんですよと。もうすでに計算しとるはずです。

T氏によれば、行政との交渉は抵抗することが目的ではなく、あくまで条件闘争として、居住者の生活や居住を守るためであることを念入りに訴えたという。交渉において、行政に抵抗すれば、その権力を覆すことはとうてい不可能であると判断しており、いかに条件のよい補償を勝ち取れるかを念頭に置き、交渉に向かったとのことである。また、T氏は朝鮮総連の専従という身分でありながらも、あくまで居住者に対して政治的問題を出すことなく、生活をいかに守るかという点から活動していた。したがって、居住者の生活を守るためには、抵抗を第一に考えるべきではなく、あくまで立ち退くことを前提としたうえで、いかに行政が居住者の生活権や居住権を補償するかということに、この交渉の焦点をしぼっていたのである。

ただし、旭橋下流地区居住者のなかには、行政側の立ち退き勧告に対して弱気になる者もいた。太田川放水路の工事の邪魔をしようという思いはまったくなかったが、実際に工期が遅れているのは自分たちのせいであり、広島市民に迷惑を与えているという負い目を感じていたのである。こうした状況に対して、T氏は、行政側がこの地区を放置したことに問題があり、行政の保護を受ける必要があると考え、居住者たちに、自分たちが置かれている状況について考えるよう促した。そして、T氏は居住者たちに以下のように話しかけ、自分たちの存在を卑下することなく、行政側に自分たちの要求を訴えるよう求めたのであった。

じゃあ我々がここにいて何をしたんですかと。何もしてないです、悪いことは。生きるために一所懸命、日本の社会に貢献する分でも、卑屈になることは何もないですと、胸を張りなさいと言ったんです。要求することは要求しようじゃないかと。それが通るか通らんかは別として、みなさん方の言い分、要求を全部出してくださいと。それをぶつけてみますと。

すなわち、T氏は、「「不法占拠」＝犯罪性」という認識をとりあえず留保し、「何も悪いことはしていない」と訴え、居住者たちに自尊心を取り戻してもらうように活動した。こうした、T氏をはじめとした立退対策委員会の執行部の言葉を信じ、居住者たちは必ずしも行政側に迎合するのではなく、「正当な」権利である自分たちの生存権や居住権を要求するために立ち退くという選択をすることになったのである。

②行政との交渉における戦術

さて、立退対策委員会は移転交渉の場で、行政に対して条件闘争を持ちかける際、実際にどのような戦術を使ったのであろうか。第3節でも見たように、四つの交渉の際の争点において常に比較条件として出されるのが、この地区よりも先に合意が成立していた福島地区の補償交渉についてであった。それでは、立退対策委員会は福島地区の運動といかなる関係があったのだろうか。T氏は以下のように語った。

僕は福島町の立ち退きの話は聞いたけども、具体的にはわからないですよ。あそこもねえ、後から問題多かったんですよ。表向きは綺麗に済んでるけど、後から話聞くと相当、住民と、やはりこの役員との間の摩擦があったらしいんですよ。だから、あの時に共産党のあれ〔活動家〕も信用落としたんじゃないかな。そういう話は出ていたんです。だから、当局との交渉をいかにしたかっていうのわからんです。わかんないから参考にすることしない。

T氏をはじめ、立退対策委員会のメンバーはもちろん福島地区の立ち退き問題については知っていたが、その運動がいかに行なわれ、行政との交渉がどのように進んでいったかについては、ほとんど知識がなく、印象もあまりいいものではなかったようである。また、福島地区での運動に関わった活動家が旭橋下流地区に入って補償交渉を支援することもまったくなかった。ただし、福島地区の土地の払い下げ金額であるとか、公営住宅や移転補償費など、いかなる補償がなされたかについては、旭橋下流地区と福島地区の居住者間の付き合いのなか[*11]で認識しており、そうした結果を交渉に反映させるようなことはあった。

土地を買う時に福島ではいくらで買ったとかはあった。そりゃ自分とこの土地も買うたし。僕の家も立ち退きくらったんです。同じような人もいっぱいいるし、そういう話はもう多い。だいたいこの辺はなんぼだ、この辺はなんぼだっていうのはわかってた、聞かんでもね。

前章において、福島地区の運動が部落差別問題を組み込んで行政闘争を勝ち取ったと述べた。一方、旭橋下流地区では、一九六四年五月に出した陳情書（資料7－3）において、「原爆の惨禍」や「侵略戦争に協力させられた朝鮮人」といった文言に加えて、平和都市建設法との関係から国際的信義にもとることへの問題性が指摘されていたが、実際の交渉ではこのような問題を前面に押し出して主張することはほとんどなかった。こうした在日朝鮮人をめぐる政治的な問題をあえて出さなかった理由を「旭橋関係綴」や聞き取り調査から読み解くことはできなかったが、一九六〇年代当時の民団と朝鮮総連の対立状況[*12]を考えれば、それを持ち込むことで両組織間、そしてそれを支持する住民間で「分断」される危険を感じてのことだったのかもしれない。

そして、立退対策委員会の姿勢は、基本的に「静かな」戦術を使うことであった。「静かな」戦術とは、立ち退くことは認めつつ、そのための補償を獲得するという戦術である。T氏はこのように語る。「向こうとしてはね、それが怖いんです。相手は。わーわーやってくれた方が、この方がいいんですよ。この方がもの凄く叩きやすいんですよ。じっと、こうやって理屈的に詰めていくのがね、〔行政としては〕とてもそれはしんどいんです」。行政側にとっては、地区が団結しているだけではなく、単に抵抗するのでもなく、理詰めで交渉に来られることに不気味な感じを覚えただろう。しかし時に行政の圧力が強まると、立退対策委員会は「激しい」戦術も用いた。相手を威嚇し、デモをするぞという「脅し」を行なったのである。

〔新聞にこの旭橋下流地区の問題が出た〕時に〔太田川河川工事務所の〕係長いう人がね、〔強制撤去を〕やると言うて来たんですよ。じゃあ、やりなさいと、うちは朝鮮総連がいっぱい人を集めるんだと、県下で声掛けてすぐに集るのが一八〇〇人ぐらい。それでみんながね、声掛けてすぐに集るのが八〇〇人から一〇〇〇人ぐらい。これはすぐに集ると。地元へ、ここへ一〇〇軒ぐらいあったから、立ち退きになるっていう人の周辺の身内が何かしたらね。これが約一軒に三、四人、子供まで入れたらもっと多いけども、ここが大体四、五〇〇集まると。そうすると二五〇〇から三〇〇〇人ぐらいを相手にしてやるかって言うたんですよ、僕は。やろうじゃないって。いや、僕もはっきり言ったんですよ、こうやって〔机を叩く仕草で〕。木刀ぐらいは用意しますよと。あなた方は命なんか賭けてないだろうけども、うちは命賭けですよと、みんなそうですよと。

しかし、実際に暴力的なふるまいがあったわけではなく、これはある意味で立退対策委員会が行政側に対して突きつけた「ハッタリ」であった。さらに、「ここにはもう刺青入れているやつとか、突拍子もない人もおったから、やくざみたいなのもおったしね。あれら何するかわからないって。それは、わしの方から、それは統制できません」という言葉さえも出されたという。

行政側もそれに対して、「大竹に県の警察学校があったこともあって、大竹、岡山、山口、四国、全部合わして動員したらね一万五〇〇〇人ぐらい動員できます」と警察権力の動員の可能性を指摘し、抵抗を抑えることは大して難しくないと述べたという。ただし、T氏もそのことは十分にわかっており、行政側に対して以下のように述べたと語っている。

ほいでじゃあ、それ計算してみいと。怪我人が出た時、死人が出た時、ほんで警察の動員、一人や二人じゃ済まんだろうと。また彼らの寝るとこ、あんた確保せにゃいかんのだぞと。仮設住宅でも建てにゃいけないと。そこら土手に放り投げておくわけにはいかんじゃろと。まあ他のはいいとして、布団と茶碗とね、いわゆる、この寝る場所、仮設住宅ぐらいは建てるぐらいね、用意せにゃ、あんたどうするかと。そしたらそれの、いわゆる仮設の建設、警察動員数、そして怪我人出た時、あった時ね、全部入れて計算してみなさいと。

T氏のこうした発言に対して、太田川工事事務所の担当係長はその経費を計算してきたようである。しかし、その経費を上司に報告したところ、「頭を横に振ったんですよ」「こりゃできないって言われたんです」という旨のことをT氏に話した。T氏の思惑はまさにここにあった。「それみいや、できんやろと。だから立ち退き料よりか高こう付くんよ」と述べ、次のように語りかけた。

だから、絶対に無理は言ってませんと。僕はね、初めから協力すると言うとるじゃろうと、これは。〔この地区を挟んで〕上下に堤防ができ上がっているのにね、協力せざるをえんじゃろうがって言うて。わしらも人間じゃ、日本にいてお世話になってるんだと。お世話になっていて、あんた方、ぜひやりたいっていうことはね、見てわかるんだと。だから、初めから協力する体制だから、条件さえ整えてくれたらいつでも退けまっせと。そう言ってるのに、何が強制撤去、何やこれって怒ったんです。お前ら脅しかけるんかって。じゃあ、喧嘩でもやろうやないかって。そしたら向こうも、じーっとこうやって聞いてる。やっぱり立ち退きや強制執行って言っても、そんな簡単にできないわけです。

結果的に、立退対策委員会が提示した要求の多くは行政側に認められることはなかった。しかし、上記のような取り組みを実施することで、強制立ち退きは回避され、集団移住計画も破綻することはなく、居住者への補償についても、当初の行政側の提示額より多くの移転補償費が供出され（総額一五〇〇万円→およそ二五〇〇万円）、さらに土地の払い下げ価格も引き下げられたのである（坪あたり平均三万四四〇〇円→三万八五円）。

5 おわりに

通常、公共事業における「不法占拠」者の立ち退きの場合、代替地（移転先）の提供は行なわれない。個人の移転希望に対して、国が土地と建物の対価を金銭的に補償するだけで、居住者はその資金をもとに自分で居住地を探すことになり、結果的に地域コミュニティが解体するのが常である[*13]［金菱　二〇〇八：八］。しかし、旭橋下流地区の立ち退き問題は、県有地の払い下げという行政側の対応によって、集団的に移住するという形で決着がつき、他の「不法占拠」地区や河川敷居住地での事例とは違う結果になった。本章は特に居住者組織である立退対策委員会と行政当局との補償交渉に注目し、集団移住の背景について、残された行政資料や聞き取り調査から検討するものであった。本章の内容は以下のようにまとめることができる。

当該地区の撤去において、行政当局は県有地の払い下げのほか、移転補償費の支給、仮設住宅の供給、養豚業の廃業補償などを実施したが、これらの補償を行なうことを決めた背景には、隣接する福島地区で補償を実施していたこと、再度の「不法占拠」を防ぐため、太田川放水路事業の完遂のためという三つの理由があった。ただし、必ずしも行政当局は居住者の意向どおりに補償を行なったわけではなく、可能な限り補償を最小限に抑えるべく交渉の場で多様な実体的／心理的戦略を駆使していた。また、その一方で立退対策委員会も補償を最大限にするべく激しい／静かな戦術をとっていたのである。このような行政側の戦略と居住者組織の戦術のせめぎあいが行われた結果としても、集団移住が成し遂げられたと言える。

ところで、本章で用いたド・セルトーの概念について、「支配＝戦略」↕「抵抗＝戦術」と便宜的に設定したが、その状況は必ずしも二項対立的なものではなかった。本論のなかで示してきた「行政側」には、中国地建や太田川工事事務所、そして広島県や広島市が含まれていたが、このほか間接的にではあるが、建設省や会計検査院などの国家組織も関与していた。すなわち、行政側は決して一枚岩ではなく、多元的なものでもあった。事実、立退対策委員会と交渉で相対する中国地建や太田川工事事務所の担当者は、交渉相手との折衝だけではなく、行政組織間の調整も行なっており、時に各組織の思惑や都合をめぐって「板挟み」になることもあった（行政内協議においては、居住者側の「代弁者」や「擁護者」になることさえあった）。「全体を見渡せるような視界」を有しているがゆえに、こうした多元的な組織の状況がある意味「足枷」となり、交渉において行政側が当初に提示した案を変更せざるをえないこともあったのである。

一方、立退対策委員会は前章でも見たように、居住者の連帯や組織化自体はかなり強固なものであったが、実践されたさまざまな取り組みは、必ずしも「戦術」的なものだけではなく、「戦略」的な側面があったこともうかがえる。たとえば、事務局長T氏が非居住者であったこと、さらには朝鮮総連および民団の広島県本部が前面に出ることなく支援していたこともあり、立退対策委員会が当該地区からの目線のみならず、「全体を見渡せるような視界」を有していたとも言える。すなわち、こうした状況によって、冷静な立場から地区および立退対策委員会の状況をながめることが可能となり、実際に交渉の場でも「静かな」戦術が取り組まれたと言えよう。

さらにこのことに関連して、集団移住を可能とする際に最も重要な問題であった、広島県から払い下げられた土地を購入できるだけの資金調達についても触れておく必要がある。まさにこの点が移転補償交渉を決着させる最も重要な点であったわけだが、T氏は聞き取り調査のなかでこのように語っている。

商銀〔商業信用組合〕も朝銀〔朝銀信用組合〕も立ち退きについての件については、いわゆる補償金や、立ち退けない方の土地を買うたり家を建てたりするのに金がいるやないですか、どうしても。そしたらいわゆる金のない人はどうしても商銀、朝銀に行く。これは、表向き総連も民団も貸してやる言うわけにはいかんねん。銀行に対して干渉するわけにいかんから。日本の政府だって日銀に何も文句言えんのに、ね。独立やから。裏では、そこはね、やはり少し土地もあるし家も新しく建てたら、それに見合うだけの、いわゆる融資を優先的にやるようにと。両組織とも、そら指導しとるはずです。言ってるはずです。

居住者たちが土地を購入する際に重要な役割を果たしたのが、民団系の商銀信用組合や朝鮮総連系の朝銀信用組合であった。それらの金融機関が土地の払い下げ希望者に融資を与えたことは立退対策委員会会長C氏の長男の妻であるS氏の聞き取りからも明らかとなっている。それらがいかに行政との交渉に関与したかについては「旭橋関係綴」

からは明らかにはできないが、こうした民族系の金融機関の存在が、集団移住を可能とさせた重要な要因でもあったと考えられる。

このように、連帯した居住者組織の取り組みと太田川放水路完成を目指した行政による対応、そしてそれを媒介とする諸主体の営為が絡み合うなかで、旭橋下流地区からの集団移住が実現することとなったのである。

【注】

＊1　本資料の入手経緯や聞き取り調査の詳細などについては、前章に記載。

＊2　終戦直後、福島地区では太田川放水路予定地に六〇〇世帯以上が居住していたが、一九四八年の放水路工事再開を機に、中国地建はそこでの家屋を撤去する方針を立てた。それに対して、住民側は立ち退きに抵抗し、部落解放全国委員会福島支部を中心にして、行政との交渉に入った。一九五五年に交渉は終結し、最終的に住民側には放水路工事に伴い不要となった福島川廃川敷埋立地の払い下げに加えて、公営住宅の建設、移転補償費の支給など総額一億五五〇〇万円の補償が実施された。

＊3　仮設住宅については、県から建設省に無償で貸し付けし、貸与期間は一年間を限度とし、県が引き取る形となった。仮設住宅が空き家となった場合、残存価格で建設省から県が譲り受けることが約束された。貸与期間の更新が必要となった時、および空き家の引き渡しの方法等については別途協議することも確認されていた。

＊4　地区内で行なわれていた金属屑回収業や駄菓子小売商への廃業補償については、広島県が付近地で行なった広島西部都市区画整理事業の営業補償基準が適用された。

＊5　一九六六年七月二六日に発行された官庁速報「市内での養豚業認めぬ」という資料には以下のように記述されている。「広島市は「市内での養豚業を今後は事実上認めない」という基本方針をこのほど決め、既成業者についても強力な行政指導により移転させるなどして漸減策をとることになった。これは同市内が特別清掃地域に指定されたためで、同市は市内での養豚業許可基準として、（一）固形汚物は海洋投棄する、（二）人間の三倍の能力を持つし尿浄化槽を備える、（三）防バエ装置をする、（四）飼料室を完備する――など、これまでより一段ときびしい基準を採用、また既成業者に対しては三～六か月の猶予期間をおいて、この基準を適用する方針である。同市衛生局の調べによると、現在市内には六七業者があり、このうち二〇業者は基準通り施設を完備するか移転、廃業するなどの態度を明らかにしているが、残る四七業者はこれまで通り営業する構えだという。またこれ以外に、豚を飼育していない豚小屋を放置しているところが二二か所確認されている。このため、これらの業者および豚小屋に対しては、（一）

清掃法やへい獣処理法をきびしく適用し、違反者を告発する、(二) これらのうち公共用地の無断使用者に対しては、土地の所有者、管理者に期限付きで撤去させるよう協力を要請する、(三) 豚小屋だけのところは廃止届を出させる――など強力な行政指導をすることにしている。同市衛生局は「新基準どおりの認可申請がくれば認めないわけにはいかないが、それなら住民への被害はない」といっている」。

＊6　撤去の様子は、広島県土木建築部［一九六八、一九六九a、一九六九b］に詳しい。

＊7　新聞のほか、NHK放送（一九六六年一月一九日放送「現代の映像」）や『朝日ジャーナル』（浜田［一九六六］）などで報じられた。

＊8　『中国新聞』一九六五年五月一四日夕刊「渦巻く水流に花束　太田川放水路通水　川面に拍手とどろく　工事関係者に安どの色」。

＊9　(一)『中国新聞』一九六四年一二月二八日「完成を目前に太田川放水路　不法住宅がブレーキ」、(二)『中国新聞』一九六六年六月七日「役に立たぬ太田川放水路　堤防に七〇戸居座る」。

＊10　『中国新聞』一九六六年六月九日「危険がいっぱい太田川放水路　放水すれば水禍増大　護岸に割り込む不法住宅」。

＊11　旭橋下流地区と福島地区の一部は中学校区が重なっていたため、住民間の付き合いがあったとのことである。

＊12　一九五九年以降の北朝鮮帰国事業、韓国での一九六一年五月一六日軍事クーデター、さらには一九六五年の日韓基本条約の締結による協定永住制度などをめぐって、一九六〇年代の両組織は激しい対立を繰り返していた。その状況について、金賛汀は以下のように述べている。「戦後、この時期まで両団体は在日社会で思想上の違いなどで強く対立抗争を繰り返してきたが、日本政府の在日抑制政策には一致して反対する姿勢は残していた。しかし、両政権の末端機関になってしまった民団と総連は南北政権の政策意向を最優先させ、在日の立場、在日の利益は軽視されていった」［金　二〇一〇：二二四］。

＊13　従来の救済制度は住民個々の選択の自由を最大限拡張してきた反面、地域社会においては地域住民の多数に共有された意思決定を実行することができず、地域の文化的ユニットを壊してきた経緯がある［金菱　二〇〇八：一一五］。

結論

本書では、戦後都市において人々が生きていたバラック街の実態、およびその生成から消滅までの過程の全体像について、主に東京や神戸、広島といった都市を事例に、行政文書や関連資料、新聞記事の探索・整理、さらには関係者への聞き取り調査を通じてアプローチしてきた。改めての確認ではあるが、バラック街は「不法占拠」といった土地の占有形態だけで決して一枚岩的に捉えることはできない。また、第1章で指摘したように、貧困や社会的周縁に追いやられる人々の集住や劣悪な住環境といった共通的な特性を有しながらも、各々のバラック街の状況や過程は、その時々の都市における空間的社会的位置づけのなかで偶有的であったのである。このように、戦後のバラック街の多様な関係性や動態性を明らかにしてきたが、以下では、その具体的なあり方として、「複層的な関係性」「複線的な生成・消滅過程」、「多面的な空間の政治」の三つの側面から本書の知見をまとめ、さらに今後の研究の可能性を提示する。

複層的な関係性

第1章で指摘したとおり、バラック街はそれぞれ特異な通称がつけられていたように、周囲の社会から異質な存在としてみなされていたが、実際には、その居住者は一般社会とは隔絶しておらず、孤立もしていなかった。内部構成は決して均質的でもなければ、固定的でもなかった。それは、第4章で一九六〇年前後における河川敷居住者の社会的混合の状況や社会的流動性の高さを指摘したとおりである。

そして、その空間は都市において独自の機能を有していたことも確認できる。たとえば、地区内の住宅が賃貸・売買されていたように都市の住宅市場に組み込まれており、また居住者の多くが相対的に低賃金のインフォーマルな形態を含めた都市の下層労働に従事していた。もっとも犯罪性を帯びた職種が含まれており、搾取が横行していたことも否定できないが、バラック街居住者を活用する労働市場が存在していたのである。たとえば、第3章で紹介したように、一九五〇年代後半には「バタヤ街」は住宅供給および再生資源業に関する政策上「絶対必要な存在」として位置づけられていたこともその証左となろう。したがって、それぞれのバラック街は、都市のなかで状況に応じて孤立しつつも、周囲の地域との関係性を有しており、その空間およびその居住者には何らかの社会的役割が付与されていたのである。

さらに、第6章および第7章では、バラック街の内部の関係性を分断し、また外部社会と断絶させるような排除の諸力に対して、地区内外においては多様な社会関係や生活世界が存在し、ひいてはそうした外圧に抗う動きがあったことも指摘した。そこでも内部社会の連帯に加えて、外部の支援者と連携することで、運動を展開することもあったのであるが、こうした状況は、ウトロ地区をはじめとした近年の居住権運動においても見ることができよう。

このように、バラック街の内部と外部を隔てる分断線は明確なものではなく曖昧であり、たとえそれが差別や排除などの外部の力によって引かれていたとしても実際には多孔的だったのである。つまり、この空間が決して閉曲線で囲まれた領域として存在したのではなく、広範で複層的な関係性のなかで常に構成されていたと考えられよう。このように理解することで、バラック街居住者たちのさらなる多様な生活実践や社会関係を浮き彫りにすることが可能となるのである。

複線的な生成・消滅過程

バラック街の多くは戦後に形成されたと理解されがちであるが、戦前に生成した地区も存在した。たとえば第3章で指摘したように、戦前にすでに存在した「バタヤ街」が戦後も残存する場合もあれば、第5章の「大橋の朝鮮人部落」や第6、7章で扱った旭橋下流地区でも、戦前からすでに居住者がいたという証言もあった。

また、第1章および第2章で確認したように、戦後と言っても終戦直後に一斉に生成したのではなく、段階的に増加、その規模も拡大していた。GHQの意向により「浮浪者」対策が優先されるなか、バラックの建造、居住はたとえ土地の「不法占拠」であったとしても、「自立」的な行為として捉えられ、行政当局によって放置されていくことになったのである。そして、都会地転入抑制の解除により、一九五〇年に入ると都市への流入人口が再び増加傾向になるなか、公民両セクターの住宅供給の遅れもあり、バラック街は住まいを求める人々の受け皿となっていった。

一方、一九五〇年代以降は戦災復興事業の進展によって、都市の開発やインフラ整備が実施され始め、バラック街居住者の立ち退き、建物の撤去も進行していた。そのため、たしかにバラック街の増加傾向は続いていたが、その立地は行政による撤去が優先される中心部から、河川敷など比較的管理が緩く、事業が遅れた周縁部へと徐々に移っていくこととなったのである。

このことは、バラック街の消滅時期がその立地状況に応じて異なっていたことを示している。中心部に位置するバラック街がおよそ一九六〇年までに撤去されるなか、相対的に周縁部の地区は放置され、消滅時期も一九七〇年以降になるケースもあった。それは行政当局による撤去方針や社会的位置づけなどの外部諸力に加えて、バラック街居住者やその支援者による内部の連帯や運動によっても左右されていた。また、行政代執行による一斉強制撤去は稀で、多くの地区では個別交渉が行なわれたことで、一世帯ずつ、一戸ずつ、段階的にバラック街は消滅していったのである。

以上のように、それぞれのバラック街の生成と消滅の時期や速度は、都市における社会的地理的布置の違いや行政の撤去方針、さらには居住者をはじめさまざまな主体の営為の複層的な関係性によっても決定づけられていた。したがって、都市のバラック街の生成および消滅過程は決して単線的ではなく、複線的だったのである。これまで戦後復興や高度経済成長の展開とは反比例する形で、バラック街は自然に消滅していくものと考えられてきたが、その過程にはさまざまな要因や論理が複雑に絡み合っていたのである。敷衍すれば、個別のバラック街のプロセスを丹念に辿り直すことで、戦後都市社会の諸相を表する可能性が示されよう。

多面的な空間の政治

バラック街の生成および消滅過程をめぐってはさまざまな主体による営為が複雑に絡み合うなかで、権力の作用や権利・承認の主張、そしてその利害調整の過程といった、空間をめぐる政治が展開していた〔山﨑 二〇一三〕。

まず上述したように、生成については、終戦直後の混乱のなか、バラック建築およびそこでの居住は、行政当局によって自立した行為としてみなされ、また「バタヤ街」についても政策上必要な存在として位置づけられ、バラック街の生成を助長していたのである。

そして、消滅過程において行政当局による公権力の作用はより明示的であった。バラック街の撤去をめぐっては、行政当局が戦略的見地から、警察権力を用いた行政代執行による強制撤去だけではなく、個別交渉による地区居住者の分断を図り、当該空間の消滅を促進していったのである。そしてその間、不動産侵奪罪や新河川法など法的根拠が整備される一方で、メディアの排他的な言説が介在し、バラック街は社会的に問題視され、居住者への社会的排除は進行、行政当局によるバラックの撤去や居住者の立ち退きの正当性は確固たるものになっていった。

またその一方で、居住者はさまざまな方法で戦術的に生活世界を維持し、公権力に対して地区内の居住者が連帯し、自らの居住や生活の権利を主張し、抵抗することもあった。たとえば第3章で見た「バタヤ街」における蟻の会や葵会など、一九五〇年代初頭においてすでに居住者の組織化も見られた。そして、行政当局と居住者がせめぎ合うコンフリクトが存在していたのである。

ただし、行政当局と居住者との関係を単に対立として理解することはできない。居住者組織と行政当局による交渉では互いの利害関係が調整されることもあり、たとえば一九六〇年代後半には河川整備の一環として、住環境整備および改良住宅への集団移住といった行政による配慮も見られたわけである。また、第7章で明示したように、それぞれ最大限の利益を追求しようと、行政および公権力による多様かつ複合的な政治戦略が展開し、その一方で居住者や支援者などさまざまなアクターによる狡知を用いた戦術も見られたのである。

そしてこの関係性において、それぞれの組織が必ずしも一枚岩的でなかった点にも注目すべきであろう。たとえ居住者組織として運動が行なわれていたとしても、第5章で見た「大橋の朝鮮人部落」のように、社会構成の多様性が運動の障害となることもあったし、他方で、行政側においても、組織間だけではなく、国と都道府県、市町村とそれぞれ異なったスケールの利害が相互に関係するなかで、交渉を促進する場合もあれば、阻害することもあったのである。

以上、個別のバラック街の複層的な関係性、およびその複線的な過程を多面的に捉えることで、バラック街をめぐるオルタナティブな運動や先進的な政治のあり方を提示できる可能性もあるだろう。

バラック街の記憶と記録をめぐって

これまでバラック街は「不法占拠」地区として一面的に捉えられ、それがゆえに消滅することが「当然」のように考えられてきた。しかし、本書の成果と照合すれば、それは決して「当然」ではなく、多様な関係性が絡み合うなかで、時に政治的状況を伴い、複線的な過程が確かに存在したことがわかる。

であるならば、多様性が捨象され、単線的な消滅のみに矮小化された理解や、そもそも消滅が「当然」という認識も構築されてきたものだと考えられる。それは、都市の復興やインフラ整備、開発などによって、バラック街の人々を立ち退かせ、その空間自体を景観的に消滅させる営為だけではなく、関連資料の廃棄や放置、未整理、あるいは隠蔽という形で、歴史的にも、かつ人々の記憶においても、不可視化させるプロセスが展開してきたということである。

飛躍になるかもしれないが、それは戦後の開発の正当性を是認する形で、バラック街に生きた人々の存在それ自体が歴史的にも抹消されたということではないだろうか。逆も然り、歴史的に抹消してしまうことで、高度経済成長や開発政治の正当性を追認していたとも理解できようか。すなわち、これは歴史に対する捉え方や立ち位置にも関係してくるということだ。

であるからこそ、歴史や記憶における不可視化の網目をひもとき、その存在自体に光を照らすために、静的で固定したものとして、かつ領域規定的に捉えられてきた空間の見方を改めて問いなおすことが有効と言えよう。本書はまさに、開発によって物理的に消滅し、そして歴史・記憶の意味においても不可視となった、バラック街という空間に注目すること、さらに「不法占拠」という土地の占有形態のみが固定的に捉えられていることに目を凝らした結果、そこに生きてきた人々の存在や行為に光をあて、その空間をめぐる排除の動態や構造、さらにこれまで注目されてこなかった政治や行政、そして社会運動のあり方を明示できたのではないかと考えている。

このように空間をめぐる記憶と記録の再探索を通じたオルタナティブな戦後史の可能性を模索することは、これまでとは別の先進的な政治や運動のあり方を想像することにもつながるのではないかと思われる。ルフェーヴル［一九七五］は「空間は何かと問うことは、政治を問うことである」と言う。本書は、バラック街という空間を問いなおす意味はまさにここにあると考えてきたが、まだまだその道筋を整えたにすぎない。今後は、語られてこなかった声に注意深く耳をそばだてること、そして新たな資料の地道な探索はもちろん、さらなる既存資料の丹念な読みなおしが求められよう。

文献

アガンベン、ジョルジュ、高桑和巳訳『ホモ・サケル──主権権力と剥き出しの生』以文社、二〇〇七
秋山健二郎・森　秀人・山下竹史編著『現代日本の底辺　第一巻　最下層の人びと』三一書房、一九六〇
天野卓郎「部落問題と部落解放運動」広島市編『広島新史　歴史編』広島市、一九八四
網野善彦『無縁・公界・楽──日本中世の自由と平和』平凡社、一九七八
石川淳志「スラム居住者の停滞と沈澱──大都市のバタヤ部落における階層構造」『都市問題』五二巻四号、一九六一
石丸紀興・千葉桂司・矢野正和・岩田悦次・平野英治・山下和也「基町相生通りの出現と消滅」広島市編『広島新史　都市文化編』広島市、一九八三
石丸紀興・真鍋忠晴「基町高層住宅における空間と文化」広島市編『広島新史　都市文化編』広島市、一九八三
出水　薫「敗戦後の博多港における朝鮮人帰国について──博多引揚擁護局『局史』を中心とした検討」『法政研究』六〇巻一号、一九九三
磯村英一「あるスラムの形成と解体──東京葵部落の場合」『社会事業』三九巻六号、一九五六
磯村英一『スラム──家なき町の生態と運命』講談社、一九五八
市場淳子『新装増補版　広島を持ちかえった人々──「韓国の広島」はなぜ生まれたのか』凱風社、二〇〇五
伊藤泰郎「朝鮮人の被差別部落への移住過程──広島市の地区を事例として」『部落解放研究』一四号、二〇〇七
稲津秀樹・本岡拓哉・中西雄二・野上恵美「神戸長田の記憶風景を描きなおす──まちかどの共在する記憶へ／から」『生存学』六号、二〇一三
井上哲夫「東京都地区環境調査　都内不良環境地区の概況」『社会事業』四二巻八号、一九五九
岩田正美『戦後社会福祉の展開と大都市最底辺』ミネルヴァ書房、一九九五
岩田正美『貧困の戦後史──貧困の「かたち」はどう変わったのか』筑摩選書、二〇一七
上山和雄「東京オリンピックと渋谷、東京」老川慶喜編著『東京オリンピックの社会経済史』日本経済評論社、二〇〇九
宇野　豊「京都東九条の形成とまちづくり」富坂キリスト教センター在日朝鮮人の生活と住民自治会研究会編『在日外国人の住民自治──川崎と京都から考える』新幹社、二〇〇七

浦野正樹『都市における資源循環システムの再編と地域社会の変動』平成一五年度〜一六年度科学研究費補助金［基盤研究（C）（二）］研究成果報告書、二〇〇六
江口信清『スラムの生活環境改善運動の可能性――カリブ海地域の貧困とグローバリズム』明石書店、二〇〇八
大倉一郎『河原の教会にて――戦争責任告白の実質化を求めつづけて』新教出版社、二〇〇〇
大阪市経理局『不動産窃盗立法化要望に関する経過と資料』一九五九
大阪商工会議所『民有不動産不法占拠に関する実態調査――名古屋、京都、大阪、神戸四商工会議所共同調査』一九五九
大阪商工会議所『不動産の不法占拠問題に関する資料』一九六〇
大塚茂樹『原爆にも部落差別にも負けなかった人びと――広島・小さな町の戦後史』かもがわ出版、二〇一六
大橋　薫「仮小屋密集地域のスラム化の研究」『ソシオロジ』七巻一号、一九六〇
大藪寿一「原爆スラムの実態（上）」『ソシオロジ』一四巻三号、一九六八
大藪寿一「原爆スラムの実態（下）」『ソシオロジ』一五巻一号、一九六九
籠山　京『ボランタリー・アクション――バタヤの解放』ドメス出版、一九八一
梶　大介『バタヤ物語――俺たちだって人間だ』第二書房、一九五七
河川行政研究会編『日本の河川』建設広報協議会、一九九五
河川利用研究会編著『新しい河川敷地占用許可準則の解説』ぎょうせい、一九九五
加藤　亜「我が世誰ぞ常ならん――神戸とヤミ市（上）」『地理』四〇巻八号、一九九五a
加藤　亜「我が世誰ぞ常ならん――神戸とヤミ市（下）」『地理』四〇巻九号、一九九五b
加藤政洋「神戸市近郊の市街化と商業地の形成――「西新開地」の成立と発展を中心に」『流通科学大学論集　人間・社会・自然編』一七巻一号、二〇〇四
加藤芳郎『オンボロ人生』コダマプレス、一九六六
金菱　清『生きられた法の社会学――伊丹空港「不法占拠」はなぜ補償されたのか』新曜社、二〇〇八
河名木ひろし『小岩ベニスマーケット』法政大学大学院エコ地域デザイン研究所、二〇〇八
金慶海・堀内　稔編『在日朝鮮人・生活擁護の闘い――神戸・一九五〇年の「一一・二七」闘争』神戸学生・青年センター出版部、一九九一
金賛汀『在日、激動の百年』朝日新聞社、二〇〇四

金賛汀『韓国併合百年と「在日」』新潮選書、二〇一〇
金栄「0メートル0番地——戸手河川敷の人々」ほるもん文化編集委員会編『ほるもん文化　三　在日朝鮮人が選挙に行く日』新幹社、一九九二
九州地方建設局熊本工事事務所編『白川不法占用是正の記録写真集』九州地方建設局、一九八四
近畿地方建設局水政課『河川敷不法建築物対策研究会報告』一九七〇
建設省編『戦災復興誌　第一〇巻都市編』都市計画協会、一九六一
建設省静岡河川工事事務所『安倍対——安倍川不法占用是正二二年の記録』一九九〇
建設省中国地方建設局総務部用地課『旭橋下流地区不法占拠家屋除却関係綴』一九六六
こうの史代『夕凪の街　桜の国』双葉社、二〇〇四
神戸奄美会編『奄美——神戸奄美会創立六〇周年記念誌』一九九〇
神戸港湾福利厚生協会『収録港湾労働　神戸港』一九八八
神戸市会『市会旬報No.一一　昭和三五年度一月号』一九六〇
神戸市編『神戸市史　第三集行政編』一九六二
神戸市編『神戸市史　第三集〔第二〕社会文化編』一九六五
神戸市衛生局『衛生局のあゆみ』一九六九
神戸市教育委員会『志里池小学校校舎占有者に対する強制執行について』一九六三
神戸市建設局計画部編・建設省計画局区画整理課監修『神戸戦災復興誌』一九六一
神戸市社会課『在神半島民族の現状』一九二七
神戸市都市計画局『生まれかわる湊川公園』一九七〇
神戸市都市計画局『戦災復興　都市改造から環境改善まで（戦後の区画整理の歩み）』一九七五
今野裕昭『インナーシティのコミュニティ形成——神戸市真野住民のまちづくり』東信堂、二〇〇一
斎藤正樹「強制立ち退き問題　ウトロから次に何を伝えるか——国際人権基準と国内法のギャップを見つめる」『居住福祉研究』二〇巻、二〇一五
地上げ反対！ウトロを守る会『ウトロ——置き去りにされた街』かもがわ出版、一九九七
獅子文六『自由学校』新潮社、一九五三

島村恭則『〝生きる方法〟の民俗誌――朝鮮系住民集住地域の民俗学的研究』関西学院大学出版会、二〇一〇
清水久雄「鶴見川河川敷不良住宅改良事業について」『住宅』一七巻第九号、一九六八
下中邦彦編『日本残酷物語　第五部　近代の暗黒』平凡社、一九六〇a
下中邦彦編『日本残酷物語　現代篇一　引き裂かれた時代』平凡社、一九六〇b
新村出編『広辞苑（第七版）』岩波書店、二〇一八
杉之原寿一『杉之原寿一・部落問題著作集　第四巻　大都市部落の実証研究』兵庫部落研究所、一九八五
杉之原寿一『神戸市における同和行政の歩みと同和地区の実態の変化』兵庫人権問題研究所、二〇〇三
須永哲思「一九五〇年代社会科における「自由労働者」の教材化――郷土教育全国協議会による「バタヤ部落」のフィールドワークに着目して」『教育史フォーラム』一一巻、二〇一六
住田昌二『不良住宅地区改良の研究』京都大学大学院工学研究科博士論文、一九六八
戦災復興事業誌編集研究会・広島市都市整備局都市整備部区画整理課編『戦災復興事業誌』広島市、一九九五
仙波希望「「平和都市」の「原爆スラム」――戦後広島復興期における相生通りの生成と消滅に着目して」『日本都市社会学会年報』三四巻、二〇一六
総理府統計局『住宅統計調査　昭和三三年』一九六〇
高橋弘篤編著『住宅地区改良法の解説――スラムと都市の更新』全国加除法令出版、一九六〇
高見沢邦郎・洪　正徳「一九五九年調査による東京区部不良環境地区のその後の変容について」『第一九回日本都市計画学会学術研究論文集』一九号、一九八四
田中　滋「近代日本における河川環境行政史――〈河川の近代化〉から河川環境問題の事業化」『平成五年度・河川管理における環境保全型社会の形成過程の研究』滋賀県琵琶湖研究所、一九九四
田中聡司「広島駅・基町の区画整理と市民運動」広島市編『広島新史　市民生活編』広島市、一九八三
千葉桂司・矢野正和・岩田悦次「不法占拠」『都市住宅』六五号、一九七三
鄭義信『焼肉ドラゴン』角川文庫、二〇一八
つげ義春『近所の景色　無能の人　つげ義春コレクション〇四』ちくま文庫、二〇〇九
デイヴィス、マイク、酒井隆史監訳『スラムの惑星――都市貧困のグローバル化』明石書店、二〇一〇
東京市社会局編『紙屑拾ひ（バタヤ）調査』一九三五

東京市社会局編『紙屑拾ひ（バタヤ）調査報告書』一九四一
東京商工会議所調査部編『不動産不法占拠に関する調査』一九五九
東京都編『東京都戦災誌』明元社、二〇〇五
東京都足立福祉事務所・足立区社会福祉協議会『バタヤ部落――本木町スラム』一九五八
東京都資源回収事業協同組合二十年史編纂委員会編『東資協二十年史』資源新報社、一九七〇
東京都資源回収事業協同組合五十年史編集委員会編『東資協五十年史』資源新報社、一九九九
東京都社会福祉会館『東京都の不良環境地区の現状と福祉対策――特に本木・山谷地区に関して』一九六三
東京都住宅局『東京の住宅問題』一九七一
東京都清掃局総務部総務課編『東京都清掃事業百年史』二〇〇〇
東京都文京区役所『文京区志』一九五六
東京都文京区役所土木課『第一次後楽園裏部落除去記録』一九五四
東京都民生局『東京都地区環境調査――都内不良環境地区の現況』一九五九
東京都立大学社会学研究室分室『上野「葵部落」に関する調査』一九五三
『都市経営の軌跡』刊行会編『都市経営の軌跡――神戸に描いた夢』神戸都市問題研究所、一九九一
ド・セルトー、ミシェル、山田登世子訳『日常的実践のポイエティーク』国文社、一九八七
外村　大『在日朝鮮人社会の歴史学的研究――形成・構造・変容』緑蔭書房、二〇〇四
富坂キリスト教センター在日朝鮮人の生活と住民自治会研究会編『在日外国人の住民自治――川崎と京都から考える』新幹社、二〇〇七
西澤晃彦「排除による貧困――東京の都市下層」岩田正美・西澤晃彦編『貧困と社会的排除――福祉社会を蝕むもの』ミネルヴァ書房、
二〇〇五
日外アソシエーツ『新訂　政治家人名事典　明治～昭和』日外アソシエーツ、二〇〇三
日本河川協会編『新しい河川行政』建設綜合資料社、一九六五
日本社会事業大学近代社会事業研究会『東京都における戦後社会福祉事業の展開』東京都社会福祉会館、一九六五
丹羽弘一「「寄せ場」釜ケ崎と「野宿者」――都市社会地理学的研究」『人文地理』四四巻五号、一九九二
ノックス、ポール／ピンチ、スティーヴン、川口太郎・神谷浩夫・中澤高志訳『改訂新版　都市社会地理学』古今書院、二〇一三

蓮見音彦・似田貝香門・矢澤澄子編『都市政策と地域形成――神戸市を対象に』東京大学出版会、一九九〇
バージェス、アーネスト、松本　康訳「都市の成長――研究プロジェクト序説」松本　康編『都市社会学セレクションI　近代アーバニズム』日本評論社、二〇一一
橋本健二・初田香成編著『盛り場はヤミ市から生まれた　増補版』青弓社、二〇一六
花隈振興会編『町誌「花隈」』一九七一
浜田　哲「原爆スラムの強制立退き・広島市的場町二丁目――問題の地をゆく（ルポ）九」『朝日ジャーナル』八巻九号、一九六六
原口　剛「「寄せ場」の生産過程における場所の構築と制度的実践」『人文地理』五五巻二号、二〇〇三
飛田雄一「一九六一年・武庫川河川敷の強制代執行」むくげの会編『新コリア百科　歴史・社会・経済・文化』明石書店、二〇〇一
平山洋介『不完全都市――神戸・ニューヨーク・ベルリン』学芸出版社、二〇〇三
広島韓国・朝鮮社会研究会編『戦後広島のマイノリティの立ち退き関係新聞記事資料集　第一・二分冊』二〇一〇
広島県朝鮮人被爆者協議会編『白いチョゴリの被爆者』労働旬報社、一九七九
広島県土木建築部「不法占用対策の現況について（その一）」『河川』二六九号、一九六八
広島県土木建築部「不法占用対策の現況について（その二）」『河川』二七〇号、一九六九a
広島県土木建築部「不法占用対策の現況について（その三）」『河川』二七一号、一九六九b
広島県・広島市『基町地区再開発事業その概要』一九七四
広島市編『広島新史　歴史編』一九八四
広原盛明編著『開発主義神戸の思想と経営――都市計画とテクノクラシー』日本経済評論社、二〇〇一
葺合区役所『脇浜町一丁目の火事の記録』一九七六
福島地区都市改造事業記念誌編集部編『広島平和記念都市建設事業西部復興土地区画整理事業（第二工区）誌』広島平和記念都市建設事業西部復興土地区画整理事業第二工区協議会、一九七四
福島町資料作成委員会『福島の歴史――したたかに生き抜いた先輩たちの記録』二〇〇三
ふくしま文庫『地域民主主義を問いつづけて――水平社七〇年と広島のたたかい』部落問題研究所、一九九二
藤原辰史「分解の哲学（第八回）屑拾いのマリア（一）」『現代思想』四五巻一号、二〇一七a
藤原辰史「分解の哲学（第九回）屑拾いのマリア（二）」『現代思想』四五巻三号、二〇一七b
藤原辰史「分解の哲学（第一〇回）屑拾いのマリア（三）」『現代思想』四五巻六号、二〇一七c

藤原辰史「分解の哲学（第一一回）屑拾いのマリア（四）」『現代思想』四五巻八号、二〇一七d
藤巻正己編『生活世界としての「スラム」――外部者の言説・住民の肉声』古今書院、二〇〇一
部落解放浅香地区総合計画実行委員会編『にんげんの街へ・浅香』部落解放浅香地区総合計画実行委員会、二〇〇二
星野　朗・野中　乾『バタヤ社会の研究』蒼海出版、一九七三
堀内　稔「神戸・高架下の朝鮮人スラム」むくげの会編『新コリア百科　歴史・社会・経済・文化』明石書店、二〇〇一
前川　修「東七条における疎開地整備事業とバラック対策」『京都部落史研究所紀要』一二号、二〇〇〇
前川　修「東七条におけるバラック対策と新幹線敷設」『部落解放研究』一四一号、二〇〇一
前田信二郎『不動産窃盗の実証的研究――土地「不法占拠」の構造をめぐって』有斐閣、一九六〇
松居桃樓『蟻の街の奇跡――バタヤ部落の生活記録』国土社、一九五三
マッシー、ドリーン、森正人・伊澤高志訳『空間のために』月曜社、二〇一四
丸山孝一「都市のなかのマイノリティー――在日朝鮮人の戦後生活と文化」広島市編『広島新史　都市文化編』広島市、一九八三
三浦耕吉郎「「不法占拠」を生きる人びと」三浦耕吉郎編『構造的差別のソシオグラフィ――社会を書く／差別を解く』世界思想社、二〇〇六
水内俊雄「大阪市大正区における沖縄出身者集住地区の「スラム」クリアランス」『空間・社会・地理思想』六号、二〇〇一
水内俊雄「スラムの形成とクリアランスからみた大阪市の戦前・戦後」『立命館大学人文科学研究所紀要』八三号、二〇〇四
水内俊雄・加藤政洋・大城直樹『モダン都市の系譜――地図から読み解く社会と空間』ナカニシヤ出版、二〇〇八
三矢　誠「再生資源卸売業の動向」『経済地理学年報』二七巻一号、一九八三
宮本正明「資料紹介　広島市社会課編『在広鮮人《ママ》生活状態』（広島市役所、一九二六年三月）」『在日朝鮮人史研究』三六号、二〇〇六
村上しほり『神戸　闇市からの復興――占領下にせめぎあう都市空間』慶應義塾大学出版会、二〇一八
本岡拓哉「神戸市における阪神・淡路大震災復興公営住宅の立地展開」『人文地理』五六巻六号、二〇〇四
森　正人「ミシェル・ド・セルトー――民衆の描かれえぬ地図」加藤政洋・大城直樹編著『都市空間の地理学』ミネルヴァ書房、二〇〇六
森栗茂一『河原町の歴史と都市民俗学』明石書店、二〇〇三
モリッシー、ジョン／ナリー、デヴィッド／ストロメイヤー、ウルフ／ウィーラン、イヴォンヌ、上杉和央監訳『近現代の空間を読み解く』古今書院、二〇一七

山﨑孝史『政治・空間・場所――「政治の地理学」にむけて（改訂版）』ナカニシヤ出版、二〇一三
山代　巴編『この世界の片隅で』岩波新書、一九六五
山本崇記「「不法占拠地域」における住民運動の条件――京都市東九条を事例に」『日本都市社会学会年報』第二七巻、二〇〇九
梁石日『夜を賭けて』ＮＨＫ出版、一九九四
吉村智博「一九五〇年代大阪におけるバラック・クリアランスとその帰結」『人権問題研究』一五号、二〇一六
ルフェーヴル、アンリ、森本和夫訳『都市への権利』筑摩書房、一九六九
ルフェーヴル、アンリ、今井成美訳『空間と政治』晶文社、一九七五
若松　司「和歌山県新宮市における同和対策事業による公営住宅の建設過程と部落解放運動――一九五三～七五年」『人文地理』五六巻二号、二〇〇四

あとがき

筆者が戦後都市のバラック街に関する研究を始めたのは、修士論文の作成を準備した二〇〇四年のことである。まだまだ道半ばであるとはいえ、一五年をかけてようやく本書にまとめることができた。たしかに時間をかけすぎたとは思うが、一つの本になることでさまざまな評価を受けることができるだろうし、自身がやってきたことを整理するうえで重要な機会にもなった。

本書の刊行は、二〇一七年五月に開催された歴史学研究会大会の現代史部会「都市の「開発」と戦後政治空間の変容」での私の報告「戦後都市、「不法占拠／居住」をめぐる空間の政治」後に、大月書店編集部の角田三佳さんからお手紙をいただいたことから始まった。あらためて、このような機会を与えてくれた歴史学研究会現代史部会運営委員のみなさん、本書の編集、刊行に多大なるご尽力いただいた、角田三佳さんに感謝申し上げます。

本書の内容は、第3章および第4章を除いて、二〇〇九年三月に大阪市立大学大学院文学研究科に提出した博士論文『戦後都市における「不法占拠」地区の消滅過程に関する地理学的研究』がベースとなっている。また、各章の論考は以下のようにさまざまな媒体に発表してきた。本書に一貫性を持たせるために大幅に書き改めているが、各論文は査読者の的確で建設的なアドバイスを踏まえての成果でもある。査読いただいた先生方に御礼申し上げます。

第1章

「一九五〇年代後半の東京における「不法占拠」地区の社会・空間的特性とその後の変容」『地理学評論』八八巻一号、二〇一五

第2章
「戦後神戸市における不法占拠バラック街の消滅過程とその背景」『人文地理』五九巻二号、二〇〇七
第3章
「戦後東京、「バタヤ」をめぐる社会と空間」『ジオグラフィカ千里』一号、二〇一九
第4章
「戦後都市の河川敷居住の生成・消滅過程――行政対応に注目して」『地域研究』五八号、二〇一八
第5章
「神戸市長田区「大橋の朝鮮人部落」の形成―解消過程」『在日朝鮮人史研究』三六号、二〇〇六
第6章
「戦後、集団移住へ向けた河川敷居住者の連帯――広島・太田川放水路沿いの在日朝鮮人集住地区を事例に」『社会科学』四五巻三号、二〇一五
第7章
「戦後、集団移住へ向けた河川敷居住者の行政交渉――広島・太田川放水路沿いの在日朝鮮人集住地区を事例に」『社会科学』四六巻一号、二〇一六

このほか本書では、こりあんコミュニティ研究会の共同研究として行なった、大阪桜ノ宮の大川沿いに存在した済州島出身者（特に女性）の祈りの場「龍王宮」や和歌山県新宮市の河川敷に展開した養豚業の状況に関する研究もコラムとして含める予定であったが、筆者の力が及ばず叶わなかった。それぞれの内容は以下にまとめられている。

藤井幸之助・本岡拓哉編『「龍王宮」の記憶を記録するために――済州島出身女性たちの祈りの場』こりあんコミ

ユニティ研究会・龍王宮の記憶を記録するプロジェクト、二〇一一

本岡拓哉・柴田剛・藤井幸之助・全ウンフィ「戦後における在日コリアンによる養豚経営と地域社会――和歌山県新宮市を事例に」『コリアンコミュニティ研究』一号、二〇一〇

また、関連して、戦後広島のバラック街、立ち退き問題に関しては、中国新聞社の協力を受けて以下の資料集も刊行していることを記しておきたい。

広島韓国・朝鮮社会研究会編『戦後広島のマイノリティの立ち退き関係新聞記事資料集 第一・二分冊』二〇一〇年

ところで、本書のテーマである立ち退き問題への関心は、筆者が一五歳の時に被災した阪神・淡路大震災と大きく関係している。阪神・淡路大震災は、多くの人々の住まいを失わせ、その後の復興のなかで長年生活していた場所に戻れなかった人々を生み出した。早々に震災前の生活に戻れた私自身としては、震災を機に非自発的に移住を迫られた人々に対して申し訳なく思う気持ちとともに、彼らの存在や状況を学術的にきっちりと考察したいと思った。そして卒業論文で、郊外にある大規模な復興公営住宅に暮らす高齢者の生活行動と居住意識についてアンケートや聞き取り調査を実施した。そこで印象に残ったのが、長年住んでいた場所との縁が切れ元の住まいとは異なる場所や住居における生活に戸惑い、生活は安定したとはいえ復興に取り残されたと感じる人々の姿であった。復興が進められ、景観が整備され、被災の跡が消えゆく一方、震災によって非自発的に転居すること、すなわち立ち退きがもたらした彼らの疎外感の存在に私自身大変心が重くなったが、この問題に対する学術的関心もより一層強まることとなった。

そして、大学院に進学以降、指導教員の水内俊雄先生をはじめ多くの人々との出会いのなかで、こうした非自発的転居を迫られる立ち退きの状況がほかにも多く存在していることを知ることとなる。たとえば、それは都市公園にお

けるホームレスの排除の問題でもあったし、「不法占拠」と位置づけられたウトロ地区や中村地区、戸手地区の存在であった。そして実際にそうした状況に置かれる人々や支援者の方々と交流するなかで、劣悪な住環境や自己責任を追求されるなど厳しい抑圧の下に置かれているものの、その一方で能動的に活動し、多様な関係性を築いている人々の生きるすがたも認識することができた。

さらに、修士課程時に机を並べたイスラム・モハマド・ナズルルさんからは、バングラデシュ・ダッカにおけるスラム立ち退きの状況について教えてもらい、中山徹先生と水内先生が主導する海外調査に何度も同行させていただき、東アジア都市で展開するホームレスやスラムの立ち退きの事例やそこでの居住権を基盤とするさまざまな支援や運動についても学ぶことができた。そこでの知識や経験が本書の視座のベースにもなっている。

そうしたなか、筆者は修士論文以降に本書のテーマである戦後都市に多く見られたバラック街を対象として、その空間の生成、そして立ち退きを含めていかに消滅していったかを研究することになる。その理由は序論でも述べたとおり、立ち退きによって消滅したバラック街に関する研究がほとんど行なわれていないことにも関係するが、そもそもバラック街の立ち退きや消滅は「当たり前」であったのかを問うてみたいということでもあった。そこに生きた人々はどのような状況に置かれていたのか、そして居住権を行使する可能性はなかったのか、また行政を含めた社会がどのように対応したのか、それを確認してみたいと思ったのである。実際、本書で示したように、バラック街の生成や消滅の過程は決して単線的ではなかったし、居住権運動を含めた、そこに生きた人々のさまざまな営為や複層的な関係性も存在したのである。それに光を照らせたことを本書の成果として理解していただければ幸甚である。

そして、本論で示したように、バラック街それぞれが、そしてそこに生きる人々が空間的かつ社会的に分断されており、それぞれのバラック街が連帯するケースも確認することはできなかった。また、これまでバラック街の歴史は記録されず、景観が変化することで人々の記憶も忘却されてしまう場合がほとんどであったと思う。実際、第5章で扱った「大橋の朝鮮人部落」の近隣で育った私も、生まれる前に消滅していた当地の存在をこの研究を始めるまでまったく認識していなかった。このように、戦後のバラック街は同時代的にも歴史的にも分断された存在であり、過去のバラック街の記録や記憶が後世に受け継がれず、そこでの経験が参照されることもほとんどなかったのではないだろうか。それに対して、本書の試みは時空間のなかでバラック街の立ち退きの経験を紡ぎなおすことでもあった。すなわち、本書は歴史的研究としてだけではなく、今後の（あるいは今起こっている）立ち退き問題に向けた運動や支援活動にも何らかの貢献ができるのではないかという期待もある。

ただし、繰り返すが、本研究は途上である。というのも、まだまだアプローチしていない関連資料が多く残されているからである。この間、静岡県が安倍川河川敷のバラック街に関する行政資料を大量に公開しているように、今後も新たな資料が出てくる可能性も高いと考える。また、初田香成さんが中心となって進められるヤミ市研究グループの成果を考慮すれば、バラック街に関する資料や声ももっと多様に存在するはずである。本書をベースにバラック街研究がより一層広がるべく、自身も調査活動を継続していきたい。

各章の執筆にあたっては、本当に多くのインフォーマントや資料提供者、協力者の方々にご支援いただいた。すべての方を記載できず大変心苦しいばかりだが、故三輪嘉男先生や故金慶海先生、飛田雄一さん、塚崎昌之さん、玄善允さんなど青丘文庫研究会で出会った方々、コリアンマイノリティ研究会の藤井幸之助さん、ウトロを守る会の斎藤正樹さん、そして神戸長田ではお世話になった金信鏞さんや朴昌利さん、広島調査でともに活動した内海隆男さんと権鉉基さんをはじめ本当に多くの方々のご協力や温かい励ましのなかで研究を継続できたと思っている。心より厚く御礼申し上げます。

関西大学文学部地理学教室在籍中には橋本征治先生や伊東理先生、故高橋誠一先生、木庭元晴先生、野間晴雄先生から、大阪市立大学大学院所属時には水内俊雄先生、大場茂明先生、山野正彦先生、山﨑孝史先生、富田和暁先生にご指導いただいた。谷富夫先生には博士論文の審査において多くの示唆を与えていただいた。また、本書のカバー写真も含まれる資料『第一次後楽園裏部落除去記録』を見つけてくださった加藤政洋さん、そして西部均さん、若松司さん、原口剛さん、山口晋さんをはじめ、大阪市立大学地理学教室の先輩方や院生時代を共にした方々には、論文の書き方から空間論や都市社会地理学に関して多くのことを教えていただいた。また、共在の場を考える研究会のメンバーである稲津秀樹さん、野上恵美さん、中西雄二さんの存在も大変心強いものだった。さらに、大学院修了後に研究拠点となった大阪市立大学都市研究プラザ、立命館大学地理学教室、同志社大学人文科学研究所、立正大学地球環境科学部の先生方や職員の方々にも多大なるご支援をいただいた。このほか地理学や在日朝鮮人史研究、そして居住福祉研究に携わる多くの研究者の方々にも大変お世話になった。改めて皆様に厚く謝意を表したいと思います。

研究を続けるうえで母や兄をはじめ家族の理解や支援を抜きにすることもできない。実際に手渡すことは叶わなかったが、祖父母や父にも本書を捧げたい。くじけそうになった時には息子、昆に何度も助けられた。そして妻、稲田七海には、この間、不安定な立場に付き合わせてしまい、本当に多くの心労をかけているが、あなたとの日々の会話によって本研究に対するさまざまなアイデアが引き出されたし、率直で時に厳しい指摘は研究のモチベーションにもなった。心から感謝しています。

多くの方々の支えがあってこその本書の刊行だと思う。立ち退き問題研究やバラック街研究、さらには空間論を踏まえた地理学からの戦後都市史に対する本書の成果をより実りあるものにするために、今後もより一層精進したい。

本書の刊行においては、日本学術振興会　科学研究費補助金（若手研究（B））「都市の河川敷の利用をめぐる社会・政治地理学的研究」（研究課題番号：15K16891）の助成を受けた。

二〇一九年二月

索　引

あ
葵部落　14, 75, 88, 91-92
朝田善之助　176-177
アジール　3, 100, 106, 118
安倍川総合対策協議会　114-118
奄美出身者　127, 131, 139
奄美連盟　131, 144
蟻の街　14, 36, 75, 77-78, 88, 91-92
『蟻の街のマリア』　75
生きられた空間　1
石川栄耀　91
磯村英一　75, 91
移転補償　16, 59, 65, 71, 139-141, 148-149, 156, 188-192, 196-198, 210, 213-216
インフォーマル　13, 37, 47, 220
ウトロ地区　2-3, 220
梅田村事件　59
衛生行政　56
エスニックマイノリティ　37
太田川放水路　149, 153-154, 157-159, 176, 181-188, 204-206, 214, 216-217
沖仲士　57, 127

か
ガード下　1, 11-12, 14, 20-21, 32, 41, 50-51, 81, 84, 90-91, 129, 131
外国人の財産取得に関する政令　191
開発主義　44
改良住宅　5, 64, 71, 115, 117, 120, 124, 188-190, 198
覚醒剤／ヒロポン　40, 57, 86
火災保険　59, 86, 144
梶大介　87
仮設住宅　65, 115, 135-136, 140-141, 149, 190-191, 198-199, 216
河川敷　50, 100-102, 148-149, 180, 182-183, 219, 221
河川敷地占用許可準則　111-112
河川敷不法建築物対策研究会　113
河川整備　100-102, 110-112
金ヘン景気　87
かりこみ　13, 91
仮小屋 → バラック
簡易宿泊所 → ドヤ
鑑札　81
関東大震災　79
記憶　2, 101, 124, 223-224
北朝鮮帰国事業　67, 142, 167, 175, 217
希望の家　46-47
（旧）河川法　100, 120
行政代執行　39, 48, 63, 67, 112-114, 137, 156, 176, 203, 221-222
居住権　174, 182, 206, 208-209, 220, 236
空間の政治　136-140, 222
空間論　7
屑拾い　74, 80-81
屑物営業取締規則　79-81
景観　2, 53, 100-101, 223
ケミカルシューズ　128
「原爆スラム」　101, 149, 174
鯉川筋　48-51, 68-69
公営住宅　15, 29-31, 65, 114, 137, 140-141, 149, 190
高架下 → ガード下
後楽園バタヤ部落　14-15, 28, 39, 40, 77, 92-93, 95
国際港都　47, 53, 57
国民の健康・体力増強対策　111

さ
在日朝鮮人　28, 101, 109, 118, 130-131, 139, 166-167, 169, 173-176
在日本朝鮮人総聯合会（朝鮮総連／総連）　36, 137-139, 169-175, 203-204, 211,

215, 217
在日本朝鮮人連盟　130-131
仕切場　39, 74, 77-79, 82
自助努力　13, 46-47, 66
自生的リーダー　165, 167-169
市長会議　60
失業対策事業（失対）　163, 168
社会的混合　108-109
社会的流動性　109, 167
社会病理学　4, 56, 75
社会福祉　13, 45-47
住環境整備　2-3, 115
住宅緊急措置令　46
住宅地区改良事業　3, 5, 29-30, 38, 115, 117-118, 149, 174, 188
住宅地区改良法　120, 189
商工会議所　60-61, 67
新河川法　111, 112, 115
スラム研究　4, 10, 38
生活保護　26, 96, 109, 132
セーフティネット　100
窃盗罪　60, 62
戦災　1, 29
戦災復興　2, 13, 45, 47, 58, 101, 221
戦術　201-202, 207-215, 222-223
戦略　143, 151, 180, 201-207, 214-215, 222-223

た

大韓民国居留民団（民団）　164, 170-173, 182, 203, 211, 215, 217
竹山祐太郎　117
立ち退き　2-5, 10-11, 86, 91, 95, 105-106, 135-137, 142, 149, 153-157, 173-174, 188, 201-202, 213-215, 222
建物疎開跡　1, 12, 105.130
チェーン・マイグレーション　164
治水事業十箇年計画　110
朝鮮総連／総連 → 在日本朝鮮人総聯合会
徴用工　167
つげ義春　101
伝染病　25, 126
東京オリンピック　33, 41, 94, 111
『東京都地区環境調査』　10-12, 16, 29, 82
同和対策事業　149
同和地区　4, 10, 141-142, 152
都会地転入抑制　13, 221
都市計画予定地　12, 33
土地協会　60
ドヤ／簡易宿泊所　4, 47, 68

な

西新開地　128
『日本残酷物語』　75, 122, 127

は

排除　16, 37, 53-54, 56, 58, 68, 87, 89, 220, 222, 224
ハエと蚊をなくす生活実践運動　86
場所の構築　38, 88-89
バタヤ　4-5, 13, 20-21, 37, 39, 67, 74-76, 108, 220-222
原口忠次郎　48, 62
バラック（仮小屋）　1-5, 10-25, 45, 80-83, 89-91
バラック街　1-5, 10-41, 44-71, 80-81, 89, 125-127, 130, 134-137, 219-224
犯罪の温床　57, 86, 109
飯場　20, 81, 167
美観　15, 53, 94
引揚／引揚者　1, 12-13, 23, 29, 46, 92, 100, 130-131
批判歴史地理学　7
表象　37, 38, 84-89, 109
貧困の隠蔽　68
不可視化　89-93, 101, 143, 223-224
不動産侵奪罪　59-62, 67, 70, 220
部落解放運動　55, 173-175
不良環境地区　10-12, 16, 18, 39
不良住宅地区　4-5, 15

浮浪者　13, 45-47, 91-92, 94-95, 221
包装革命　94
保護施設　15, 65, 91-92, 95-97

ま

前田信二郎　61-62
マッシー，ドリーン　7
松居桃樓　74-75, 77, 91
ド・セルトー，ミッシェル　201-202, 207, 214
密造酒　40, 57, 86
宮崎辰雄　64, 138
民団 → 大韓民国居留民団
モグリ　81, 90

や

『焼肉ドラゴン』　4
ヤミ市　13, 46, 68
『夕凪の街　桜の国』　4, 101
養豚　56, 67, 127, 144, 163-164, 168, 199-201, 216-217
『夜を賭けて』　3

ら

ラベリング　2, 4
領有　100-101
臨時建築制限令　46
ルフェーヴル，アンリ　100, 224

著者
本岡　拓哉（もとおか　たくや）
1979年　兵庫県神戸市生まれ
2003年　関西大学文学部史学地理学科卒業
2009年　大阪市立大学大学院文学研究科地理学専修後期博士課程修了，
博士（文学），専門は人文地理学
同志社大学人文科学研究所助教を経て，
現在，立正大学地球環境科学部地理学科特任講師
主要論文：「戦後都市，「不法占拠／居住」をめぐる空間の政治」（『歴史学研究』第963号，2017年），「1950年代後半の東京における「不法占拠」地区の社会・空間的特性とその後の変容」（『地理学評論』第88巻1号，2015年），「戦後神戸市における不法占拠バラック街の消滅過程とその背景」（『人文地理』第59巻2号，2007年）など。

「不法」なる空間にいきる
――占拠と立ち退きをめぐる戦後都市史

2019年３月30日　第１刷発行

定価はカバーに
表示してあります

著　者　本岡拓哉
発行者　中川　進

〒113-0033　東京都文京区本郷2-27-16

発行所　株式会社　大月書店

印刷　太平印刷社
製本　ブロケード

電話(代表)03-3813-4651　FAX 03-3813-4656／振替 00130-7-16387
http://www.otsukishoten.co.jp/

ISBN 978-4-272-52112-8　C0021　Printed in Japan